JN297637

はじめて学ぶ方言学

ことばの多様性をとらえる28章

井上史雄/木部暢子 編著

ミネルヴァ書房

　　　　　　　は　じ　め　に

　この本では日本の方言について広くやさしく解説しています。
　方言はふつう学問的研究の対象になるとは思われていません。また教育や学習の対象とも考えられない傾向があります。大学の学科にも「方言学科」はありません。しかし「方言学（概論，概説，入門）」という講義はあちこちの大学で開講されています。また「日本語学（概論，概説，入門）」「言語学（概論，概説，入門）」という名で，中身が実質的に方言学だったりします。さらに「日本語学概論」「言語学概説」などという講義の中の数時間（何コマ）かが方言についてさかれることがあります。
　この本はそんな授業を念頭に置いて編集されました。全部で30章弱なのは，1年（2セメスター）30コマという慣習を考えての構成です。しかし1章は短いですから，1回に2章やれば半期15回でもカバーできるでしょう。ゼミでも使えるように練習問題を入れ，参考文献も記しました。方言については，同じミネルヴァ書房の『はじめて学ぶ言語学』と『はじめて学ぶ日本語学』の中にも「方言」の章があります。この本はそれらの姉妹編です。内容は一部分重なりますが，どこを強調するかの違いです。天気予報と同じで，食い違うことが書いてあっては困ります。
　日本の方言は地域差が大きくて多様だし，扱う現象も発音から敬語まで多岐にわたるので，大勢の分担執筆にしました。多様なテーマについてそれぞれの第一人者からの最新の情報を取り入れることができました。
　小中高の「国語」の授業で習ったのは，実は日本語の共通語についてです。方言についてはほんの少しふれるだけでした。「古文」では古い時代の日本語について学びました。一方，日本語以外の言語としては，英語を（今は小学校から）学びます。また漢文という形を通して，中国語にも接します。日本語の方言は，共通語と異なった言語体系だと考えると，英語や中国語と同じ地位にあるといえます。そこでこの本では，方言の各章の冒頭部分で英語や中国語との相違点や共通点について触れました。ことばの多様性がわかり，英語や中国語と日本語が違うことがわかると思います。一方，英語や中国語と比べると，日本語の諸方言はお互いによく似ています。
　こんな観点から英語や漢文についてふれることは，おそらく高校まではな

かったでしょう。大学に入ったあともないかもしれません。ということは社会に出たあともないでしょう。大事な経験として生かしてください。知っているとのちに役立つでしょう。世間話のネタにも使えるかもしれません。

　旅行に行って土地のことばが「一言もわからなかった」という人がいます。本当は一言くらいは聞きとれていたはずですが。方言というと，自分に縁のないことばと考える人が多いのが現状です。しかし一方でテレビ番組では，若い人たちも気づかずに使っているようなことばについて，取り上げます。若い世代に今も残る方言を，面白おかしく解説した本もあります。ケータイメールを書くときに，よその土地の方言をとりまぜて書くこともあります。方言は若い人とも無縁な存在ではないのです。

　東北地方や九州地方のお年寄りのふだんの話は，そばで聞いていてわからないかもしれません。沖縄県のいくつかのことばは，相互理解が不可能だという基準で，ユネスコにより別言語と認定されました。伊豆七島の一番南の八丈方言とともに消滅危機言語とされています。若い世代で使いこなせる人がほぼいなくなったからです。動物や植物は保護，保存の運動がありますが，方言の保存は困難です。特別に隔離して保存したり育てたりするわけにもいきません。ただ，今のうちに録音などを取っておき，文法や発音の仕組み，単語などについて記述し記録することは可能です。その前段階として，一般の人に方言への関心と理解を持ってもらうことも必要です。この本は大学用の教科書としても使えますが，ことばに興味を持つ多くの人にも読んでいただきたいと思います。

　親しみやすくするために，編者が各章（の冒頭部分）に加筆しました。また中身自体についても執筆者に加筆をお願いし，場合によっては削除を頼みました。少しでもやさしい，わかりやすい書き方にしてもらいました。一方各章が細切れになるのを避けるために，相互参照をこまめに入れ，索引も詳しくしました。さあ，成果をご覧ください。

　　2015（平成27）年7月

井上史雄
木部暢子

目　次

はじめに

序　章　日本語方言の概観 ………………………………… 井上史雄 … 1
　1　この本で学ぶこと ……………………………………………………… 1
　2　この本の構成 …………………………………………………………… 2
　3　母語・生活語・地域語としての方言 ………………………………… 2
　4　単語としての方言 ……………………………………………………… 3
　5　現代のことばの違い …………………………………………………… 3
　6　日本語の起源と方言 …………………………………………………… 4
　7　日本語方言の分岐と統合 ……………………………………………… 6

第Ⅰ部　日本語方言の分布と形成

第1章　方言と言語・標準語・生活語 ……………………… 日高水穂 … 11
　1　方言と言語 …………………………………………………………… 11
　2　方言と標準語・共通語・中央語 …………………………………… 14
　3　方言と生活語 ………………………………………………………… 16

第2章　日本語方言の形成過程 ……………………………… 小林　隆 … 19
　1　方言形成のとらえ方 ………………………………………………… 19
　2　古典のことばと方言形成 …………………………………………… 21
　3　方言形成に与える自然・文化の影響 ……………………………… 25

第3章　日本語方言の区画 …………………………………… 鑓水兼貴 … 28
　1　方言区画論 …………………………………………………………… 28
　2　さまざまな方言区画 ………………………………………………… 30
　3　これからの方言区画 ………………………………………………… 38

第4章　日本の方言地理学……………………………………大西拓一郎…41
　1　方言地理学とは………………………………………………………42
　2　方言の分布とことばの歴史…………………………………………43
　3　ことばと生活…………………………………………………………47

第5章　海外の日本語方言…………………………………朝日祥之…50
　1　海外で使われている日本語…………………………………………51
　2　海外の日本語方言はいつ，どのように形成されたのか…………51
　3　海外の日本語方言に見られる特徴…………………………………53
　4　現地語との接触による言語事象……………………………………55
　5　海外の日本語の将来…………………………………………………55
　6　海外の日本語方言を調査研究する意義……………………………56

第Ⅱ部　現代の日本語方言

第6章　共通語化……………………………………………村上敬一…61
　1　共通語の定義と位置づけ……………………………………………62
　2　伝統方言と共通語化…………………………………………………64
　3　これからの共通語と方言……………………………………………67

第7章　新方言………………………………………………半沢　康…70
　1　新方言の定義…………………………………………………………70
　2　新方言の実例…………………………………………………………73
　3　新方言の広がり………………………………………………………76

第8章　気づかない方言……………………………………早野慎吾…80
　1　気づかない方言………………………………………………………81
　2　地域共通語……………………………………………………………85
　3　気づかない共通語……………………………………………………85
　4　気づかない方言の言語地図…………………………………………86

第9章　首都圏のことば……………………………三井はるみ…88
　1　地域言語からみた首都圏という地域………………………………88
　2　首都圏のことばの性格………………………………………………90
　3　首都圏に方言はあるか………………………………………………92

第10章　現代関西方言………………………………高木千恵…100
　1　関西方言のイメージ…………………………………………………100
　2　「方言中心社会」としての関西………………………………………103
　3　関西方言の変容………………………………………………………105

第11章　ウチナーヤマトゥグチ………………………中本　謙…109
　1　ウチナーヤマトゥグチとは…………………………………………109
　2　音声的特徴……………………………………………………………111
　3　文法・表現の特徴……………………………………………………112
　4　語　彙…………………………………………………………………115
　5　琉球で見られる各地の方言の干渉を受けた共通語………………118

―――――――――――――――――――
　　　第Ⅲ部　日本語方言の音声・音韻
―――――――――――――――――――

第12章　方言の音声・音韻…………………………大野眞男…123
　1　方言の母音について…………………………………………………123
　2　方言の子音，音節について…………………………………………129

第13章　方言のアクセント…………………………木部暢子…133
　1　東京アクセントと京都アクセント…………………………………133
　2　弘前市のアクセントと鹿児島市のアクセント……………………136
　3　日本語諸方言のアクセントの分布…………………………………138
　4　アクセント調査をする人のために…………………………………139

第14章　方言のイントネーション…………………郡　史郎…144
　1　イントネーションとは………………………………………………144

2　イントネーションの種類とその分析のしかた……………………145
　　3　イントネーションの方言差……………………………………148

第Ⅳ部　日本語方言の文法

第15章　方言の活用……………………………………有元光彦…155
　　1　活用の仕組み………………………………………………155
　　2　特異な活用形………………………………………………159
　　3　通時的な変化………………………………………………160
　　4　文における活用……………………………………………162

第16章　格表現………………………………………佐々木　冠…165
　　1　格とは何か…………………………………………………165
　　2　項目の多様性………………………………………………167
　　3　体系の多様性………………………………………………168
　　4　伝統方言の変容と格………………………………………171

第17章　テンス・アスペクト表現……………………沖　裕子…174
　　1　宇和島方言のアスペクト…………………………………174
　　2　東京方言のアスペクト……………………………………177
　　3　アスペクトの分布実態と変化……………………………181

第18章　可能表現……………………………………渋谷勝己…185
　　1　可能表現とは………………………………………………185
　　2　方言の可能表現……………………………………………187
　　3　可能表現のさらなる特徴…………………………………191
　　4　可能表現はめまぐるしく変わる…………………………193

第19章　授受表現……………………………………日高水穂…195
　　1　中央語における授受表現の発達…………………………195
　　2　授受動詞の補助動詞用法の地域差………………………198
　　3　授与動詞の人称的方向性の地域差………………………200

第20章　方言の文末詞……………………………………井上　優…205
　1　文末詞と方言………………………………………………………205
　2　文末詞の意味分析の手順…………………………………………206
　3　事例1：命令文・依頼文＋ヤ／マ………………………………208
　4　事例2：平叙文＋ゼ／ジャ………………………………………209
　5　文末詞の意味分析のすすめ………………………………………210

第Ⅴ部　日本語方言の語彙

第21章　方言の語彙・意味………………………………新井小枝子…215
　1　方言語彙の体系……………………………………………………215
　2　語構造と造語発想法………………………………………………219
　3　方言語彙に見る比喩表現…………………………………………221
　4　方言語彙と生活……………………………………………………222

第22章　方言の語種………………………………………澤村美幸…224
　1　語種とは……………………………………………………………224
　2　方言の中の漢語……………………………………………………225
　3　方言の中の外来語…………………………………………………228
　4　今後の研究の展開…………………………………………………231

第Ⅵ部　日本語方言の談話・行動

第23章　方言の敬語………………………………………井上史雄…235
　1　敬語とは……………………………………………………………235
　2　敬語の方言分布図…………………………………………………236
　3　敬語の日本史と方言………………………………………………237
　4　新しい敬語…………………………………………………………240

第24章　方言と行動 ……………………………………… 篠崎晃一 244
1. どこに着目するか ……………………………………… 244
2. 働きかけ方 …………………………………………… 246
3. 行動の有無 …………………………………………… 248
4. 行動の受け止め方 ……………………………………… 249
5. 行動の発想と背景 ……………………………………… 250

第25章　方言とマスコミ ……………………………………… 塩田雄大 253
1. 新聞と方言 …………………………………………… 253
2. 放送と方言の歴史的な流れ …………………………… 255
3. 現代における放送と方言 ……………………………… 258
4. 方言に対するテレビの影響 …………………………… 259

第26章　方言と医療 ………………………………………… 今村かほる 263
1. 共通語化と方言に対する意識 ………………………… 263
2. 医療や福祉現場で必要な方言 ………………………… 264
3. 医療現場で方言の果たす役割 ………………………… 265
4. 方言が通じなくなったのはなぜか …………………… 267
5. 時間や空間を超えた問題 ……………………………… 269
6. 災害医療と方言 ……………………………………… 270
7. これからの医療と方言 ………………………………… 271

第27章　方言の拡張活用と方言景観 ……………………… 田中宣廣 274
1. 言語の拡張活用と経済価値 …………………………… 274
2. 言語の拡張活用の各種類 ……………………………… 276
3. 方言エールが示した方言の底力 ……………………… 279
4. 拡張活用からわかる方言の力 ………………………… 282

索　引

序章　日本語方言の概観

井上史雄

① この本で学ぶこと

　この章では，全体の位置づけをします。この本は，日本語の方言についての入門書です。現代の方言に興味を持った一般の人が読んでも，役立つように心がけました。また，日本語の方言について新しい観点から，広く位置づけることを目指しました。方言の研究，方言学は盛んで，さまざまな研究者が目覚ましい業績を挙げています。そこでこの本では多くのテーマを挙げ，執筆分担者の数を多くして，それぞれの最先端の人に書いてもらいました。エキスパートから生きのよい情報を取り入れようと考えたのです。

　ふだん自分たちの使っていることばに，学ぶ価値があるとは思われないかもしれません。しかし外国語を学ぶときに教科書と辞書が役立つと同様に，各地の方言にも学習書が必要です。言語学習の3点セットは辞書と文法書と例文集（つまり教科書）で，方言についても同様です。この本はどこの方言にも適用できる汎用的な教科書の役を果たします。日本全国の方言について，発音や単語や文法の仕組みがどうなっているのかを概説しました。

　他の入門書，概説書と違うのは，外国語へも視野を広げたことです。中学や高校で習った英語や，漢文を通じてふれたはずの中国語とくらべて，日本語諸方言はどんな位置にあるか（共通語といかに似ているか）に言及しました。また日本語方言を諸外国の方言とも比べました。つまり言語学という広い学問の中で日本語方言を見ることになります。

　専門的術語が出てきます。そのことば，その見方を知ることによって，新たな視界が開けることがあるでしょう。たとえそのことばを暗記しなくても，概念や見方を身につけていただければ幸いです。

② この本の構成

　全国の方言を記述するのに，2つの方向があります。1つは地域に分けて，各地の特徴を述べるやり方です。これだといくつの章に分けて書くべきか迷います。また言語学や日本語学の知見をふまえて理論的な規則性を指摘するには不便です。他方同じ現象に何度も言及されることがあり，多くの執筆者に頼むと，同じ現象について別の説が書かれたりします。この不便を避けるために，この本では，2つ目の方向をとり，言語現象の分析単位によって分けました。各章で全国の様子を見渡すようにしましたが，章によって（つまり言語現象の特質によって）取り上げられる重点地域が違います。

　本書全体を6部に分けました。第Ⅰ部では歴史的な形成過程を扱います。第Ⅱ部では現代の日本語方言の実態をテーマ別に述べます。第Ⅲ，Ⅳ，Ⅴ部では言語的要素に分けて，全国の方言を見渡します。まず第Ⅲ部で音声・音韻（つまり発音）に関する事項を扱います。第Ⅳ部では文法に関わる現象を扱いますが，国語の授業でやったような文法でなく，新しい見方を採用します。第Ⅴ部では語彙（つまり単語）を扱います。最後の第Ⅵ部では，社会の中での方言の使われ方に視野を広げます。

③ 母語・生活語・地域語としての方言

　「方言」は，ある地域の言語体系全体を指します。人間の言語習得の過程からいうと，幼児期に「母語」として，母親や周囲から習得するものです。また社会生活での使われ方からいうと，「生活語」として，日常生活での話しことばとして使われます（第1章参照）。また「地域語」として，地域社会で使うことばです。方言は，地域に住む人にとっては，先祖から受け継いだかけがえのないことばで，心情に働きかける機能（つまり情的価値）は，置き換えることができません。いずれにしても欠くことのできない大切なことばです。しかし使用場面に制約があり，公的な場では使われません。これに対して標準語・共通語は知的価値の高いことばで，公用語として使われます（第6章参照）。

④　単語としての方言

「方言」という術語はいくつかの異なった性格づけがされ，さまざまな意味で使われます。現代の方言は以下のような多様な性格を持ちます。

方言は，一般の人のとらえ方では，山奥のお年寄りが使うような，意味不明の変わったことばとされます。また方言は通俗的には単語レベルでとらえられます。その証拠に，観光地で売られる方言みやげなどでも，共通語では使わない単語を取り上げるし，各地の方言集は，国語辞書に載っていないような単語を並べます。しかし学問的には「方言」をもっと広い意味で，言語体系全体を指して，使います。通俗の用法で「〇〇弁」と呼ぶときに，そこのことば全体を指すのと同じです。「〇〇訛り」というときにも，ことば全体を（特に発音などに着目して）指します。

一方，日本の方言学では，一般の人が考えるような共通語にない単語を，「俚言」と呼んで，「方言」と区別していました。しかし最近は「方言形」などと言い換えます。一般の人の用法に合わせて個々の単語を「方言」と呼ぶこともあります。全国的にまたは西日本・東日本に広く使われる「有力な方言」「広域方言」（ナンボなど）もあれば，1県単位くらいに限って使われる方言もあります。さらに昔の村の中や数集落に限って使われるような方言もありました。また小説や歌で広がった「有名な方言」（メンコイなど）もあります。

従来の方言研究は語彙に関心をしぼりましたが，現在の方言研究では共通語と同じ単語もグループの一員として扱います（第21, 22章参照）。またことばを分析的に見ると，単語を形成する音の要素と，単語をつないで文を形成するための文法的要素を，分けて考察する必要があります。音に関する音韻，アクセント，イントネーション（第12～14章参照）や，文法のさまざまな着眼点（第15～20章参照）は，本書で詳しく紹介されます。方言学は単語の研究を超える科学なのです。

⑤　現代のことばの違い

日本語と言っても場所によってことばが違います。これが「方言」の違いです。「なまりがある」「お国ことばを使う」と表現することもあります。昔は「ことばは国の手形」と言って，どんなことばを使うかで，生育地がわかりま

した（第3章参照）。

　共通語化によって，昔に比べて方言の違いは薄れました（第6章参照）。伝統的な方言を日常的に使う人は減って，年齢の高い人に偏ります。方言は21世紀に入って縁遠いものになったようにも思えます。しかし，そうでない面もあります。マスコミなどを通じて一般の人が各地の方言にふれる機会は増えました（第25章参照）。例えばテレビのインタビュー番組などで東北や九州のことばを耳にし，芸能（バラエティー）番組で司会者の関西弁を聞きます。ケータイメールのやりとりなどでも，方言が生かされています。観光地で方言を使ったみやげ品を見ることがあるでしょうし，街角や本などに各地の方言を使った宣伝広告などが見られます（第27章参照）。方言を使った店名，施設名は，今全国で見られるようになりました。方言を大勢の前で話す大会が各地にあり，昔話を方言で聞かせる会があり，若い人に方言を教える講習会もあります。方言の地位が現代社会では上昇したのです（第9〜11章参照）。

　若い人は自分では共通語だけを使っていると意識しているかもしれませんが，今でも全国各地で新方言が生まれ，また地域的な新方言が他地域に，さらに全国に広がっています（第7章参照）。よそで使って，通じなかったという「気づかない方言」もいろいろあります（第8章参照）。医療では方言が命（または誤診）に関わります（第26章参照）。

　方言は，幼いとき，若いころに身につけたことばで，相手，場面，TPOで共通語と使い分けられます。親類や隣近所の人が故郷のことばの響きを残し，普段共通語を使っている父母が，電話で故郷の人と話すと方言になる，という経験を持つ人も多いでしょう。関西の人は大っぴらに関西弁を使うのに，東北の人は方言を恥ずかしがる傾向（方言コンプレックス）がありました。これは方言敬語の発達や方言行動と関係します（第23，24章参照）。

⑥　日本語の起源と方言

　この本の中で詳しく論じられていないテーマとして，大昔の日本の方言の状況があります。現代日本語諸方言の先祖のことば（祖語）がどんなものだったかについては，さまざまな説があって，書きにくいからです。ここでまとめて書きましょう。本書全体の歴史的導入にもあたります。

　方言を資料にして，日本語の祖語を知ることは，理論的に可能です。しかし結論からいうと，方言からわかる最古の日本語は，文献に記されている日本語

とほぼ同じで，それより古い段階を示すことは，多くありません。琉球方言と本土方言をもとに，双方の共通祖語を復元する試みによっても，せいぜい文献に記された日本語よりやや古い段階が推定されるくらいです。京都からの言い方がかつて年速1キロメートルで広がったという仮説によれば，京都から鹿児島までと青森までがともに1,000キロメートルなので，平安時代の言い方は21世紀には国土の両端まで達します。文献に記された8世紀ころのことばより古い段階は，本土方言の中に見つけるのは難しいことになります。

　方言の古い段階を復元する手段はいくつかあります。

　(1)文献以前の日本語が，方言に残る可能性もありますが，下記の(3)から(6)で証明されない限りは，仮説または推測にすぎません。日本語系統論の北方説で取り上げられる朝鮮・韓国語や，南方説で取り上げられるマライポリネシア諸語，さらにインドのタミール語はじめ地球上のさまざまな言語との比較をもとに，文献に記される以前の日本語を探る試みがありますが，説得的な論証には至っていません。方言研究との接点も限られています。

　中国の『三国志』（3世紀末）の中の『魏志倭人伝』には，古墳時代の「邪馬台国」の倭人のことばや地名・人名が当時の中国語で記されています。発音や意味などから見て，のちの日本語とつながります。その前の弥生時代のことばも含めて，日本語の祖先にあたるというのは定説に近いでしょう。現代日本語諸方言の先祖をたどると，紀元前に朝鮮半島から九州を経て近畿地方に広がった弥生人のことばに行き着くのです。しかしその前の縄文時代のことばについては，論が定まりません。形質人類学的には（人種としては）縄文時代人はアイヌ人と南西諸島居住者（沖縄人）につながると，唱えられています。この考えによれば，縄文語は現代日本語と関係がなさそうです（第12章参照）。

　(2)文献に記された日本語が，方言に残ることがあります。万葉集に載っている古語が，共通語では失われたのに，東北，九州や各地の僻地・離島に残っている例があります。万葉集の「東歌」「防人歌」には東国方言が見られますが，その面影は（当時の東国のはずれにあたる）八丈島や新潟・長野県境にまたがる秋山郷の方言などに残っていました（第2章参照）。

　(3)過去の文献がなくとも，「比較言語学」（comparative linguistics）で使う「比較方法」（同じ祖語から分かれた諸言語を比べて，以前の音韻などを復元する研究法）によって（第1章参照），日本語諸方言から祖語を再構できます。本土方言と琉球方言を使った試みがありますが，母音が奈良時代の8母音の段階にさかのぼるかは，諸説があります。子音はほぼ奈良時代の段階にさかのぼる

程度で，ハ行の発音がpだったことなどは再構できますが，そう古い段階が推定されるわけではありません。

(4)また「言語地理学」(linguistic geography) の手法では，「方言周圏論」的な分布を示すときに，遠方で一致する現象が古いと仮定します。しかし，沖縄・九州や東北で一致する現象の多くは奈良時代の文献にも記されているものです（第2，4章参照）。文献以前の語形が最古として認定された例はごく少数です。

(5)「内的再構」(internal reconstruction) によって，1言語内の後代の体系から以前の体系を推定することもできます（第4章参照）。濁音と清音が声帯振動の有無と関係することを根拠に，カ行とガ行，サ行とザ行，タ行とダ行にそろえて，ハ行とバ行を考え，無声子音pと有声子音bのペアだったと考えるのが，内的再構の例です。現に沖縄の方言にはハ行音がpで発音されるものがあります。また日本語のアクセント（第13章参照）に内的再構を適用して，京都アクセントのように区別の豊かな体系が古いと考えることができます。しかしこれも平安時代の文献でわかるものと同じで，諸方言をもとにそれより古いアクセントを知ることは困難です。

(6)外国語が借用されたときには，その発音を根拠に昔の発音を再構できます。中国語は千年以上前から発音の変遷がわかっているので，呉音，漢音，唐宋音などの漢字音を手がかりに，日本語の発音やアクセントの復元が可能です。ここでもハ行子音がpだったことがわかります。アイヌ語に入った日本語の発音を根拠に，中世の東北方言でサ行音がチャチュチョのように発音されていたと考えることもできます。また後世琉球方言に入った中国語は，発音を根拠に中国南部の方言だったと考えられ，伝承と一致します。

つまり，現代の日本語方言はほぼ文献に残る奈良時代のころの日本語の子孫と言えます。

７　日本語方言の分岐と統合

時代をさかのぼって，そもそも日本語の祖先のことば（祖語）が話されていたころに方言差がどのくらいあったかは，よくわかりません。交通が不便だったので，ことばの違いは大きかったでしょう。長く定住しているうちに，違いがさらに大きくなったでしょう。これはことばの分岐過程にあたります（第4章参照）。ユネスコの消滅危機言語のリストでは，日本国内の8言語が上がっています。北海道のアイヌ語は日本語と別系統の言語なので，方言学の概説書

では扱いません。そのほかは，長期間の分岐によって違いが大きくなって，相互理解が難しくなったために，ユネスコの報告では「〜語」と呼ばれています。しかし，方言学では「〜方言」と呼びます。そのうち，かつての琉球王国の諸方言（奄美方言，国頭方言，沖縄方言，宮古方言，八重山方言，与那国方言）は，島ごとに異なった方向に変化して，互いに通じないくらいに離れました。八丈方言とともに，今は消滅の危機に瀕しています。なお日本語本土方言は危機言語の中に入っていません。

　本土方言は，中世以降大名の領地が各地にでき，江戸時代に藩ができて，関所で人々の移動を管理するような体制ができたときに，ことばの分岐が大きくなったでしょう（第2章参照）。明治以降も県ごとに違うことばが生まれ，分岐の流れがありました。現代の新方言は，その流れをくむものです（第7, 8章参照）。

　しかし逆に大和政権の所在地のことばが各地に影響を与えたことも考えられます（第3, 4章参照）。この中央語の影響は統合過程にあたります（第1章参照）。京都のことばは古代以来長期にわたって全国に影響を与えたようです。その後江戸のことば，さらに東京のことばが全国に普及しました。明治以降の標準語，特に戦後の共通語の勢いは大きかったのですが，急に始まったのではなく，古代以来の統合過程の一環なのです。明治以降，日本語の方言は海外にも進出しました（第5章参照）。これも中世，近世にアイヌ語の使用領域を北日本に狭めて，日本語が進出した流れの延長ととらえることができます。

　未来の方言がどうなるかは，過去から延長して推定（予想）が可能です。新方言のような分岐過程は今もありますが，統合過程が圧倒的です。将来の方言差は小さくなるでしょう。どの社会集団に属するかで人のことばが変わるような，社会的な違いが大きくなるかもしれません。通信手段がテレビやインターネットの普及で大きく変化しました（第25章参照）。しかし社会的な違いも地理的な近さに支配されることが多いので，地理的なことばの違いがなくなることはないでしょう。方言は不滅なのです。

読書案内

① 真田信治編（1999）『展望　現代の方言』白帝社。
　＊現代日本語の方言の状況を，社会的な視野を入れて概説した本で，教科書的な書き方です。
② 小林隆・篠崎晃一編（2003）『ガイドブック方言研究』ひつじ書房。

＊日本語方言を音韻・文法・語彙などに分けて記述し，歴史的変化についてもまとめています。教科書的な書き方ですが，具体的データを使った研究法についてもふれています。
③　日本方言研究会（2005）『20世紀方言研究の軌跡——文献総目録』国書刊行会。
　＊明治以降の方言研究文献を，単行本と論文に分け，理論的なものと地方別のものに分けた目録です。CDが付いていますから，キーワードで検索することもできます。

参考文献

飯豊毅一・日野資純・佐藤亮一（1982-86）『講座方言学』1～10巻，国書刊行会。
井上史雄（2003）『日本語は年速1キロで動く』講談社現代新書。
井上史雄・小林隆・大西拓一郎・篠崎晃一（1994-2000）『日本列島方言叢書』全35巻，ゆまに書房。
木部暢子・竹田晃子・田中ゆかり・日高水穂・三井はるみ（2013）『方言学入門』三省堂。
佐藤亮一（2002）『お国ことばを知る　方言の地図帳』小学館。
佐藤亮一監修（2007）『方言』ポプラ社。
佐藤亮一編（2009）『都道府県別　全国方言辞典　CD付き』三省堂。
篠崎晃一監修（2009）『方言大辞典』あかね書房。
尚学図書（1989）『日本方言大辞典』（上，下，別巻索引）小学館。
日本方言研究会（2002）『21世紀の方言学』国書刊行会。

第 I 部
日本語方言の分布と形成

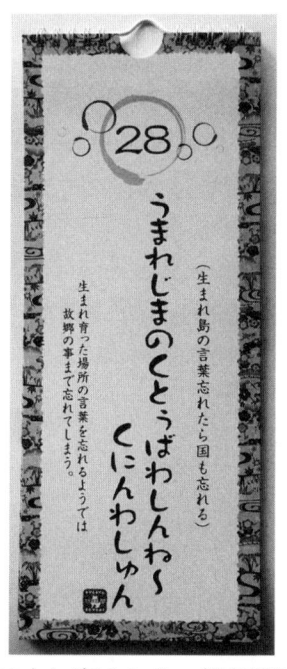

沖縄のことわざカレンダー（共通語訳つき）

第1章 方言と言語・標準語・生活語

日高水穂

―― この章で学ぶこと ――

　日本には方言がいくつあるのでしょうか。この問いに答える前に，日本にはいくつの言語が存在しているのか，という問いを立ててみましょう。アイヌ語と日本語は，お互いに「通じないことば」です。沖縄のことばと本土の日本語も同様です。本土の日本語の中にも，「通じない」くらい異なった方言があります。一方で，お互いに「通じる」けれども，それぞれ異なったことばの特徴を持つ方言というものもあります。

　そもそも「日本語」の中身は，一律不変のものではありません。歴史的に変化してきていますし，地域的変種も多様です。さらに，本来は地域的な一変種であった文化的中心地のことばが，社会的な威信を得て標準語となり，周辺部のことばが方言の位置に置かれると，標準語の文体は高く，方言の文体は低いものと見なされるようになります。方言は，地域的変種であるだけでなく，文体的変種でもあります。

　日本に方言がいくつあるのか，という問いに答えるためには，方言とはそもそもどのようなものなのか，ということを理解する必要があります。この章では，「方言」を「言語」，「標準語（共通語・中央語）」，「生活語」と対比しながら，その言語的・社会的位置づけについて考えていきます。

キーワード

　方言，言語，危機言語，上位変種，下位変種，標準語，共通語，中央語，生活語

1　方言と言語

　ユネスコが2009年2月に発表した"Atlas of the World's Languages in Danger"（世界危機言語地図）では，日本には8つの「消滅の危機に瀕した言語」が存在するとされています。文化庁のホームページには，「消滅の危機に

ある方言・言語」というサイト（http://www.bunka.go.jp/seisaku/kokugo_nihongo/kokugo_sisaku/kikigengo/）が設けられ，ユネスコによって消滅の危機にあると認定された8つの「言語」を，以下のように記載しています（第11章参照）。

【極めて深刻】　アイヌ語
【重大な危機】　八重山語（八重山方言），与那国語（与那国方言）
【危険】　　　　八丈語（八丈方言），奄美語（奄美方言），国頭語（国頭方言），沖縄語（沖縄方言），宮古語（宮古方言）

　アイヌ語には，「アイヌ方言」というカッコ書きはありません。一方，アイヌ語以外の7つは，カッコ内に「〜方言」と記載されています。
　「方言」なのか，「言語」なのか，その認定には言語学的な基準だけでなく，社会的・政治的な判断が関わってくるため，両者を明確には切り分けられないのが現実です。ユネスコは，そうした社会的・政治的な判断を示すのを避けるためか，方言（dialect）という用語を使用せず，すべて言語（language）として扱うという立場を取っています。しかしながら，日本に住む私たちは，自分たちのことばの位置づけについて考えることから逃れるわけにはいきません。
　方言と言語を認定する言語学的な基準として，系統関係を見るということがあります。共通の祖語から枝分かれした姉妹語の関係にある言語は，方言であるという基準も満たしています。一方，系統の異なる言語は，方言の関係にはなり得ません。アイヌ語と日本語は，言語学的に見て系統が異なると考えられているので，それぞれ別の言語として位置づけられるのです。
　アイヌ語以外の7つは，比較言語学的な方法によって，本土で使用されている日本語と同系統の言語であることが証明されています。したがって，方言として扱うことも，別の言語として認定することも可能です。
　英語とドイツ語（ともにゲルマン語派），フランス語とイタリア語（ともにロマンス語派）は，同系統であっても異なる言語として位置づけられます。そこには，「国家」という基準があります。この基準によれば，日本という国家の一地方で使用される同系統の言語は，方言ということになります。ただし，異なる国家で使用されていても，イギリス英語とアメリカ英語は同じ英語の仲間（方言）と見なされます。したがって，この基準も絶対的なものではありません。
　それでは，相互理解度という基準から見るとどうでしょうか。ここで，各地の話者が語った昔話「桃太郎」の冒頭部分を見ます（佐藤監修 2007）。

(1) ムガシ　ムガシ　アルドゴニ　ジサマド　バサマガ　アッテイダド。ジサマワ　ヤマサ　タギモノヲ　トルニ　バサマワ　カワサ　アライモノニ　イッタド。

(2) ムカーシ　ムカシ　アルトコニナー　オジーサント　オバーサンガ　イヤハッタンエ。オジーサンワ　ヤマエ　シバヲ　カリニ　オバーサンワ　カワエ　センダクニ　ユカハッタンエ。

(3) ムカシ　ムカッノ　コッジャッタ。アルトコイ　オジーサント　オバッサンガ　オイヤッタチ　ワイ。オジーサンナ　ヤマセー　シバカイケ　イッテ　オバッサンナ　カワエ　センタキ　イッキャッタチ　ワイ。

(1)は青森県五所川原市，(2)は京都府京都市，(3)は鹿児島県鹿児島市の話者による「桃太郎」です。それぞれの地域のことばの特徴が現れていますが，まったく理解できないというわけではないでしょう。

次に，沖縄県那覇市首里の話者の「桃太郎」を見てみます。

(4) ンカシ　ンカシ　アルトゥクルンカイ　タンメートゥ　ンメーガ　メンシェービータン。タンメーヤ　ヤマンカイ　タムン　アガネーイガ　ンメーヤ　カーランカイ　チンチュルカー　アライガ　イチャビタン。

本土の日本語とは，かなり異なるという印象ではないでしょうか。本土の日本語と琉球諸島および八丈島で使用されていることばは，お互いに意思疎通を図ることが困難なほど異なっています。相互理解度という基準からは，本土の日本語と琉球諸島，八丈島のことばを別の言語と認定することも十分可能なのです。

文化庁の委託を受けて，「危機的な状況にある言語・方言の実態に関する調査研究事業」に取り組んだ国立国語研究所の報告書では，「沖縄・奄美・八丈・アイヌのことばは「言語」か「方言」か」という節を立て，次のように述べています。

沖縄のことばは東京のことばとお互いに理解不可能なくらい違っているにもかかわらず，これまで「沖縄語」ではなく「沖縄方言」と呼ばれてきた。その理由は，一つには言語学的に見て沖縄のことばと東京のことばが姉妹関係にあるということ，二つには沖縄が日本に所属することをあらわすために，ことばの隔たりをあまり強調したくないという社会的・政治的基準が働いたことが挙げられる。(木部 2011)

第1章　方言と言語・標準語・生活語

言語と方言の認定には、系統関係や相互理解度という言語学的な基準とともに、社会的・政治的基準というものが関わってくるということがわかります。

② 方言と標準語・共通語・中央語

2.1 「標準語」と「共通語」

言語一般に対する方言ならではの特徴は、系統を同じくする他の言語変種が同時代に存在しており、それらが少しずつ異なる言語特徴を備えて地理的に連続しながら分布しているところにあります。それらの言語変種のうち、政治・経済・文化的中心地の言語変種が上位変種の位置を占め、周辺部の言語変種が下位変種に位置づけられるようになった場合の、後者にあたるものが方言です。一方、前者の上位変種にあたるものは、「標準語」あるいは「共通語」と呼ばれます。

現在の日本では、「標準語」と「共通語」という用語は、「公共機関、マスメディア、教育現場などで用いられ、日本人の大多数が広く意思疎通を行うために用いている言語変種」を指すのが一般的でしょうから、その意味で用いられる限りはこの2つの用語は同義だと言えます。戦前までに主に使われていたのは「標準語」という用語で、「共通語」は戦後、教育現場を中心に広がった用語です（第6章参照）。戦前までの標準語励行教育への反発により、「共通語」という用語に置き換えられたという経緯があります（真田 1991）。

一方、学術用語としての「標準語」と「共通語」には、主に次の2種類の用法があります。

(1) 言語学用語（standard language と commom language の訳語）としての「標準語」「共通語」

standard language（標準語）：ある国において全国的に用いられ、洗練された規範的なものとして広く認められる言語。一般に方言に対すると考えられ、その国の政治・経済・文化の中心地で使われる言語変種（VARIETY）であることが多い。

commom language（共通語）：言語を異にする人たちの間で、互いの意思疎通のために共通に用いられる言語のこと。例えば、オランダ人とスウェーデン人が話し合う時に使う英語、東アフリカで広く使われているスワヒリ語などは、共通語といえる。

（『現代言語学辞典』成美堂、1988年）

(2) 国語学用語としての「標準語」「共通語」
　共通語：一国のどこででも，共通に意志を交換することのできる言語。
　標準語：共通語を洗練し一定の基準で統制した，理想的な国語。
(『国語学辞典』東京堂，1955年)

(1)での共通語はリンガフランカとも呼ばれます（第5章参照）。

(2)の意味での標準語・共通語にあたる区別は他の言語にもあります。例えばドイツ語では Hochsprache（ホッホシュプラッヘ＝高いことば）と Verkehrsprache（フェアケーアシュプラッヘ＝交流のことば）を区別します。ただし，日本で一般に用いられる「標準語」と「共通語」という用語は，こうした厳密な使い分けがなされているわけではありません。

standard language と commom language の訳語としての「標準語」と「共通語」の定義に従えば，「洗練された規範的言語変種」を指す場合には「標準語」を使用するのが妥当という立場が生じます。しかしながら，日本では教育行政が同様の意味で「共通語」という用語を採用しているので，研究者の間でもこの2つの用語の使用は一貫していません。

2.2 「中央語」の変遷

　以上は現代日本語の「規範的言語変種」を指す用語についてですが，日本語の歴史を見ていく場合には，事情が異なってきます。近世以前は公文書に用いられる「規範的言語変種」は「漢文」，つまり中国語に由来する表記法でした。話しことばの日本語の歴史をたどる場合も，残された文献資料の言語的な位相は限られたものでしかなく，各時代に各地域，各階層の言語資料が満遍なく存在するわけではありません。したがって，必然的に文献資料の存在する地域・階層の言語変種が，当時の日本語の代表的変種ということになります。そうした変種を，現代語を見るように「標準語」とか「共通語」と呼ぶと混乱するので，近世以前については，文献資料に現れる（主に知識階層が使用する）日本語の変種を「中央語」と呼ぶことがあります（文献資料にも地方語が記録されている場合がありますが，これは「中央語」には含みません）。近世後期になれば，文化的中心地が京都から江戸に移るので，「京都語」と「江戸語」という地域名を付した名称を用いることも可能ですが，これらをもひっくるめて，「文化的中心地で用いられた文献上の日本語変種」が「中央語」です（第2章参照）。

　表1-1は，6分法による日本語史の時代区分（高山・青木編 2010）と，それ

表 1-1　日本語史の時代区分と各時代の中央語

日本語史の時代区分（6分法）	中央語
上代語（奈良時代およびそれ以前：～794年）	奈良語
中古語（平安時代：794年～1192年）	京都語
中世語（鎌倉・室町時代：1192年～1603年）	
近世語（江戸時代：1603年～1868年）	江戸・東京語
近代語（明治・大正・昭和前期：1868年～1945年）	
現代語（昭和後期・平成：1945年～）	

ぞれの時代語の代表的使用地域を「中央語」として整理したものです。

　近代以降の「中央語」である東京語を基盤にして，「標準語」は形成されてきました。ただし，それまで長らく「中央語」の地位を占めた京都語の影響は大きく，「標準語」にはかつての京都語に由来する表現が混在しています。一例を挙げると，国文法の動詞活用表の一段・サ変動詞の命令形に，「見よ」「開けよ」「せよ」のような「～よ」の形と「見ろ」「開けろ」「しろ」のような「～ろ」の形が併記される場合がありますが，これは「～よ」を使用する西日本方言と，「～ろ」を使用する東日本方言の要素の混在として説明することができます。このとき，「～よ」のほうが文章語的，「～ろ」のほうが口頭語的という文体差が認められますが，ここから，「中央語」であった時期の京都語に由来する形式は，江戸・東京語に対して高い威信を持っていたことがわかります。

③　方言と生活語

　現在の日本では，洗練された規範的言語変種である「標準語」が，全国で通用する「共通語」としてあまねく行き渡っています。こうした現代社会において，「周辺地域の下位変種」である「方言」に，存在意義はあるのでしょうか。
　「方言」ということばを避けて「地域語」と言い換えることがあります。また「生活語」として積極的に位置づける見方もあります。これは方言が母語・第1言語として習得されて日常的に使われることに着目したものです。一方で現代日本の方言は娯楽として楽しまれ，アクセサリーまたはコスプレとして活用されているという見方もあります（小林 2004，田中 2011）。これは共通語化によって（第6章参照），方言の使用者が減り，稀少価値が増したためと説明できます。

方言を単なる地域的変種としてのみとらえれば，地域を超えた人々の交流が格段に広がった現代社会においては，そうしたことばの地域差は薄まる一方です。実際に，伝統的な方言は，地域によって遅速の差はあれ，衰退を余儀なくされている状況にあります。若い世代に新しいことばの地域差が生じている，という報告も多く見られますが，それ以上にことばの平準化の進度のほうが急速です。むしろ，地域的変種としての方言は，社会の変化に応じて変容していくのが自然な姿だとも思えます。

　一方，方言を上位変種（標準語）に対する下位変種としてとらえれば，下位変種には，上位変種とは異なった機能があることに気づきます。私たちは，日常生活の中のさまざまな場面でさまざまな相手とことばを交わしますが，そのことばは，つねに同じ「洗練された規範的言語変種」でしょうか。改まった場面，気を遣う相手との会話では，そうした丁寧なかしこまったことばを使う必要もあるでしょう。一方で，くつろいだ場面，親しい人との会話では，気安さを示すくだけたことばを使うことも多いのではないでしょうか。

　私たちの日常生活は，家族，友人，職場の人，近所の人など，かしこまったことばよりもくだけたことばを使う相手との強固な関係の上に成り立っています。地域社会に根づいて生活していくうちに，そうした日常生活をともにする人々との間で交わされる地域特有のことばを身につけていくようになります。方言は，そうした地域社会の日常生活において形成された「生活語」なのです。

　「生活語としての方言」について藤原（1979）は，次のように述べています。

　　方言は，渾然とした一団の言語生活である。地方語の一事象をとらえてみても，それには，その言語団体の，方言生活の感情がこもっている。（藤原1949・一部表記を改めた）

　現代人は，標準語をもって日本語と考えがちですが，「日本語」は，多様な地域的変種，文体的変種を含んだ総体としての言語の名称です。その「日本語」の多様な言語変種の中の，「生活語」として位置づけられるものが方言であると考えれば，方言が「日本語」の中で重要な機能を担うことが理解できるでしょう。

練習問題

1．昔話「桃太郎」の冒頭部分の各地方言訳(1)～(4)について，それぞれの地域のことばのどのような特徴が現れているかを調べてみましょう。

2．西日本方言に由来する標準語の形式の例をさがしてみましょう。さらに，地域限定のことばが標準語だと思って使われている例（気づかない方言）（第8章参照）もさがしてみましょう。

3．「じょっぱり」（青森），「ええふりこぎ」（秋田），「いごっそう」・「はちきん」（高知），「もっこす」（熊本），「ぼっけもん」（鹿児島）など，当地の県民性を表すとされる方言性向語彙（室山 2001参照）があります。それぞれどのような意味であるかを調べてみましょう。こうした性向語彙は，それぞれの地域のどのような社会的規範を反映したものでしょうか。

読書案内

① 呉人惠編（2011）『日本の危機言語——言語・方言の多様性と独自性』北海道大学出版会。
  *21世紀初頭の日本各地の言語・方言の使用実態を記録した一書です。各地の挨拶ことばや会話の音声を収録したCDがついています。
② 真田信治（1991）『標準語はいかに成立したか——近代日本語の発展の歴史』創拓社。
  *標準語は，近世期に江戸語が全国の教養層の共通語として浸透していく過程を経て成立したものであることを，述べています。
③ 井上史雄（2007）『変わる方言　動く標準語』筑摩書房。
  *現代日本における方言と標準語の動態を描き出しています。方言も標準語も，社会変動によって動き続けるものであることがわかります。

参考文献

木部暢子（2011）「言語・方言の定義について」国立国語研究所編『危機的な状況にある言語・方言の実態に関する調査研究事業報告書』，7頁（http://www.bunka.go.jp/seisaku/kokugo_nihongo/kokugo_sisaku/kikigengo/pdf/kikigengo_kenkyu.pdf）。
小林隆（2004）「アクセサリーとしての現代方言」『社会言語科学』7-1，105-107頁。
佐藤亮一監修（2007）「ききくらべよう方言の「桃太郎」」『ポプラディア情報館　方言』ポプラ社，173-190頁。
高山善行・青木博史編（2010）『ガイドブック日本語文法史』ひつじ書房。
田中ゆかり（2011）『「方言コスプレ」の時代——ニセ関西弁から龍馬語まで』岩波書店。
藤原与一（1949）「生活語としての方言の研究」『国語学』2，31-41頁［Webで公開］。
宮岡伯人・山崎理編，渡辺己・笹間史子監訳（2002）『消滅の危機に瀕した世界の言語——ことばと文化の多様性を守るために』明石書店。
室山敏昭（2001）『「ヨコ」社会の構造と意味——方言性向語彙に見る』和泉書院。

第2章 日本語方言の形成過程

小林　隆

この章で学ぶこと

　日本語の地域差、つまり方言はどのようにしてできあがったのでしょうか。これは誰もが抱く疑問ですが、この疑問に答えるのが本章です。

　方言は最初から今のような姿をしていたのではなく、歴史の流れの中で作り上げられてきました。そこにはどんな要因が働いていたのでしょうか。あるいは、実際、方言が形成される過程はどのようなものだったのでしょうか。そういったことを、この章では見ていくことにします。

　まず、第1節では、方言の形成をどのようにとらえたらよいか、理論的な側面について解説します。次に、第2節では、古典のことばと方言との関係に目配りしながら、具体的な方言形成のありさまを見ていきます。そして最後に、第3節では、ことばをとりまく自然や文化が、方言の形成に影響を及ぼす様子を話題にすることにします。

キーワード
　方言形成論、方言周圏論、方言孤立変遷論、伝播、位相、中央語の再生、アンバランスな周圏分布

1　方言形成のとらえ方

1.1　方言形成の2つの要因

　ことばの地理的な違いを方言と呼びます。ですから、方言の形成について考えるというのは、ことばの地理的な違いがどのようにして生まれてきたかを明らかにすることにほかなりません。こうした方言の形成について考える分野を「方言形成論」と呼ぶことにしましょう。方言形成論は方言の歴史的側面を扱う学問であり、方言学の中心的なテーマです。

　さて、方言はどのようにして形成されるのでしょうか。全国的な視野で見た

場合，そこには，基本的に次の2つの要因が関わっています。

(a)中央語の地方への伝播
(b)地方における独自の変化

前者の「中央語の地方への伝播」というのは，現在の方言の多くの部分が歴史的に中央語の伝播によって形成されたということです。この場合の「中央語」とは（第1章参照），奈良や京都，あるいは江戸といった歴史的に日本の文化の中心となった地域のことばを指します。中央語も時代とともに変化するわけですが，その変化が各地へ伝わる到達時間の差が方言の差となって現れたとみなします。これは中央語の変化を反映した統一的な方言形成といえます。

一方，「地方における独自の変化」とは，各地域は中央語の伝播を単純に受容するだけでなく，それを変化させたり新しいことばを生産したりして（第7章参照），独自の営みを行っているということです。その変化の方向性や積極性が地域ごとに異なるために，方言の違いが生まれたと考えます。これは地方ごとの分岐的な方言形成といえます。

1.2 方言周圏論と方言孤立変遷論

このうち，中央語の地方への伝播による方言の形成を重視するのが「方言周圏論」（第4章参照）です。この理論では，ことばは文化の中心から周囲に向けて伝播するものであり，方言分布はその伝播の産物として形成されると考えます。これは，ちょうど池に小石を落とすとそこから波紋が広がるように，中央で生まれたことばが順次地方に伝播することにより，同心円的な分布（周圏分布）ができあがるという理論です。この場合，日本の周辺部ほど中央語の古い姿を，中心部ほど新しい姿を見せることになります。

方言周圏論が万能であれば，日本の方言はすべて周辺部が古く，中央部が新しいということになります。しかし，実際はそう単純ではありません。それは，地域ごとに独自の変化が起こっているからです。このような地方独自の作用を重く見る考えを「方言孤立変遷論」と呼ぶことがあります。方言が孤立的に変遷するのは，ことば自体がより合理的なしくみを求めて自律的に変化するという性質を持つからです。

一般的に見て，意識的な模倣が可能で，個々の要素の独立性も高い語彙の分野には方言周圏論があてはまりやすく，無意識的で体系的な性格が強い音韻やアクセントには方言孤立変遷論があてはまりやすいと言われています。文法は

性格に幅があり，その中間に位置するようです。

　例えば，語彙の分野で，「顔」の名称が日本の中央部から周辺部に向けて，カオ―ツラ―オモテの順に並ぶのは，方言周圏論的に解釈して，中央部のカオが新しく，周辺部のツラやオモテが古いと考えます。一方，母音体系の面で，本土方言の5母音体系（a・i・u・e・o）に対して，琉球方言に3母音体系（a・i・u）が存在するのは（第12章参照），方言孤立変遷論的に推定して，琉球方言で独自に5母音から3母音への変化が起きたと考えます。日本の中央部に位置する京阪式アクセントが古く，周辺部に見られる無型アクセントが新しいと考えるのも同様です（第13章参照）。

② 古典のことばと方言形成

2.1　方言に生きる古典のことば

　私たちは，『万葉集』や『源氏物語』といった古典の作品を通じて古い日本語の姿を学びます。これらの古典に現れたことばは，方言の形成に大いに関係があります。最初に，方言は「中央語の地方への伝播」によって形成されると述べました。この場合の「中央語」は，古典などに記されたことばと重なる部分が相当あります。したがって，古典に見られることばが各地に伝わり，方言となって残っている例が多く確認できるのです。

　例えば，奈良時代の形容詞「めぐし」（いとおしい，などの意）は現在，東北地方を中心に「メンコイ」（かわいい，などの意）となって残っています。平安時代の名詞「そらごと」（嘘の意）は，九州地方などではほぼそのままの形や意味で使われています。室町時代の感動詞「じゃ」も，岩手を中心に現在でも使用されています。このほか，文法では，古典語の助動詞「べし」が意志・推量などの「ベー」となり，同じく助動詞「けり」が回想・確認などの「ケ」となり，いずれも東日本で用いられています。また，動詞の二段活用や「こそ―已然形」の係り結び（第15章参照）などは，九州を中心に西日本で行われています。

　このように，古典に見られる過去の中央語は，日本語の世界から消え去ったわけではありません。生活のことばである方言の中に溶け込み，今でもごく身近なところで話されているのです。

2.2　中央語の伝播と再生

　以上のように，中央語は地方に伝播し，方言を形成します。このとき，中央語はかならずしもそのままの姿で残るのではなく，最初にも述べた「地方における独自の変化」によって，別の姿に作り変えられることがあります。これを「中央語の再生」と呼びます。

　具体例として，東北方言として有名な格助詞の「サ」（どこどこサ行く）を取り上げてみましょう（第16章参照）。このことばは，図２-１に掲げるように，東北のほか，主として九州にも分布します。ただし，図をよく見ると，九州には東北のような「サ」の形そのものはほとんど分布していません。語頭にサの音を持つものの，長めの形になっています。また，この図からはわかりませんが，九州のものは，次の例のように「方向」の意味も担っており，その点で，「に」「へ」相当の格助詞として使われる東北の「サ」とは異なります。

　　アンヤツァ　駅サメ　行タガ。〈あいつは駅の方に行ったよ。〉（宮崎県日南市方言）

　これらのことばのもととなった中央語は，平安・鎌倉時代の古典に登場する「さまに」や「さまへ」ということばです。実は，これらのことばも，上の九州方言の例のように，「方向」の意味を持っていました。次の例を見てください。

　　御前を歩み渡りて，西さまにおはするを，御簾の内の人は心ことに用意す。
　　（〔薫は〕大宮の御前を通り過ぎて，西の館の方にお行きになるので，御簾の内の女房たちは特別に心遣いをしている。）　　　　　（源氏物語　蜻蛉）

　すなわち，中央語が持っていた「方向」の意味は，九州方言で保存されているのです。形の面でも，九州の「サメ」などは東北の「サ」に比べて，もとの「さまに」「さまへ」に近いものと言えます。つまり，東北と九州は同じく「サ」の類を使うと言っても，その形や意味がかなり異なるのです。このような周圏分布を，東西が等価である典型的な周圏分布に対して，「アンバランスな周圏分布」と呼びます。

　それでは，なぜ，そのような不均衡が生ずるのでしょうか。それは，伝播してきた中央語への対応が東西で異なっていたからです。この場合，九州は中央語を保存しようとしたのに対し，東北はそれを再生し，新たな格助詞「サ」として生まれ変わらせようとしました。そうした東西の対応の違いが，このことばのアンバランスな周圏分布を生み出したのです。

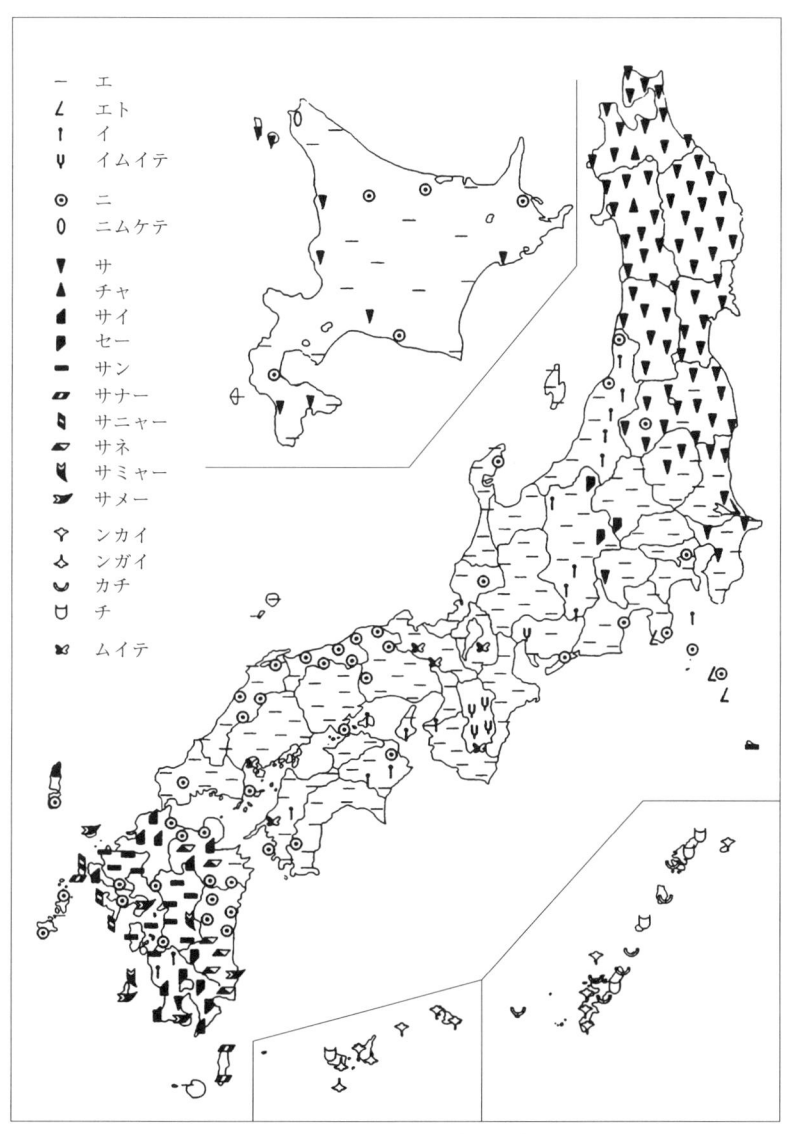

図2-1 「サ」の類の方言分布
　　　出典：『方言文法全国地図』19図「東の方へ行け」による。

2.3 方言を形成することばの位相

方言が中央語の伝播によって形成されることは，ここまで見てきたとおりです。それならば，中央語のどんなことばでも地方へ広まるのでしょうか。これは，方言形成の材料となる中央語が，いかなる性格を持ったものであるかという問題です。

この問題に関しては，「位相」という視点が重要になります。位相というのは，ことばの使用者の階層のことであり，また文体のことでもあります。単純に言えば，上層階層のことばか庶民階層のことばか，あるいは，書きことばか話しことばか，という違いです。

結論的には，中央から地方に伝播するのは庶民階層の話しことばです。中央に存在することばの中でも，もっぱら貴族が使用したり，書きことば専用であったりするものは，文献には頻繁に登場しても，方言には伝わりません。方言への伝播力を備えているのは，同じ中央語でも，庶民階層が日常的に使用する話しことばなのです。

外国語でも似たようなことがあります。ローマ帝国に広がったラテン語は中世に西ヨーロッパで民衆に使われ，のちにルーマニア語，イタリア語，フランス語，スペイン語，ポルトガル語などの姉妹語に分化しましたが，比較言語学の手法を使ってそれらの姉妹語から祖語を再建すると，文献に現れる古典ラテン語とは別のことばが出てきます。これを「俗ラテン語」と呼びます。日本語の方言からたどられる中央語が庶民階層の話しことばであるのとそっくりです。

日本語でこのことを端的に示すのが，馬を意味する「コマ」という語です。この語は，歴史的に見て，以下のように大きくは2つの，細かくは3つの位相を持ち，互いに意味が異なっていました。このうち，方言に伝播し各地に分布を形成したのは庶民階層の話しことばであった「雄馬」の意味のコマです。和文の世界で歌語・雅語として使用される「馬」の意味のコマや，漢文の世界で用いられる「子馬」の意味のコマは，方言には広まりませんでした。

```
            ┌ 上層階層の書きことば ┌ 「馬」の意味（和文的な使用）
コマの意味 ┤                       └ 「子馬」の意味（漢文的な使用）
            └ 庶民階層の話しことば―「雄馬」の意味
```

このほか，古典として有名な『徒然草』の「つれづれ」も方言には形跡がな

く，それと意味的に対応する「トゼン（徒然）」という漢語の方が，意外にも方言に伝播しています。これは，中央において，「つれづれ」が上層階層の書きことば的な性格を持ち，ほとんど文学的な用語としてしか使用されなかったのに対して，むしろ，「トゼン」の方が庶民の話しことばとして一般的に用いられ，都の外への伝播力を有したからであろうと考えられます（第22章参照）。

③ 方言形成に与える自然・文化の影響

　方言の形成過程で，自然や文化の影響が働くことがあります。ある方言的な特徴が一定の地域に見られる場合，その背景には，その地域に特有な自然や文化が存在する可能性があるのです。

　自然については，例えば，雪に関わる方言の単語の数と使い分けの複雑さは，その地域の積雪量とほぼ比例しています。また，「霜焼け」のことを「ユキヤケ（雪焼け）」と呼ぶ地域が，東北地方と北陸・近畿・中国地方の日本海側に広がっていますが，その背景には，これらの地域で降雪量が多く，「霜焼け」の原因として，霜よりも雪の方がイメージされやすいことがあると考えられます。

　文化については，例えば，「焼畑」の名称を取り上げてみると，そもそも名称がない地域がある一方で，カノ（東北地方と新潟・大分），ナギ（北陸地方・岐阜北部），カリウ（山陰地方東部），コバ（九州地方南部）などの方言的な言い方も分布しています。その分布の様子は焼畑農家率と関係があり，焼畑を近代まで行っていた地域では方言的な名称が使われていることがわかります。また，養蚕関係の独特な単語や表現が養蚕業の盛んだった地域に発達したことも，文化と方言の関わりの強さを示しています（第21章参照）。

　さて，中央語の伝播が方言形成の要因となることはすでに述べました。しかし，この伝播が，地域の社会的背景によって促進されたり，制限されたりすることがあります。

　例えば，「弟」の方言分布を見ると，本来，次男以下の男子を表すことばである「シャテー（舎弟）」が東日本に偏って広まっています。これは中央からのこの語の伝播が，東日本方向に積極的に行われたためだと考えられます。こうした伝播の偏りには，相続制度の地域差が関係しています。つまり，「シャテー」の分布は長子相続（長子にのみ継がせる方式）が優勢な地域とかなりよく対応しており，逆に，均分相続（子どもたちに均等に継がせる方式）が認め

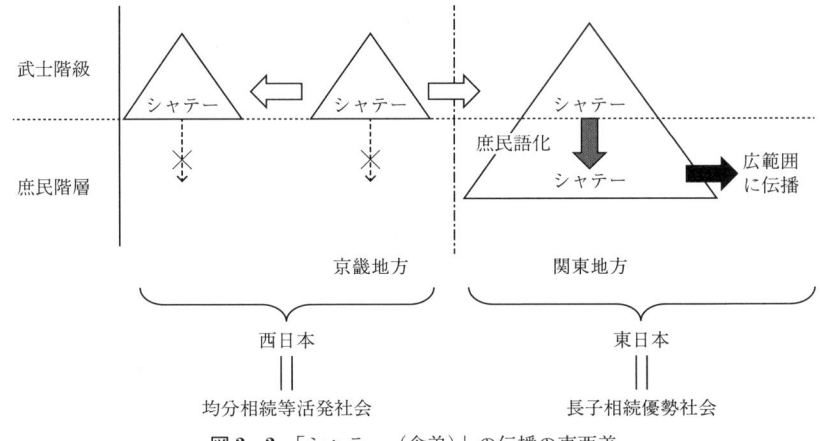

図 2-2 「シャテー（舎弟）」の伝播の東西差

出典：澤村（2011）の図を一部改変。

られる西日本にはほとんど見当たりません。

　これは次のように推定されます。すなわち，図2-2に示すように，長子相続の盛んな東日本では，長子ではない次男以下の男子をまとめて呼ぶ名称を必要としたために，同じく長子相続を基本とする武士社会のことば，すなわち，「シャテー」を庶民階層が積極的に受容したと考えられるのです。一方，均分相続などの目立つ西日本では，そもそも次男以下をまとめて表す名称は必要なかったために，受容もほとんどなされなかったというわけです。

　以上のように，方言の形成について考えるときには，ことばだけでなく，自然や文化・社会の地域性をも視野に入れていく必要があることがわかります。

練習問題

1. みなさんが生まれた土地や住んでいる地域の方言について，その分布や歴史を調べてみましょう。具体的なことばを取り上げて，『日本方言大辞典』や『日本国語大辞典』で概略をつかむところから始めるとよいでしょう。
2. 古典に出てくることばが，現在，方言に残っていないか調べてみましょう。その際，古典のことばと同じ形や意味で使われているとは限らないので注意が必要です。やはり，上に挙げた辞典が手がかりになります。
3. 方言の形成では，本章で述べたこと以外でも，ことばの伝播ルートやスピードなどが問題になります。また，全国を対象とするだけでなく，地域ごとの方言形成もテーマになります。それらの点について，読書案内の研究書や参考文献をもとに整理してみましょう。

読書案内

① 小林隆・木部暢子・髙橋顕志・安部清哉・熊谷康雄（2008）『シリーズ方言学1 方言の形成』岩波書店。
  ＊方言の形成をいくつかの角度から掘り下げたもので，この分野の研究の広がりや可能性を教えてくれる本です。まず，冒頭の「方言形成論への誘い」に目を通してみるとよいでしょう。
② 澤村美幸（2011）『日本語方言形成論の視点』岩波書店。
  ＊方言形成の課題に，新鮮な視点から挑んでいる魅力的な本です。専門書ですが，驚き方の方言など興味を引かれる事例が取り上げられ，わかりやすく説明されています。
③ 小林隆（2006）『方言が明かす日本語の歴史』岩波書店。
  ＊日本語の歴史を方言形成の立場から考えるとどうなるか，という興味で書かれた本です。古典の世界と方言の世界が，意外にも密接な関係にあることを語っています。

参考文献

井上史雄（2003）『日本語は年速一キロで動く』講談社現代新書。
大西拓一郎（2008）『シリーズ現代日本語の世界6 現代方言の世界』朝倉書店。
小林隆（2004）『方言学的日本語史の方法』ひつじ書房。
小林隆編（2014）『柳田方言学の現代的意義——あいさつ表現と方言形成論』ひつじ書房。
小林隆・篠崎晃一（2003）『ガイドブック方言研究』ひつじ書房。
佐藤亮一（2001）『生きている日本の方言』新日本出版社。
柴田武（1969）『言語地理学の方法』筑摩書房。
徳川宗賢（1981）『日本語の世界8 言葉・西と東』中央公論社。

第3章　日本語方言の区画

鑓水兼貴

― この章で学ぶこと ―

　テレビなどで日本各地の方言を耳にすることがあると思います。自分のことばとよく似ていると感じたり，部分的に聞きとれる程度だったり，時にはまったくわからなかったりするでしょう。また，「関西弁」のように方言名を挙げるとき，そのことばの使われる範囲はどのくらいなのでしょうか。この章では方言をさまざまな観点から地理的に分類する，「方言区画」について学びます。

　第1節では，方言区画とは何かを考えます。古くから，東日本と西日本，もしくは，関東と関西と九州といったように，方言の違いが大まかに意識されていましたが，「方言区画論」では，具体的な言語事象によって方言を分類し，境界線によって区分します。第2節では，さまざまな方言区画について紹介します。方言区画論の第一人者である東條操による総合的分類では，日本の本土方言は大きく東部・西部・九州の3つに分かれます。さらに音韻，アクセント，文法，語彙，敬語，意識といった個々の言語事象による分類を見ると，東西で分かれるものや，中央・周辺の関係が見られるものがあります。第3節では，現代の方言区画について考えます。現代の若年層は共通語化が進んでいるため，従来の方言区画はあいまいになってきています。一方で，談話や言語行動など，今まで気づかなかった言語事象による分類が研究されつつあります。

キーワード

　方言区画論，等語線，糸魚川・浜名湖線，東西方言境界線，クラスター分析

1　方言区画論

　世界中の多くの言語で方言区画論の研究が行われ，多くの知見が得られています。例えば，定住してからの年代が長いと方言差は大きくなります。また相互交流が少ない地域間では方言差が大きくなる傾向があります。自然地形では，山は人々の交流を妨げるため方言差を大きくします。川も方言差を大きくしま

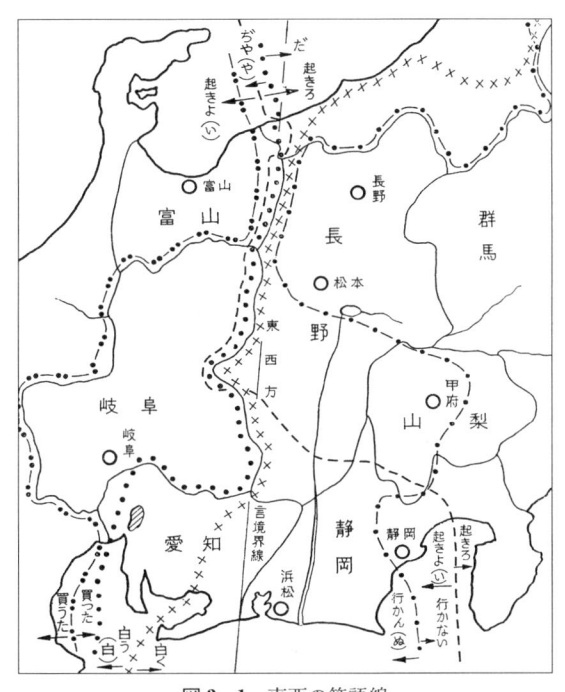

図 3-1 東西の等語線

出典：牛山（1969）。

すが，同時に交通路として方言を広める役割も果たします。現在の全国の方言の違いについて，方言区画論は基本的な手がかりを与える点で重要です。

1.1 方言の分類

東日本と西日本，もしくは，関東・関西・九州といった方言の違いは，古くから意識されてきました。8世紀ごろに成立した『万葉集』には，当時の東国方言（東北南部から関東・甲信・東海地方の方言）で作られた歌だけを収めた巻があります。また，17世紀初頭にキリスト教宣教師によって書かれた日本語の解説書『日本大文典』には，「京へ，筑紫に，坂東さ」という諺が収録されています。これは方向を表す格助詞の関西，九州，関東の違いを示すことで，3地域の方言が異なるという当時の認識を象徴的に表したものといえます。

1.2 等語線と方言区画

隣接する地域間で異なる語形が分布している場合，そこには境界が存在しま

す。この境界線のことを等語線といいます。図3-1は文法事象の東西境界を等語線で示したものです（牛山 1969）。例えば，「行かない」の否定辞の部分に関する等語線は，線の東側（右側）で「ない」，西側（左側）で「ん（ぬ）」が使用されていることを表します。全体として見た場合，等語線は束になり，大きな束であればあるほど，そこに明確な方言の境界が存在することになります。図では，等語線は北アルプスを経る糸魚川・浜名湖線に集まっており，ここに実線で「東西方言境界線」が引かれています。

② さまざまな方言区画

2.1 総合的な分類

このように多くの言語事象の境界を考えながら，全国の方言を分類し，地理的な区分けをする研究を方言区画論といいます。さまざまな研究者が試みた方言区画を見てみましょう。

方言区画論の先駆的研究者である東條操は，音韻と語彙と文法を総合的に判断して，全国の方言を分類しました。図3-2は東條による方言区画（第3次案）です（東條 1953）。最初に日本語を本土方言と琉球方言の2つに分けています。下位区分として，本土方言を東部方言・西部方言・九州方言の3つに，琉球方言を奄美方言・沖縄方言・先島方言の3つに分け，本土方言についてはさらに細かく区分しています。

都竹（1949）は東條とはやや異なった分類を行っています。都竹は分類に際して，表3-1のような分類の目安を示しています。

総合的な分類は，どの言語事象を区画に反映させるかの判断が難しく，実際には以下に述べるような，個別の言語事象での分類が多く行われています。

2.2 音韻による区画

個別の言語事象による分類として，まず音韻から見てみましょう。図3-3は，音韻に関する7つの方言的特徴を1つの図にまとめたものです（平山 1968）。このような分布の総合図は「方言区画」ではありませんが，図3-1と同じように，同じ特徴の重なりによって地域を分類したものと言うことができます。

共通語との違いという観点からまとめられているため，東京付近は空白になっています。東京から離れるほど，記号の重なりが増え，多くの方言的特徴

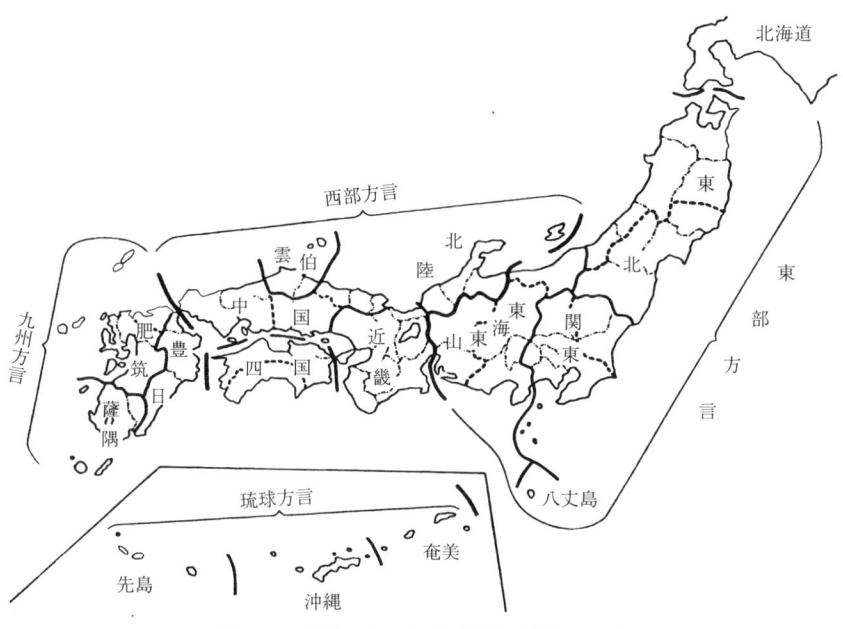

図3-2 東條による方言区画図（東條 1953）

出典：加藤（1977）。

表3-1 3地域の方言的特徴

	本州東部方言	本州西部方言	九州方言
子音の特徴	強く長い	弱く短い	強く長い
子音の挿入	川っぷち	川ぶち	川ぶち
一・二段動詞命令形	見ろ	見よ 見い	見よ 見い 見ろ
サ行五段動詞連用形	出して	出いて 出して	出いて
形容詞連用形	良く	良う	良う ゆう
形容詞終止形	無い	無い	無か
係助詞	何か欲しい	何ぞ欲しい	何か欲しい

出典：都竹（1949）の一部。

第3章 日本語方言の区画　31

図3-3 音韻による分類

出典：平山（1968）。

があることがわかります。周辺部では，四つ仮名の区別やハ行のp音など，古い状態の残存も見られます（第12章参照）。

2.3 アクセントによる区画

11世紀末〜12世紀初頭の漢字辞典である『類聚名義抄』の声点から，当時の中央（京都）におけるアクセントが判明しています。平安時代末期の京都方言のアクセント型の区別は，現代まである程度保たれています（第13章参照）。

図3-4は全国のアクセントの分類です（金田一 1969）。近畿・四国地方を中心として，同心円状に「内輪方言」「中輪方言」「外輪方言」と分類され，外側の地域ほど単純化（アクセントの型の種類が減少）しています。例えば2拍名詞では，平安時代末期の京都方言は5種類のアクセント型がありました。それ

凡例
□ 内輪方言
▥ 中輪方言
▩ 外輪方言
■ 南島方言

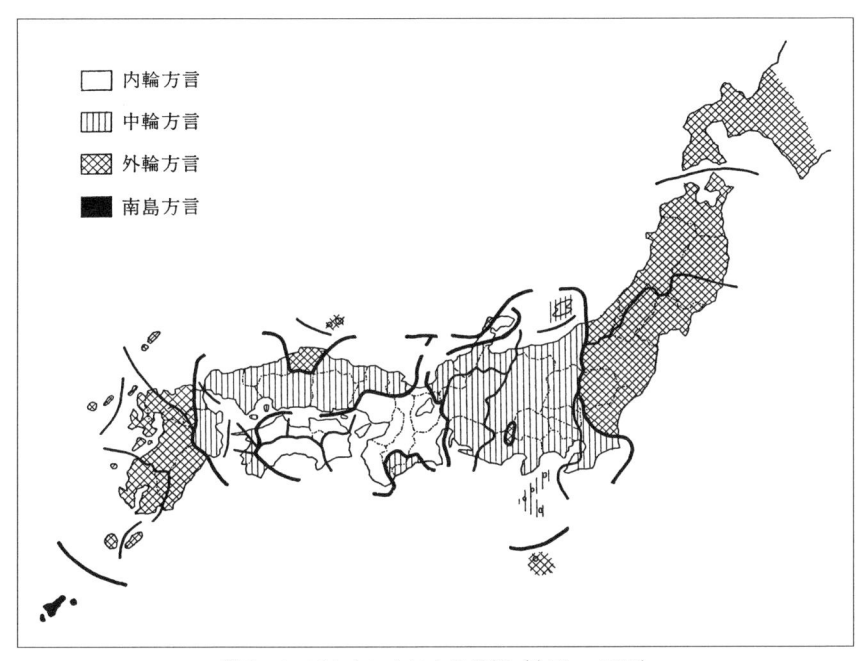

図 3-4　アクセントによる分類（金田一 1969）

出典：加藤（1977）。

が現代の京都方言では 4 種類，東京方言では 3 種類に統合されています。無アクセントの地域では区別がありません。

　おおよそ内輪方言が京阪式アクセントに，中輪方言が東京式アクセントに相当し，外輪方言には型の区別を持たない無アクセントの地域を含んでいます。

2.4　文法による区画

　文法事象は牛山や東條などの総合的な分類で最も重要視されていました。ここではこれまで紹介した分類とは異なり，数量的な方法を紹介します。

　文法については，全国的な調査資料である『方言文法全国地図』（国立国語研究所 1989-2006）があり，すべての調査データがインターネットで公開されています。図 3-5 は『方言文法全国地図』第 1～3 集（助詞と活用形）（第15，16章参照）の144項目の結果について分類したものです（鑓水 2007）。各地域の調査結果について，類似した地域同士をまとめていく「クラスター分析」という統計手法を利用して，地域を階層的に分類しています。

　図 3-5 左上の樹状図によると，大きく東日本，西日本，琉球に 3 分類され

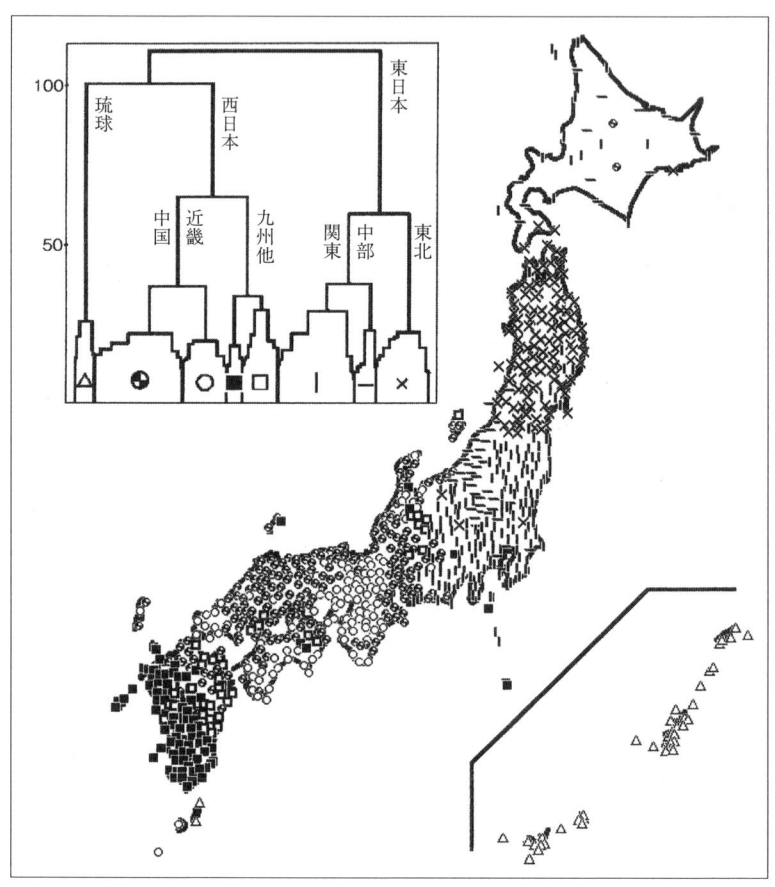

図3-5 『方言文法全国地図』第1〜3集のクラスター分析結果

出典：鑓水（2007）。

ています。東西の境界は図3-1の牛山の「東西方言境界線」にほぼ一致します。図3-2の東條の分類とは異なり，西日本の中に九州が含まれています。また，東日本は福島県を除く東北地方とそれ以外とに分かれています。

2.5 語彙による区画

　語彙については，個別の事象の分布として，「方言周圏論」や「東西対立」などが有名です（第2，4章参照）。全国的な調査資料としては『日本言語地図』（国立国語研究所 1966-74）がありますが，その『日本言語地図』の82項目について，都道府県別に共通語形の使用率が計算されています（河西 1981）。

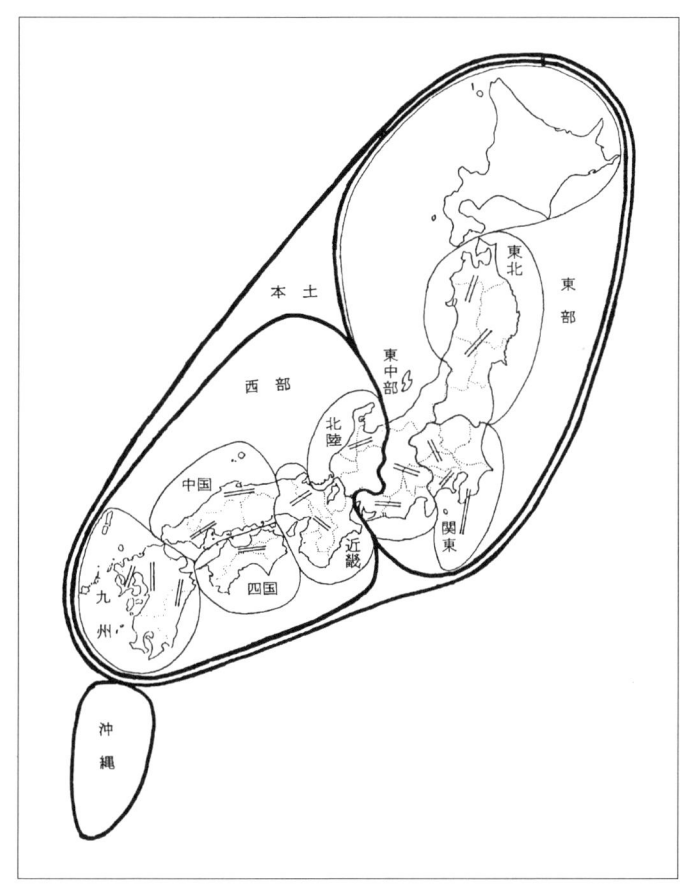

図 3-6 『日本言語地図』の共通語形による方言区画

出典：井上（1989）。

この共通語82語形を，前述のクラスター分析によって分類した結果が，図3-6です（井上 1989）。

　図を見ると，まず沖縄県が他の都道府県と分かれ，つづいて東日本と西日本が分かれます。下位分類を見ると，社会科で学ぶ地方分類とほぼ一致しています。ただし中部地方は「東西方言境界線」と同様に，岐阜県と長野県で分かれます。文法の分類である図3-5とも一致します。

2.6　敬語からみた区画

　方言にも敬語があり，地域差があります（第23章参照）。方言では，祖父母や

図3-7　敬語の全国分類

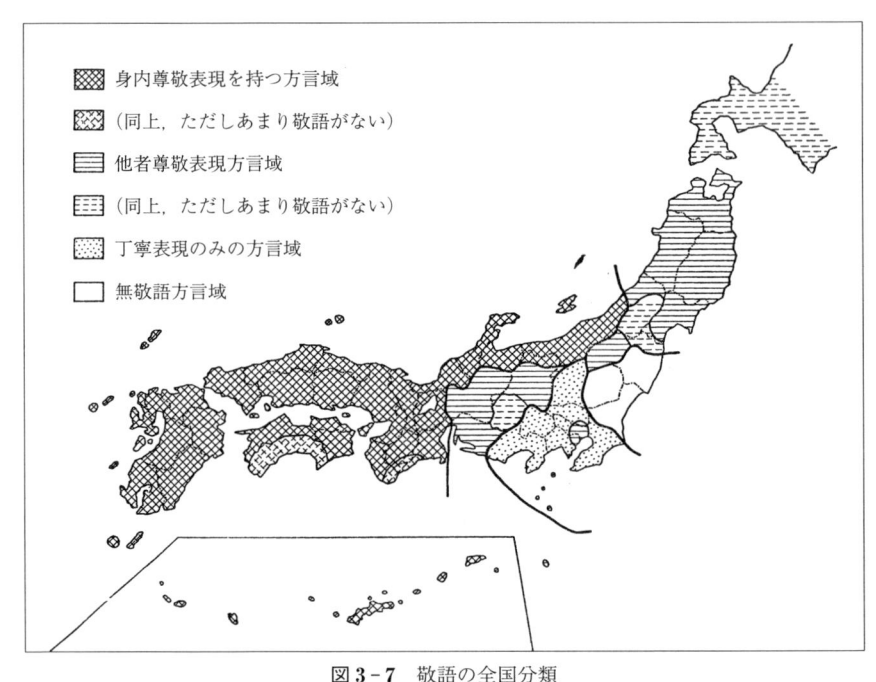

出典：加藤（1977）。

　両親といった目上の身内に対して敬語を用いる「身内尊敬表現」を持つ地域がありますが，共通語では通常用いません。
　図3-7では日本語の敬語を大きく「身内尊敬表現」「他者尊敬表現」「丁寧表現」「無敬語」の4段階に分類して，その分布を示しています（加藤 1977）。
　4段階は濃さによって表され，敬語の発達の程度を示しています。全体的に見て，西日本では発達，東日本では未発達という傾向があります。関東周辺部は特に未発達で，北関東から南東北にかけて無敬語の地域があります。
　古代より敬語は京都を中心に西日本で発達しましたが，敬語の受け入れが遅れた東日本の東京方言が共通語の母体になったため，現在の共通語のような敬語になりました。西高東低といえますが，東京は関西との交流も多いため，周囲の関東地方よりは敬語が発達しています。

2.7　意識からみた区画

　文法や語彙など，方言を言語学的観点から分類する以外に，人々の方言に対

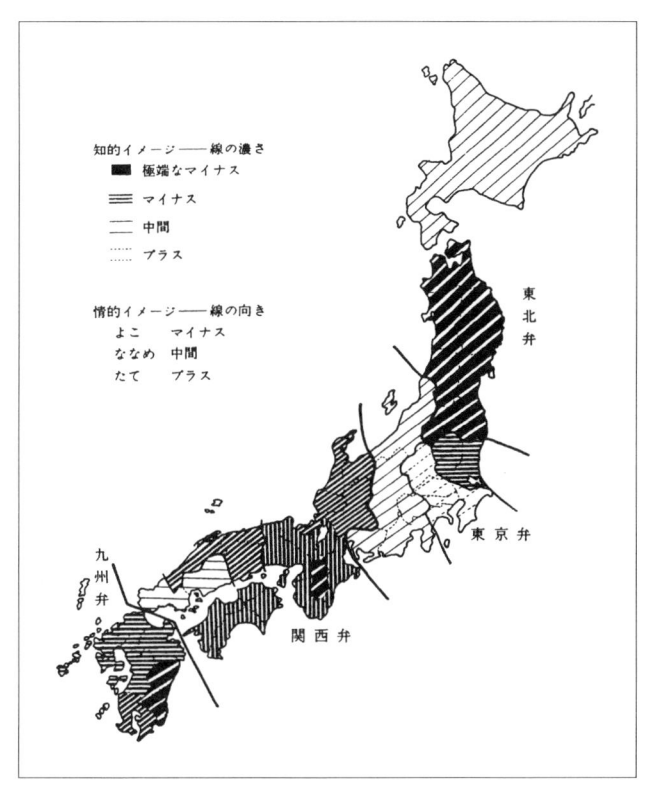

図3-8　方言イメージの区画図

出典：井上（1989）。

する意識を利用した分類があります。図3-8は，全国の大学生に自身の方言イメージを15の評価語によってたずね，クラスター分析によって分類した結果です（井上 1989）。

　方言イメージは「知的イメージ」（聞き取りやすさ，能率性，都会性など）と「情的イメージ」（きれいさ，丁寧さ，好悪など）の2つの側面に分かれ，両者のイメージの強さによって地域が分類されました。知的イメージは濃さで，情的イメージは線の傾きで示されています。図を見ると，知的イメージは首都圏のみプラス，情的イメージは近畿のみプラスになっており，東西の言語的中心地がそれぞれの役割を持っていることがわかります。

　一方，マイナスイメージの強い地域では，自身の方言に自信が持てない，いわゆる「方言コンプレックス」（序章参照）が問題になります。

3 これからの方言区画

これまでの方言区画は，意識の区画以外は，どれも明治・大正期に生まれた人々が使用した「伝統的方言」を元にした区画です。共通語化が進んだ現代の人々の方言区画はどのようになるでしょうか（第6章参照）。

3.1 現代の方言区画

前述の1890年ごろに生まれた人々を対象とした『日本言語地図』の共通語82語形について，1980年ごろに生まれた人々に対する調査結果があります（井上 1997）。統計的手法は異なりますが，因子分析という手法によって分類した結果が図3-9です（井上 2002）。結果は大きく東日本と西日本の2つに分かれるのみで，さらに分類することはできませんでした。現代では，多くの伝統的方言形が衰退し，共通語化が進んだためでしょう。唯一残ったのが岐阜県と長野県の間にある「東西方言境界線」で，東西境界が共通語化の進んだ現代においても強固に残っていることを示しています。

しかし現代の若年層においても，方言と共通語との使い分けがなくなったわけではありません。伝統的方言形ではなく，若年層で多く使用されている方言形（第7章参照）によって分類すれば，もっと細かい地域分類が可能であり，従来の方言区画に近くなることが予想されます（井上 2011）。

3.2 その他の方言区画

近年，談話や言語行動といった方言の運用における地域差にも関心が広がっています。大規模なデータ収集は大変ですが，共通語化が進んだ時代においては，こうした新しい地域差の研究が重要になってくるでしょう。

全国的な区画図の作成には至っていませんが，小林・篠崎（2010）では，イントネーション，感動詞，言語行動，談話など，さまざまな言語事象の地域差が述べられています（第24章参照）。さらに小林・澤村（2014）では，具体的な言語行動の背後にある考え方について，「言語的発想法」という概念が提唱され，今まで気づかなかった地域差についても論じられています。今後はこうした方言使用に関する総合的な方言区画が作成されるようになるでしょう。

第1因子

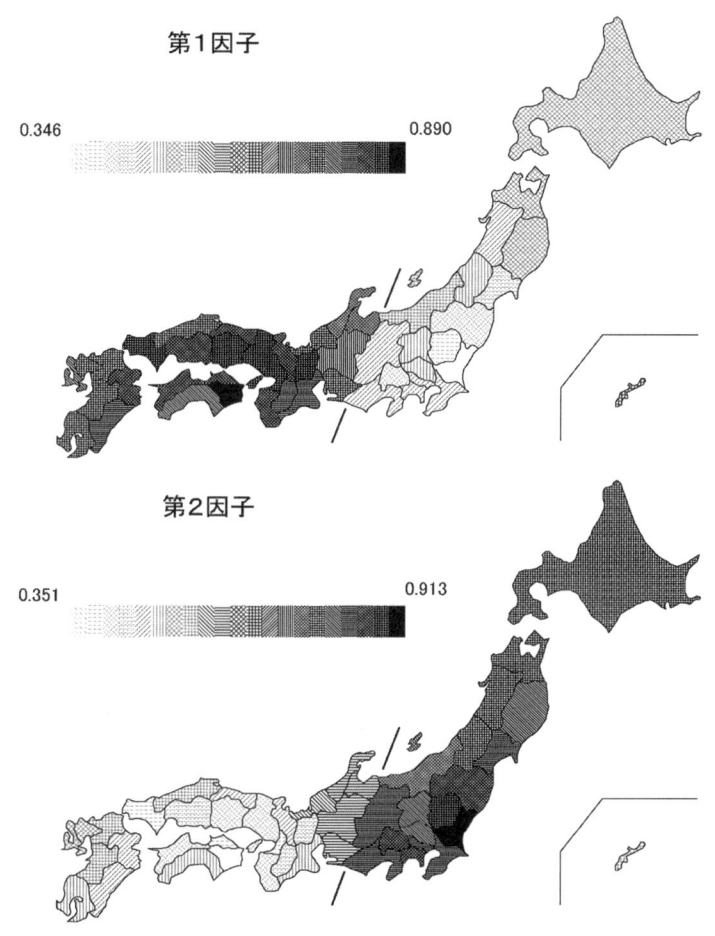

0.346　　　　　　　　　　0.890

第2因子

0.351　　　　　　　　　　0.913

図3-9　現代における『日本言語地図』の共通語形使用による分類
出典：井上（2002）。

練習問題

1. 自分の方言と同じだと思う範囲がどこまでかを地図上に示し，なぜ同じだと思うか，周辺の方言とどこが違うと思うか，考えてみましょう。
2. 共通語，東北方言，関東方言，関西方言，九州方言，琉球方言について，それぞれどのようなイメージを持っているか，考えてみましょう。
3. 北海道方言は，全国の方言のどこに区画されると思うか，この章の図や，北海道の歴史的，地理的背景とともに考えてみましょう。

読書案内

① 金田一春彦・柴田武・林大（1988）『日本語百科大事典』大修館書店。
  ＊「第六部・XVII・4 方言の分類」（941-957頁）に方言区画の説明があります。方言区画の全体的な説明だけでなく，方言を分類することの意味や，分類するための手法，今後の課題点などがまとめられています。
② 井上史雄（1989）『言葉づかい新風景（敬語と方言）』秋山叢書。
  ＊「第三章　方言イメージ」に，方言イメージによる方言区画の説明があります。具体的なイメージ評価語の分類や，クラスター分析など，計量的な手法による分析方法が示されています。
③ 小林隆・篠崎晃一（2010）『方言の発見——知られざる地域差を知る』ひつじ書房。
  ＊イントネーション，感動詞，言語行動，談話など，これまであまり方言研究では扱われてこなかった言語事象の地域差について，最新の研究成果をもとに示しています。

参考文献

井上史雄（2001）『計量的方言区画』明治書院。
井上史雄（2002）「方言区画論の再生」『21世紀の方言学』国書刊行会。
井上史雄（2011）『経済言語学論考』明治書院。
牛山初男（1969）『東西方言の境界』信教印刷。
河西秀早子（1981）「標準語形の全国分布」『言語生活』354号。
加藤正信（1977）「方言区画論」『岩波講座日本語11　方言』岩波書店。
金田一春彦（1967）『日本語音韻の研究』東京堂出版。
国立国語研究所編（1966-74）『日本言語地図』大蔵省印刷局。http://www.ninjal.ac.jp/publication/catalogue/laj_map/［画像公開］　http://www.lajdb.org/TOP.html［データ公開］
国立国語研究所編（1989-2006）『方言文法全国地図』国立印刷局。http://www2.ninjal.ac.jp/hogen/dp/gaj-pdf/gaj-pdf_index.html［画像公開］　http://www2.ninjal.ac.jp/hogen/dp/gaj_all/gaj_all.html［データ公開］
小林隆・澤村美幸（2014）『ものの言いかた西東』岩波新書。
東條操（1953）『日本方言学』吉川弘文館。
都竹通年雄（1949）「日本語の方言区分けと新潟県方言」『季刊国語』第3巻，群馬国語文化研究所。
日本方言研究会編（1964）『日本の方言区画』東京堂出版。
平山輝男（1968）『日本の方言』講談社現代新書。
鑓水兼貴（2007）「『方言文法全国地図』における共通語化の状況——多変量解析を用いた分析」『日本語学』26-11。

第4章 日本の方言地理学

大西拓一郎

― この章で学ぶこと ―

　方言地理学は，場所により異なることばとしての方言を地理的側面から研究します。そのときに掲げる大きな目標の1つが，ことばの歴史の解明です。中央から周辺に新しいことばが広がるととらえることにより，方言が示すことばの異なりに関する場所の位置関係を時間軸に対応させます。空間と時間をつなぐこの考え方では，周辺部が古く中央が新しいとし，この順序をもとに歴史をとらえます。ただし，この方法は無条件に適用できるものではありません。対象とすることばの性質を十分に考慮しておくことが求められます。場合によっては，周辺が新しく中央が古いこともあるからです。また中央から周辺に広がるといっても，単に受け渡されていくだけというわけではありません。広がる中で起こることばの変化にも注意が必要です。ことばは人間どうしの伝達道具です。人間の生活から切り離して考えることはできません。ことばが表す対象物やことばを使う人々の交流に関する情報の中で方言を扱うことが必要です。これは方言地理学の原点であると同時に，方言研究の他の分野と一線を画す特徴です。

　方言の地理的分布を地図に示して，違いを大きくとらえようとするのが，第3章の方言区画論でした。地理的分布の歴史的背景を探るのが方言地理学です。文献資料のない場合にも適用できます。過去の言語史を再構成するための3方法の1つで，本書では詳しく扱いませんが，他に比較言語学，内的再構があります。なお，方言地理学と方言区画論は発想を異にしますが，方言分布を対象とする点では共通しており，双方に厳密な線引きができるわけではありません。

キーワード

　言語地理学，隣接分布の原則，周辺分布の原則，方言周圏論，言語変化，同音衝突，類音牽引，混交，多元的発生仮説，孤立変遷論

1 方言地理学とは

1.1 方言の地理学，地理的な方言学

　方言は場所によることばの違いです。それでは，具体的にどこでどのようなことばが使われていて，なぜそのようなことばの違いがあるのでしょう。方言地理学はこのことにアプローチします。地理的側面から方言を研究する学問が方言地理学です。

　方言地理学は，場所によることばの違いを具体的にとらえるために，研究の中で地図を多用します。一般のことばの研究と違い，地図を描くという技術がしばしば求められます。方言地理学もことばの研究の1部門ですが，このような手法はやや異色です。

　方言地理学（dialect geography）は，言語地理学とも呼ばれます。呼び名は違えど，日本語を扱う中では実際には同じものと考えて構いません。ただし，場合によっては，異なる言語の地理的分布やその中での借用語（それぞれの言語にとっての外来語）の分布を扱う研究を方言地理学から区別して，言語地理学と呼ぶこともあるので，注意が必要です。

　方言地理学（言語地理学）は，19世紀末期にヨーロッパで生まれ，20世紀に方言地図が盛んに作られました。21世紀に入っても，世界のあちこちで方言地図が作られています。なお，言語地理学に対し，地理言語学という言い方もあります。英語だと，言語地理学は linguistic geography に，地理言語学は geolinguistics にそれぞれ当たります。対応する英語が示すように，地理言語学という呼び方は言語学であることを主張しています。ただし，地理学の立場から方言の分布を研究した事例は極めて少数です。ほとんどの場合は，言語学や方言学ということばの研究に根ざしています。目指すことが明確である限り，名称についてそれほどこだわることはありません。

1.2 方言地理学の目的

　場所によることばの違いを解明する方言地理学ですが，多くの場合に明らかにしてきたのは，ことばの歴史です。どのようなことばの変化が発生し，それが方言の分布にどのように反映しているのかを研究してきました。もう少し正確に言うと，地図に現れている方言の分布からどのようなことばの歴史が読み取れるかということを中心課題としてきたのです。このことを如実に示すのが

柴田武（1969）『言語地理学の方法』の11頁と27頁の2カ所にわたって記されている次のことばです。

「言語地理学は言語史の方法の一つである。」

　方言地理学は，どこでどのようなことばが使われているかを示す言語地図を使って方言の分布を扱います。言語地図は2次元（地図から標高も読み取れる場合は3次元）空間上でのことばが用いられている位置を示します。方言地理学は，地図に描き出された位置から歴史を明らかにしようとするのです。言うまでもなく，分布は空間軸であり，歴史は時間軸です。これらの異なる次元が，方言地理学の中でどのようにつながるのでしょうか。

② 方言の分布とことばの歴史

2.1 考え方の基本

　服装や持ち物，お化粧のしかた等々，いろいろなことに流行があります。それらの発信地はどこでしょう。里山ののどかな農村のおじいさんたちがしている手ぬぐいのほっかむり。これがこの村から都会にむけて広がることは，ちょっと考えにくい。都会を中心に周辺に広がっていくと考えるのが一般的でしょう。

　ことばにも流行りがあります。流行りとして新しいことばが生み出され，古いことばと入れ替わることは，言語変化と呼ばれます。言語変化は珍しいことではありません。ことばは必ず変化します。すべての言語は言語変化を経験しています。

　そのような言語変化のもとになる新しいことばは，そのほかのさまざまな流行と同じで，中心地としての都会から発信されると考えることに大きな抵抗はないでしょう。そして，生み出された新しいことばは，都会から徐々に周辺部に広がっていきます。

　いや，そんなことはないはずだ。流行なんて，テレビや雑誌，ネットであっという間に広がる。そんな異論があっても不思議ではありません。ただし，それはテレビも含め新しいメディアの普及以降に成立します。それ以前は，緩やかな拡大が普通でした。

　そのように中心地から周りに徐々に広がり，しかも中心地からは何段階にもわたって変化が発信し続けられたらどうなるでしょうか。最初にAということばが発信され，次にBが発信される。そのうちBが廃れ，新たにCが使われ始

めるといったことです。

　古いものから順に広がっているわけですから，周辺部にはAが残り，中心地ではCが使われ，AとCの間ではBが話されているということになります。つまり，A—B—Cという分布の並びが，そのままA→B→Cという歴史を反映しているということです。ここから分布をもとに歴史をたどるという発想が生まれます。この考え方を先に挙げた『言語地理学の方法』は「隣接分布の原則」と呼びます。

　中心地から広がった新しい分布は古い分布を分断するため，周辺部のことばは中心地のことばよりも古いことになります。したがって，中心地をはさんでB—A—Bのように分布している場合，歴史はB→Aです。このことを『言語地理学の方法』は「周辺分布の原則」と呼びます。

　中心地としての都から周辺部としての田舎を見た場合，田舎に古いことばが残っていることは，古くから気づかれていました。柳田国男（1930）『蝸牛考』は，「かたつむり」（蝸牛）の方言の全国分布をもとにこのことを考察し，「方言周圏論」を提唱しました。

　「方言周圏論」「隣接分布の原則」「周辺分布の原則」は，方言分布という空間上の位置と，言語変化という時間上の前後関係を結びつけます。ことばの異次元をつなぐという点で，知的魅力にあふれた考え方です。

2.2　知っておくべきこと

　周辺分布の原則や方言周圏論を適用するにあたっては，分布の並び方のほかに押さえておくべきことがあります。それは，互いに関わりのない場所で同じことばが使われていることです。例えば，図4-1のように新潟県糸魚川地方において，移住などの背景がない相互に離れた場所で「肩車」を表すテングルマが同じように使われています。その理由をこれらの考え方では次のように説明します。

　　中心部も含めかつては広くテングルマが使われていた。しかし，中央では新しい形（例えば，カッカラカツ）が使われるようになった。そのためテングルマの分布は分断され，離れた場所に分布している。

　言語には，言語一般に適用される普遍的性質があることが知られています。その1つが，「言語記号の恣意性」です。言語は形と意味の両面で形成されていることにより記号的性質を持ちます。言語記号の有する形と意味の間に必然的つながりはありません。「机」ということばは，ツクエという語形と「机」

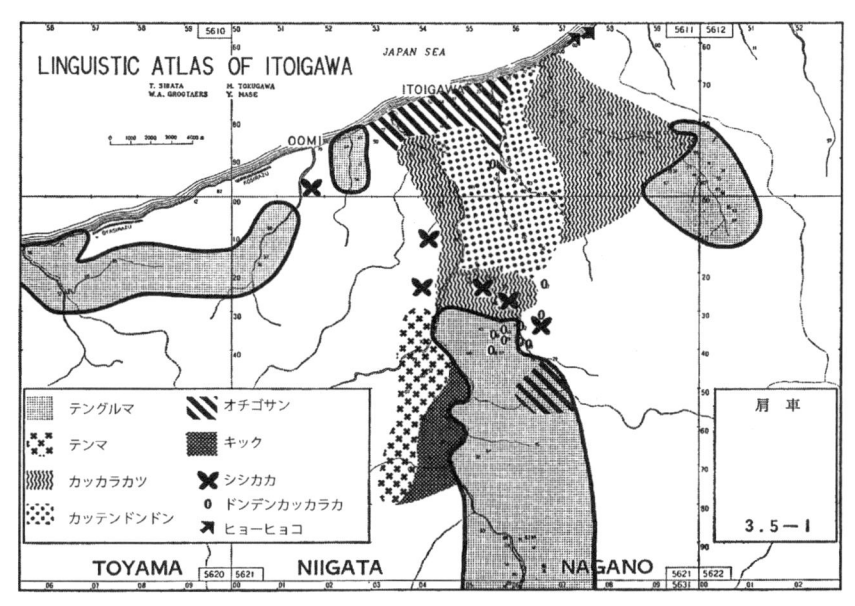

図 4-1　新潟県糸魚川地方の「肩車」
出典：柴田（1969）をもとに凡例の表記を改変。

という意味を持っていますが、「机」をツクエと呼ぶ必然性はありません。ゆえに言語ごとにさまざまな語形があるわけです。

「肩車」をテングルマと呼ぶことが必然的なのであれば、離れた場所で同じ形があっても不思議なことではありません。しかし、言語記号の恣意性ゆえ、テングルマと「肩車」の間には、必然的関係はありません。したがって、離れた場所で同じテングルマを使うのは偶然ではなく、分断された分布がかつては連続していたと考えるわけです。

しかし、言語記号の恣意性は、成り立たない場合があります。1つは、擬声語や擬態語です。バンとかカンカンといった擬声語は、言語記号の中に位置づけられますが、「物が破裂する音の様子」とバン、「金属を叩いた音の様子」とカンカンの関係は、かなり必然的です。このような言語記号の恣意性がゆるむ対象やそれを基にした単語では、離れた場所で同じことばが存在しても不思議ではありません。このような場合に周辺分布の原則や方言周圏論を適用すると、理論上無理が生じることになります。

もう1つは、命名の発想の共通性です。例えば、「かたつむり」は螺旋状の殻を持ちます。この形状から「巻き」のような命名の発想を導き出すことは容

第 4 章　日本の方言地理学　45

易に想定できます（具体的にはマイマイのような語形が生み出されます）。類似した命名発想は，類似したことばを生み出します。そのことにより，離れた場所で同等のことばが用いられることになるかもしれません。これは「多元的発生仮説」と呼ばれ（長尾 1956），分布から歴史を考える上で留意すべき重要事項です。

また，中央から広がる新しいことばは単純に周辺に伝わるわけではありません。もとから存在している同じ形の別のことばとぶつかること（同音衝突）を回避したり，時には類似の形に引きつけられたり（類音牽引），もとから存在していることばと新しいことばを組み合わせたり（混交）と，新旧のことばの間で葛藤がくり広げられます（馬瀬 1992）。このような言語変化が身近な方言の中でとらえられるのは，方言地理学の醍醐味です。

2.3 考えるべきこと

新しいことばが中心地で生み出され，それが周辺部に広がることを前提に話を進めてきました。東條操は，方言学という学問の目標を方言周圏論に置くことを厳しく批判した人ですが，方言周圏論の考え方を次のように的確にとらえています。

　「文化の中心地にはよく語の改新が起こる。いま，ある事物を表わす名称に新語が発生したとすると，やがて，それまでに使われていた旧名称は中心地から駆逐され，その外側地帯に押し出される場合が少なくない。かような改新が中央で数回行われると，池に小石を投げた時に起こる波紋のように，中心地の新語を囲んで，いくつかの同心円的な前代語の層ができる。この場合，より古い発生のものが，中心よりより遠い距離に広がるわけである。」
（『方言学の話』18頁）

つまり，新しいことばは一般に文化の中心地＝都会で生み出されるというわけです。ところで，そもそもその前提は正しいのでしょうか。先に流行を例に挙げました。流行もいつも東京が発信地とは限りません。特定の靴下の履き方（ルーズソックス）が東北の地方都市（仙台市）から全国の女子高校生に広まった事例はよく知られています。ある髪型（名古屋巻き）は中部地方の街（名古屋市）が発信地で，その街の名前を冠して呼ばれていました。

新しいことばが生み出されるというのは，言語変化が起こるということです。言語変化が中心地でのみ発生すると考えることについては，「孤立変遷論」に

より批判が与えられました（楳垣 1953；金田一 1953）。実際のところ，中央以外でも言語が変化するのは確かです（「新方言」，特に地方から東京の若い世代に取り入れられた「東京新方言」については，第7章参照。また方言地図のデータを使って方言を区画する研究については第3章参照）。

　言語変化には一定の方向性があることが知られています。条件が揃えば，Aという状態からBの状態に変化することに一般性があります。例えば，「見る」「起きる」に代表される一連の一段動詞の命令形が見レ・起キレのような形に変化するのは，数の上で優勢なラ行五段活用動詞（「取る」「殴る」の「取れ」「殴れ」など）への類推による変化です（第15章で扱う「ラ行五段化」の一環です）。この類推は次のような簡単な比例式で説明されます。

取る：取れ＝見る：x，x＝見レ

　類推に代表されるような法則的な変化は，その法則性ゆえにどこででも起こりえます。つまり，同等の言語変化が離れたところでも起こる可能性があるということです。その結果，離れたところに同じ形が新しく現れることで，B—A—Bのような分布が形作られます。この場合，Bが新しいわけですから，方言周圏論や周辺分布の原則が想定したのとは正反対になります。事実，図4-2のように，見レ（地図では右斜上向きの二等辺三角形の記号）は，そのような位置に分布しています。

　結局のところ，古い形が周辺部に分布することもあれば，周辺部が先行して変化することもあることになります。分布の位置関係だけから歴史を求めることはできません。どのようにことばが変化するかということを先に考えることが実は求められているのです。

③　ことばと生活

　方言とそれが表す生活の間には分布の上でどのような関係が見いだせるでしょうか。

　例えば，「もんぺ」という農作業の際に身につけるズボンに似た着衣があります。長野県の北部でこの着衣を表す方言と着衣そのものの歴史（どのような種類のもんぺがどこからどのように広まったか）の関係を比べると，それぞれに興味深い関係があることがわかります（馬瀬 1992）。

　方言の分布が人間の生活範囲と関係することがあります。典型的なのが主に

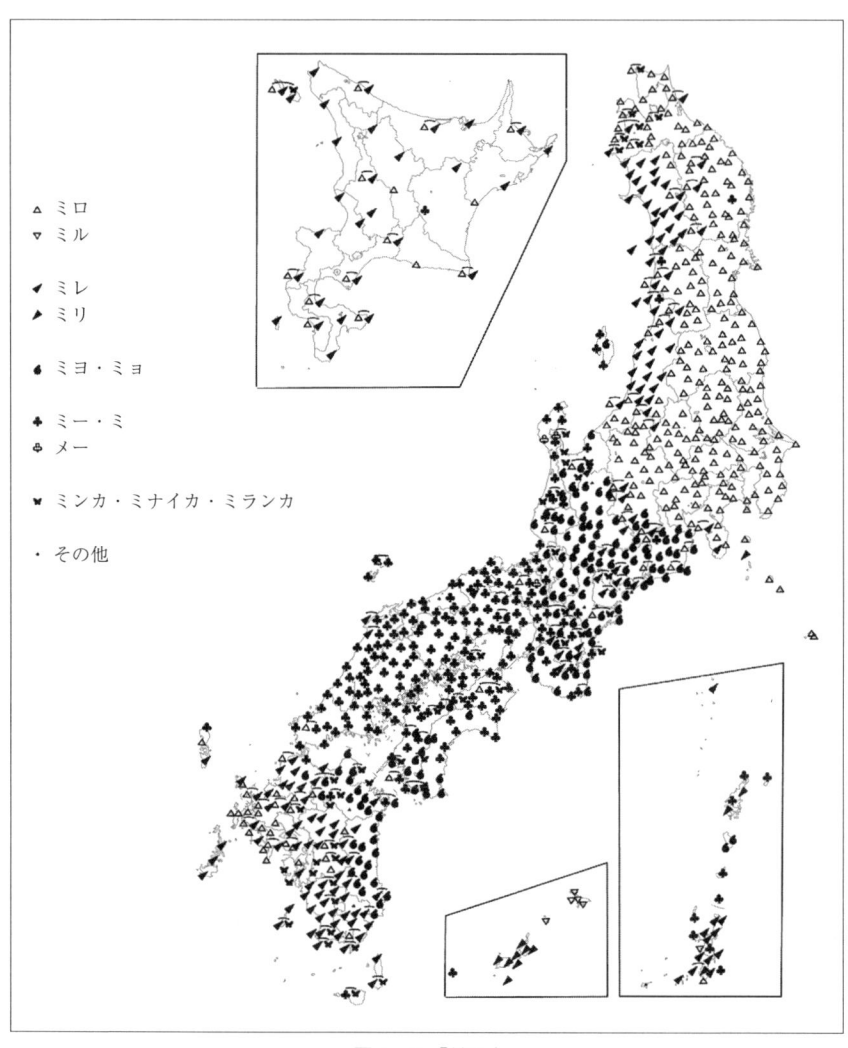

△ ミロ
▽ ミル
◀ ミレ
▲ ミリ
♠ ミヨ・ミョ
♣ ミー・ミ
♧ メー
▼ ミンカ・ミナイカ・ミランカ
・ その他

図4-2 「見ろ」

出典:『方言文法全国地図』86図に基づく略図。

子どもが関心を持つような対象物の方言形の分布と学区との相関です。新潟県糸魚川地方の「おたまじゃくし」の方言（柴田 1963）や長野県の事例（馬瀬 1992）がよく知られています。

　方言と学区の関係を取り上げましたが，大人のことばの場合はどうなのでしょうか。生活圏で決まるのでしょうか。人々の交流範囲とどのように関係す

るのでしょうか。実はこのようなことは，思いのほか研究が進んでいません。方言地理学は，ことばの歴史を射程に取り込むことで，空間と時間を結びつける（「空間は時間を反映する」）という魅力的な考え方を編み出しました。その一方で，生活の基盤とことばの関係をとらえるという方言地理学ならではのテーマは，ややもすれば脇に置かれることになってしまいました。そろそろ原点に立ち戻る頃合いを迎えているようです。

練習問題

1. 図4-1の新潟県糸魚川地方の肩車の方言分布からこの地方のことばの歴史を考えましょう。
2. 図4-1の新潟県糸魚川地方の肩車の方言分布から歴史を考える際に，方法上大きな問題になることは何でしょうか。
3. 方言の分布に関係すると考えられる人の交流とは，どのように規定できるでしょうか。

読書案内

① 柳田国男（1930）『蝸牛考』刀江書院（岩波文庫：1980年）（『定本 柳田国男集 第18巻』所収）。
  *「かたつむり」という身近な生物の方言をもとに「方言周圏論」を打ち立てた記念碑的古典。実際に読み進めてみると，ことばが中央から広がることだけを述べているわけではないことに気づくはずです。
② 柴田武（1969）『言語地理学の方法』筑摩書房。
  *この本により言語地理学は検証可能な科学的研究分野に昇華しました。調査や地図化を含めた研究の方法を初めて具体的に示すことで，その後の日本の言語地理学の隆盛の礎を築きました。新潟県糸魚川地方での調査はことに有名です。
③ 馬瀬良雄（1992）『言語地理学研究』桜楓社。
  *理論が具体的なデータとして眼前に現れることは実証研究の大きな喜びです。長野県を中心とした詳細な分布データが次々とそれを提示します。東西対立という未解明分布への挑戦も含め，方言地理学の真髄にふれることができるでしょう。

参考文献

楳垣実（1953）「方言孤立変遷論をめぐって」『言語生活』24号，44-48頁。
金田一春彦（1953）「辺境地方の言葉は果して古いか」『言語生活』17号，27-35頁。
柴田武（1963）「オタマジャクシの言語地理学」『国語学』53号，86-103頁［Webで公開］。
東條操（1957）『方言学の話』明治書院。
長尾勇（1956）「俚語に関する多元的発生の仮説」『国語学』27号，1-12頁［Webで公開］。

第5章　海外の日本語方言

朝日祥之

この章で学ぶこと

　本章では，海外の日本語コミュニティで形成された日本語方言を学びます。これまでの方言研究ではほとんど扱われなかった分野です。19世紀の後半以降，日本からアジア・太平洋地域，南北アメリカなどの地域に多くの日本人が移民，または植民として渡りました。そこには，日本各地の方言が持ち込まれ，方言間の接触が生じることになります。その結果生じた言語変化には，いわゆる共通語化（第6章）に代表される日本国内の言語変化とは異なる現象が確認できます。また，現地の主要言語と日本語との接触による現象も認められます。

　本章では，日本人が世界各地に移住した経緯，ならびにその人口規模と出身地構成を示し，現地の日本語の特徴を人称代名詞，アスペクトから見ます。その具体例から，例えば広島方言のように，現地の日系コミュニティで主要なグループとなっている地域の方言が現地の日本語の体系に取り込まれていることを指摘していきます。

　この他には現地の言語との接触によって，現地語の特徴が日本語に取り込まれていたり，逆に日本語が現地の言語に取り込まれたりする例，1つの発話に日本語と現地の言語が使われるコード切り替えの例を取り上げます。

　その後，現地の日本語が今後どのような運命を迎えるのかについて，説明を行います。基本的には多くのコミュニティで日系人であっても，日本語が使える人がいなくなるかわりに，現地の言語を使う人が多くなること，その意味で海外の日本語方言が消滅の危機に瀕していることを指摘します。最後に海外の日本語方言を研究する意義を，現地の日本語方言と日本国内の方言との系統的関係を中心に述べます。

キーワード

　海外の日本語方言，方言接触，消滅の危機，コード切り替え，人称代名詞，アスペクト

1　海外で使われている日本語

　本章のテーマは，海外の日本人コミュニティで使用される日本語です。ハワイやアメリカ西海岸，パラオ，ブラジルなどには，日本語が流暢な人が生活しています。地域によっては，現在でも日本語新聞が日々発行されているほどです。また，現地に出かけなくても，例えば家で普段見るテレビ番組に日本語を流暢に話す人が登場することは珍しくありません。その日本語話者は日本人，現地の人との間に生まれた人，戦時中の学校教育で日本語を学習した人たちです。彼らの多くは19世紀末以降，日本人が移民として，または植民として現地で生活してきました。そこに持ち込まれた日本語諸方言がその地域に定着したのです。本章では，海外の日本語方言に関して，次の4点に着目し，以下では，この順に従い説明を試みます。

① 海外の日本語方言がいつ，どのように形成されたのか（第2節）。
② その日本語方言にはどのような言語的特徴があるのか（第3，4節）。
③ その日本語方言の将来はどうなるか（第5節）。
④ その言語的特徴を調査研究する意義は何か（第6節）。

2　海外の日本語方言はいつ，どのように形成されたのか

　世界各地にある海外の日本語方言が形成されるきっかけは「人の移動」にあります。その「人の移動」には，一個人の自由意志によるものから，村や特定の集落が集団で移住するもの，国家レベルの移民政策や強制移住，自然災害などが生じた結果，移住を余儀なくされるようなものまで，実にさまざまなものが含まれます。

　本章で扱うのは，このような経緯によって生じた「日本語方言」です。このような状況を方言に絞って見ると，日本各地の方言が世界各地に持ち出されることになります。いわば，方言が現地に「移植」された結果，複数の方言の間で接触が生じ，その地域に特化した日本語方言が形成されるのです。その接触状況は日本の地域社会で観察されるものとは性格も異なります。なお前段階として北海道方言の形成も考慮に入れられます。

　ここで，移民・植民の出身地構成を見てみましょう。図5-1は拓務省に

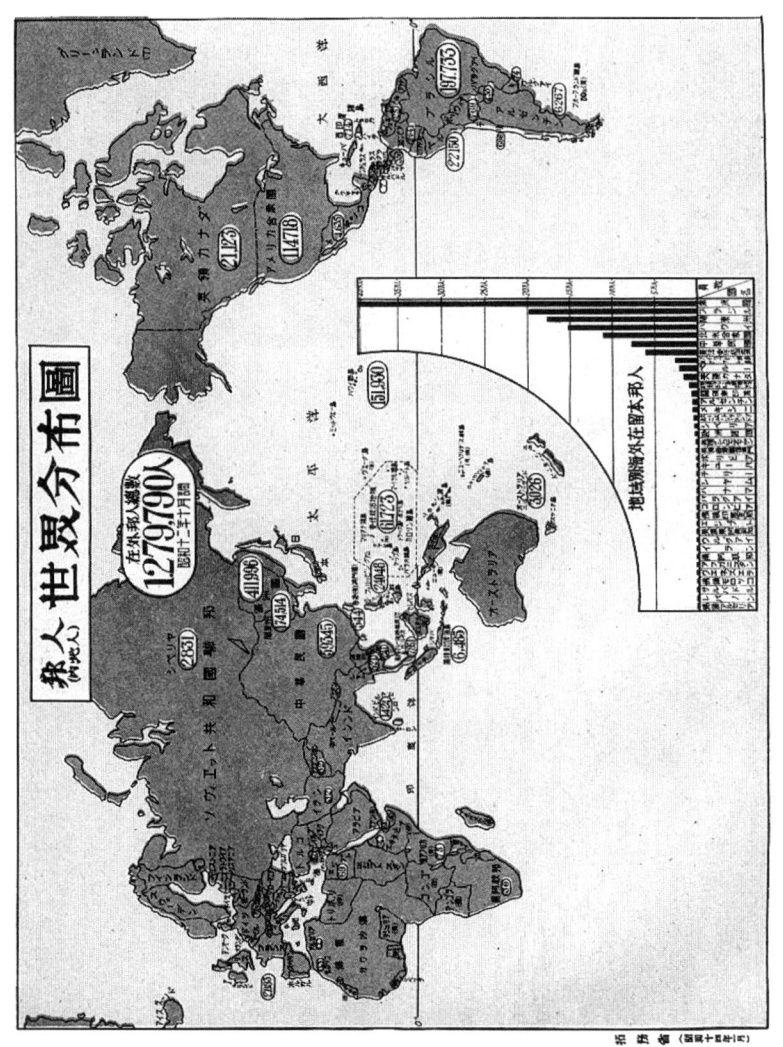

図5-1 世界各地の日系コミュニティと人口（1937年時点）

出典：拓務省（1938）。

よって作成された，世界各地の日本人コミュニティの規模をまとめたものです（拓務省 1938）。図5-1を見ると，1937年時点で120万人を超える日系移民が世界各地で生活していたことがわかります。人口規模を見ると，満州国がもっとも多く，それにブラジル，関東州，ハワイが続いています。その地域も東アジアから東南アジア，オセアニア，南アジア，太平洋島嶼部，北米，南米にわたっていることがわかります。

これらの地域で生活する移民・植民たちの出身地構成は，沖縄県，広島県，高知県，山口県，和歌山県などの地域が主要グループとなります。ただ，その構成比は移住地によってそれぞれ異なります。海外の日本語方言の特徴を考えるにあたって，この構成比の違いがどのように関与するのか，興味深いところです。

③ 海外の日本語方言に見られる特徴

本節では，海外の日本語に見られる特徴を紹介します。結論からいうと，どの地域の日本語にも移住者の故郷の方言が面影をとどめる（第3節）とともに，現地のことばの影響（干渉）を受けます（第4節）。また敬語（第23章）や人称代名詞，可能表現（第18章）をはじめとして，単純化を起こすことが認められます。

3.1 人称代名詞

日本語の人称代名詞は，その種類が多様なことで知られます。例を挙げると，「わたし」「うち」「おれ」「ぼく」「わし」ときりがありません。これらの人称代名詞にはいずれもその意味機能があります。それが海外で用いられるときにどのような使用が見られるのでしょうか。ハワイの例を見てみましょう。

(1) ワシは，こまい時にこの木にようのぼりよった（黒川 1976）
(2) ワシが70年前のことが……頭に浮かんできての（黒川 1983）
(3) オレはね，大正13年，大正13年に来ましたよ。それで……（黒川 1983）

基本的には1人称代名詞は「ワシ／ワシラ」が広く使われています。もちろん(3)のように，出身地によっては女性が「オレ」を用いることもあります。2人称は「アンタ／アンタラ・アンタガタ」が用いられる傾向が強いようです（黒川 1976）。

この他に特徴的なのは，現地の日本語に外国語からの干渉が認められるという点です。例えば(4)(5)のように，英語の「ミー me」「ユー you」が用いられます。

(4) ミー (me) のハウス (house) にワン (one) 刀がある（比嘉 1985）
(5) ユー (you) はトゥーマッチ (too much) 食べる（比嘉 1985）

また，ブラジルの日本語にポルトガル語の人称代名詞(6)(7)，ボリビアの日本語にスペイン語の人称代名詞(8)が用いられます。

(6) Eu（1人称）それしながらね ele（3人称）は，もうほとんどだよ でも，できないのよ（工藤他 2010）
(7) voce（2人称）が voce がチョーナンね（工藤他 2010）
(8) 「あんたがやったのか。臭かったよ。」って yo（1人称）いったわけさ（工藤・白岩 2011）

このようにそのコミュニティで主要グループを形成した地域の日本語方言の特徴が用いられるのとともに，ホスト社会の主要言語からの干渉も認められます。

3.2 アスペクト

次に，例えば「手紙を書いている」「昨日雨が降っていた」のような動作の時間的過程を表す表現であるアスペクト形式を取り上げます（第17章参照）。これはそれが「進行中の状態（以下，進行態とする）」なのか「動作があった結果を表す（以下，結果態とする）」なのかで形式が異なります。東日本では「進行態」「結果態」に関わることなく「テイル」なのに対し，西日本では「進行態」では「〜ヨル」，「結果態」では「〜トル」となります。この3形式が関わるアスペクト形式の実際の使用を見てみましょう。

結論から言えば，3.1の人称代名詞と同様に主要グループを形成する方言の影響がありそうです。ハワイやボリビアなどでは「トル」「ヨル」形式の使用が1世を中心に見られます（(15)，(16)）。それに対し，サハリンでは「テイル」が用いられます（(17)）。

(15) 一人でもう，カンニャーダ【沼の名前】いきヨッタ（工藤・白岩 2011）
(16) それをむこうは，一週間もかかって船で行きヨッタのに（黒川 1983）

(17) なに私たちもすこーしくらいはやっテタからね（朝日 2010）

4　現地語との接触による言語事象

　前節で，海外の日本語の特徴を2つのカテゴリーを例に紹介しました。そこでは，人称代名詞の例に見たように，現地語の要素が日本語の体系に取り込まれていることも指摘しました。本節では，この人称代名詞の例に見るような，日本語と現地語との接触により生じる言語事象に着目します。

　言語接触が生じると，借用という現象が語彙，音声・音韻，文法（形態，統語）レベルで生じます。その中でも，語彙レベルの借用は生じる可能性が高く，日本語もその例外ではありません。海外の日本語における語彙レベルの借用は，現地語を現地の日本語の語彙として取り込む形で観察されます（(18)，(19)）。

(18) サム（some）人はエベリイヤ（every year）日本に行くノー（比嘉 1985）

(19) ミー（me）のハウス（house）にワン（one）刀がある（比嘉 1985）

　この他にも，1つの発話の中に日本語と現地語が出現する，コード切り替えと呼ばれる現象が挙げられます。この現象は，(20)(21)のように，文内に出現するコード切り替えもあれば，(22)のように文間に出現するコード切り替えもあります。

(20) What do you call it *nihongo-de*? （Nishimura 1997）
(21) I'll go *tyute* （Nishimura 1997）
(22) *B. C. ni iku toki, hikooki no naka de yomoo to omottara*, I bought it, eh （Nishimura 1997）

5　海外の日本語の将来

　ここまで，海外の日本語の特徴として，日本からの移民（植民）が持ち込んだ方言が他の方言と接触した結果，さまざまな形に変容し，使用されていることを確認しました。本節では，前節までに見た海外の日本語が，その後どのような運命を迎えることになるのかについて考えます。基本的には，現地の日本語が今後も継続的に使用されることはほとんどありません。現地の公用語，ま

たは主要言語が使用されるようになるのが一般的です。

　ただし台湾では異なった言語を使う原住民の間で日本語が「共通語（リンガフランカ）」として使われたために（第1章参照），1945年以降中華民国のもとで「国語」つまり「中国語＝北京語」が強制されたにもかかわらず，非公式の場で相互理解のために日本語が使われました。現在においても台湾では共通語としての日本語が使用されることがあります。

　一方，例えばハワイやブラジルのように日系移民が多い地域であったとしても，日本語ができる話者はせいぜい1世ぐらいです。3世ともなるとほとんどの場合，現地語しかできません。その意味で，現地で形成された日本語方言は，消滅する運命にあると言えます。現在，その日本語ができる話者の多くは，多くの地域で70代後半か80代の話者たちです。彼らの日本語の収集，特徴分析はまさに喫緊の課題です。

　最後に海外の日本語が現在でも広く用いられている地域があることに触れておきます。日本人の移住政策は戦後も継続されました。その戦後移住地（例えばボリビアやパラグアイ）などでは，日本語が3世たちの間で使用されています。その特徴記述は工藤・白岩（2011）などにも見られますが，今後，本章のテーマを継続させる意味でも重要なフィールドになる可能性があります。

６　海外の日本語方言を調査研究する意義

　本章の締めくくりとして，海外の日本語方言を研究する意義を示します。繰り返して指摘していますが，海外の日本語方言は，現地に移住した人たちの持ち込んだ方言同士が接触して形成されたものです。その方言の体系がどの程度発達するかは，移住者の出身地構成，主要グループ間の関係，優勢となる方言，その方言に対する評価，態度といったことが関係しています。150年以上前から北海道で生じた過程と同様でしょう。また現代日本で起こっている都市近郊新興住宅地（ニュータウン）での新しい方言（共通語）形成でも同様のメカニズムが働くと期待されます。

　おおまかにまとめると，海外の日本語の方言的背景は，北海道，サハリン，北方領土，旧満州などは東日本的で，台湾，朝鮮半島，旧南洋，ハワイ，南米などは西日本的といえます。また旧日本領土では日本語が高い地位にありましたが，ハワイ，南米などではヨーロッパ系の言語が優位に立ちました。

　海外の日本語方言の特徴記述を行う意義はさまざまです。例えば，特徴記述

を行うことによって,「どのカテゴリーに, 日本各地の方言の中のどこの方言的特徴が多く見られるのか」,「現地の言語からの転移があるか」,「他言語とのコード切り換えがあるか」, などを検証することになります。もちろん, 日本各地の方言と海外の日本語方言との関係に関する検証も必要になるでしょう。いずれにせよ, これらの検討課題の解明に迫ることが, 海外の日本語方言を研究する意義です。

練習問題

1. 次の写真はパラオ共和国の電力会社で掲示されているものです。英語（右側）を参考にして, パラオ語（左側）の掲示の下線部に見られる特徴を説明してください。

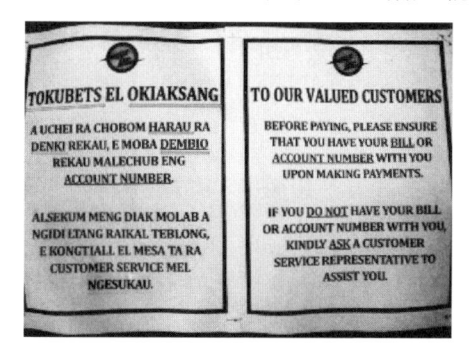

2. 次の写真は日本の牛丼チェーンのブラジル支店のメニューです。ポルトガル語の掲示における日本語表記の特徴を説明してください。

読書案内

① 簡月真（2011）『海外の日本語シリーズ1　台湾に渡った日本語の現在——リンガフランカとしての姿』明治書院。

＊台湾において戦前・戦中に日本語を習得し，現在もその日本語能力を維持・運用する人々の言語生活，その言語生活の中における日本語の位置づけ，その言語的特徴などが取り上げられています。

② ダニエル゠ロング，新井正人（2011）『海外の日本語シリーズ2 マリアナ諸島に残存する日本語――その中間言語的特徴』明治書院。

＊マリアナ諸島において戦前・戦中に日本語を習得した人たちの言語生活，ならびに日本語の特徴などが取り上げられています。その日本語が，標準日本語とは異なり，沖縄や八丈島の方言との関わりなどがあることが話題になります。

③ 朝日祥之（2012）『海外の日本語シリーズ3 サハリンに残された日本語樺太方言』明治書院。

＊戦前・戦中期において，サハリン（旧樺太）で習得された日本語の特徴をフィールドワークの結果を踏まえながら論じたものです。日本語樺太方言と北海道方言との関連性，漁撈語彙に見られる言語接触などが取り上げられています。

④ 山下暁美（2007）『海外の日本語の新しい言語秩序――日系ブラジル・日系アメリカ人社会における日本語による敬意表現』三元社。

＊ブラジル，ハワイ，アメリカに渡った日系人に関わる社会史，日本語教育の問題，またブラジルの日系社会の日本語表現における敬意表現の特徴分析，現代ブラジルにおける日本語の位置づけに関する考察がなされています。

参考文献

朝日祥之（2010）「サハリンに生まれた日本語の接触方言」『日本語学』29-6。
工藤真由美・白岩広行（2011）「ボリビアの沖縄系移民社会における日本語の実態」『日本語学』29-6。
工藤真由美・森幸一・山東功・李吉鎔・中東靖恵（2009）『ブラジル日系・沖縄系移民社会における言語接触』ひつじ書房。
黒川省三（1976）「ハワイの日本語――一世の人称代名詞使用を中心に」『言語』5-9。
黒川省三（1983）「ハワイの日本語」『現代方言学の課題――社会的研究篇』明治書院。
白岩広行・森田耕平・王子田笑子・工藤真由美（2010）「ボリビアのオキナワ移住地における言語接触」『阪大日本語研究』22巻，11-41頁。
拓務省（1913）『拓務要覧昭和13年版』拓務省。
野元菊雄（1969）「ブラジルの日本語」『言語生活』219。
比嘉正範（1985）「ハワイアン・ジャパニーズ」『言語』14-11。
Nishimura, Miwa (1997) *Japanese/English Code Switching*. Peter Lang Publishing.

第 II 部

現代の日本語方言

富山弁大会のポスター（2012年）

第6章 共通語化

村上敬一

この章で学ぶこと

　この章では，現代日本語における「共通語化」について，伝統方言との関わりから，主に若者を対象とした具体的な事例に基づいて，解説していきます。現代では世界各地で言語の統合の動きが進んでいて，標準的な言い方が国家内に広がっています。これを「共通語化」または「標準語化」と言います。日本では戦後急速に進みました。

　第1節では，最初に「共通語」とは何か，英語を例にして定義づけを行います。続いて，日本語の中での共通語の位置づけを，方言との対比によって描き出します。「共通語」という用語が使用されるようになった背景や，学校教育における共通語と方言の扱いについても概観します。

　第2節では，主に若年層における伝統方言の衰退の過程と，それに伴う共通語化に関わる事例研究を取り上げます。方言音声の消失といった，方言から共通語への統合化・均一化に向かう変化と，若年層特有の新しい地域的な発話スタイルの発生という，多様化・差異化に向かう変化を具体的に見ていくものです。

　第3節では，場面によって使い分けられるスタイル（文体）としての共通語／方言が，今後どのような関係で併存していくのかを考えます。具体的には，若年層のケータイメールに見られることばづかいを取り上げ，そこに見られる共通語と方言の機能を中心に，共通語と方言のこれからを探ります。

キーワード

　共通語，全国共通語，標準語，伝統方言，システム（体系）としての方言，スタイルとしての方言，方言の機能，言語変種，コード，ネオ方言，方言のアクセサリー化，方言のおもちゃ化

1　共通語の定義と位置づけ

1.1　コミュニケーション言語としての「共通語」

　私たちは「共通語」と聞いて，最初にどのようなことばを思い浮かべるでしょうか。

　「英語は世界の共通語」といった言い方を聞くことがあります。これは，英語が「異なる言語を使用する人々の間で，お互いの意思疎通を円滑に進めるための共通の言語」であることを意味しています。共通語は common language の訳語です。もともとの意味は，異なる言語間のコミュニケーションに使用される第3の言語を指します。英語が，世界中でコミュニケーション上の重要な役割を果たしているという現状から「英語は世界の共通語」のような言い方がなされるわけです。また，台湾の異なった言語の話し手が日本語を使ったのも「共通語（リンガフランカ）」としての用法です（第5章参照）。

1.2　日本語の中の「共通語」――「方言」との違い

　日本では「方言を使わずに共通語を話す」といった言い方をすることがあります。この場合の「共通語」には，2つの意味が含まれています（第1章参照）。

　1つは，使用が特定の地域に限られている方言に対して，共通語は「全国どこででも通用することば」という意味です。「全国共通語」ともいいます。一般の人がいう「標準語」と同じものです。

　もう1つは，「くだけたことばづかい」としての「方言」と区別し，「改まったことばづかい」としての「共通語」という意味です。話し相手が目上の人や初対面の人のとき，また，友だち同士であっても，公的な場所・場面であれば共通語（共通語に近いことば）が使用されます。反対に，話し相手が家族や親しい関係で，くつろいだ場面であれば方言が使用されます。

　標準語の普及としての共通語化は，近代国家で必然的に起こる現象です。日本語の「共通語」は，近代以降の学校教育や，交通網の発達による人的交流圏の拡大によって，東京の方言を基盤として形成されました。

　日本以外の国でも，首都や文化的中心地のことばをもとに公用語・標準語が定められると，ほかの話しことば（方言）は強い圧力を受けて衰えます。ただし，中央集権の強さとか，交通・通信事情によって，方言保持の程度は違います。フランスでは標準語は国内に普及しましたが，ドイツでは国内に方言差が

残っています。英語はイギリス国内での差が大きく，アメリカはじめ世界各地でも使われていますが，その割に違いは大きくありません。一方中国語は数個の別の言語があると言われるほど大きなことばの違いがあります。しかし漢字で記す限りは発音が問題にならず，だからこそ方言差の大きさにもかかわらず，大国を維持できました。

1.3 「共通語」という用語の歴史

日本で最初に「共通語」という用語が使われたのはいつごろのことでしょうか。明治初年には「普通語」（あまねく通じることば）という用語が使われていました。「標準語」は明治の中ごろ，岡倉由三郎や上田万年(かずとし)らによって使い始められました。

「共通語」は1949（昭和24）年，国立国語研究所が福島県白河市で行った言語調査で本格的に使用されました。調査結果を分析する際，対象とすることばの発音について，東京で行われている発音とどの程度の違いがあるかに着目しました。しかし，分析の過程で基準を東京のものとまったく同じに設定すると，白河市民のほとんどが，その基準からは外れてしまうことがわかりました。これでは，東京語化の程度を測ることができません。そこで，東京の発音と必ずしも一致しないが，東京に近い発音，という緩和された基準に見合うものを「共通語」としたのです。最初は，研究者の間で仮の名称として採用されたものだったのです。

1.4 学校教育の中の共通語

「共通語」の定義づけを行わなければならなかったのは，共通語という用語が世間一般，特に国語教育の面において急速に広まっていったという事情もからんでいるようです。その背景については「標準語という用語に伴う『統制』という付随的意味が嫌われたためだと思われる」と記されています（柴田1977）。洗練された理想的な言語である「標準語」よりも，全国どこででも通用しさえすればよい「共通語」のほうが，国語教育の目標としても難しくありません。戦後における民主主義の台頭，価値の転換が，ことばの面にも色濃く影響を与えたことをうかがわせます。

現在でも，国語教育の目標は「標準語」ではなく「共通語」にあるとされていて，小学校の教科書にも「方言と共通語」といった単元が設定されるようになりました。現行の小学校・中学校国語科学習指導要領では，共通語と方言に

ついて，以下のように言及されています。

○　小学校第5・6学年
　A　話すこと・聞くこと
　　(1)—ウ　共通語と方言との違いを理解し，また，必要に応じて共通語で話すこと。
○　中学校第2学年
　［伝統的な言語文化と国語の特質に関する事項］
　イ　言葉の特徴やきまりに関する事項
　　(ア)　話し言葉と書き言葉との違い，共通語と方言の果たす役割，敬語の働きなどについて理解すること。

②　伝統方言と共通語化

「共通語」という用語が教育界で使われ始めてから70年余りが経過しました。戦後の日本社会における伝統方言の衰退過程は「共通語化」という用語で説明され，研究が続けられてきました。ここでは，方言の共通語化に関わる研究について，いくつかの事例を見ていきましょう。共通語化つまり標準語の普及は言語の統合の動きで，歴史上つねに起こっていました。かつては京都や江戸のことばが全国に影響を及ぼしていました。戦後の共通語化は急速です。なお言語の分化の動きの典型は新方言で，第7章のテーマです。

2.1　方言語彙の共通語化

方言語彙の共通語化を考える前に，どのような言語現象に方言の種類が多いのかを確認してみましょう。真田 (1983) は，東條操の著した『分類方言辞典』に基づいて，見出し項目の中で30語以上の俚言（方言）を持つ194項目に注目しました。俚言量の多い項目とは，動物の場合，表6-1に示すような語です。

ここにはない「お手玉」や「肩車」なども，極めて方言量の多い語であることが『日本言語地図』(1966-74) で知られています。これらの語は，子どもの世界における遊びの対象物であることが注目されます。

2.2　方言音声の共通語化——国立国語研究所の「鶴岡調査」から

国立国語研究所が，1950（昭和25）年，1971（昭和46）年，1991（平成3）年，

2011（平成23）年の計4回実施してきた「山形県鶴岡市における全国共通語化に関する調査」（以下，鶴岡調査）は，戦後60年間におよぶ共通語化の過程についての客観的な資料を得るために行われた言語生活の実態調査です。音声・語彙・文法を中心とした調査項目について，ランダムサンプリングによって選ばれた話者が対象となりました。

図6-1は，過去4回の調査結果について，調査年別と生年コーホート別に，音声項目31語の共通語化率を表したものです。この場合のコーホートとは「同時出生集団」のことを言います。「団塊の世代」といった使い方をするときの世代と同じ意味だと考えて構いません。

具体的な項目には「セ」「ゼ」における「口蓋化」の有無を見るもの（「背中」が「セナカ」と発音されるか「シェナカ」と発音されるか）や，語頭以外におけるカ行・タ行の有声化の有無を見るもの（「旗」が「ハタ」と発音されるか「ハダ」と発音されるか）などがあります。

表6-1 俚言の多い項目（動物の部）

項目	俚言量
かたつむり	174
めだか	154
ありじごく	144
かまきり	129
ひきがえる	127
おたまじゃくし	120
ふくろう	110
みずすまし	107
あめんぼう	92
こおろぎ	83
せきれい	74
とんぼ	54
とかげ	53
いなご	52
うなぎ	46
あおだいしょう	44
なめくじ	44
かえる	43
ちょう	43
うし	43

第1回調査では，現在存命であれば130歳前後の，1882年から91年の間に生まれた世代の共通語化率は37.0％に過ぎませんが，第4回調査では70歳以上の

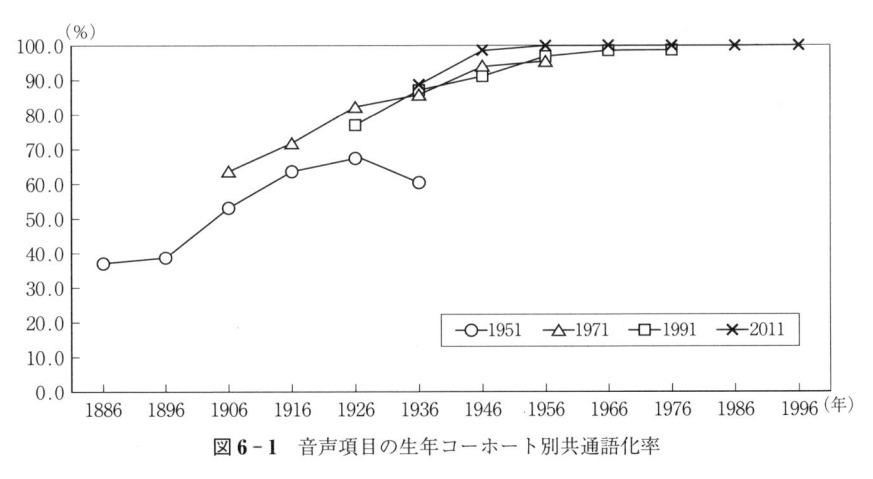

図6-1 音声項目の生年コーホート別共通語化率

高年層でも88.7％と高く，70歳以下ではほぼ100％の人が共通語化しています。

2.3　方言と共通語の使い分け

　方言語彙の衰退や方言音声の消失は，方言から共通語への統合化・均一化にそった流れに位置づけられるものです。若い世代ほど共通語化が進み，地域や生育環境，さらには学歴，職業にも左右されることがわかっています。

　1970年代ころまでの方言は，幼少期に「母語」として習得するもので，語彙，音声，文法を1つの「言語」として身につけるものとして考えられてきました。方言は，ある地域で行われる1つの言語体系（システム）だということです（第1章参照）。

　しかし，現代の方言は，場所や相手，場の改まり度といった場面に応じて共通語と使い分けられる「スタイル（文体）」へ変容しつつあります。コミュニケーションが行われる場面とその相手が，方言を使うか共通語を使うかの選択要因となりつつあるということです。

2.4　スタイルとしての方言と共通語

　共通語が全国に普及すれば，どこでもだれもがスムーズで快適な言語生活を過ごせる，という考え方があります。しかし，方言には方言の積極的なはたらきがあることも見過ごすことはできません。小林（1996）では，場面に応じて使用されるスタイル化した方言について，以下の機能を提示しています（第10章参照）。

1．相手の確認：同一地域社会に帰属する親しい仲間同士であることの確認。
2．発話態度の表明：その場の会話を気取らないくだけたものにしたいという意思表示。

　1番目の機能は，方言が親しい相手，仲間内のことばであることを意味し，相手との親近感や連帯感を表すことで，集団への帰属意識や個人のアイデンティティのよりどころとするものです。同じ方言を共有する集団を他から積極的に区別し，一体化する効果をねらったものといえます。

　2番目の機能は，会話の場面を堅苦しくない，楽しいものにしようという効果を意図したものといえます。共通語だけでは面白みがないので，場の雰囲気を和ませ，楽しくするための道具としての方言のはたらきです。

2.5 言語変種とコード

　言語学では，ことばによる表現のさまざまな種類のことを，変種（バラエティ）といいます。英語や日本語は「言語」の変種であり，東京方言や関西方言は「日本語」の変種ということになります。真田（2007）は，これらの変種を構成する具体的な言語要素の集合を「コード」という用語でとらえます。地域差に注目すると「共通語コード」「方言コード」があり，スタイル差（文体差）に注目すると「改まりコード」「くだけコード」などがあります。

　例えば，関西若年層における友人同士の自然談話を観察すると，伝統方言形と共通語形との混交形が多く聞かれます。「ゆっとった」（言っていた）「行けんくなった」（行けなくなった）「わからんくない？」（わからないのではない？）などの例です。このような，伝統的方言とも共通語とも異なる，中間方言的な形式の語を中核とするコードによって構成される，地域的な発話スタイルのことを「ネオ方言」といいます。第10章で詳しく見ていきます。

③　これからの共通語と方言

3.1　方言のアクセサリー化，おもちゃ化

　「共通語スタイル」以外の確立した文体を持たない，首都圏や東日本の一部の地域の若者の会話を観察すると，共通語の使用を中心としつつも，その中に多少の感情系の方言的要素を交えて会話が成り立っていることがわかります。方言的要素が，会話の雰囲気を和やかなものにし，うち解けた会話場面を形成するために使用される現象を，小林（2004）はファッションの修飾要素にたとえて「方言のアクセサリー化」と呼びます。

　また，田中（2010）は，首都圏女子学生の携帯メールに，特有表現としての「ニセ方言」の使用が顕著であることを明らかにしました。「ニセ方言」とは，親しい相手に対して，表現のバリエーションを広げたり楽しんだりすることを目的とした，完全な借り物としての非生育地の方言を指します。具体例としては，以下に示すような「文末表現」や「定型表現」で，いずれも部分性の強い「要素」としての使用です。

　　［ニセ関西弁］　〜やん，〜やろ，〜やから
　　［ニセ北関東／東北弁］　〜だべ，〜だべさ，〜っぺか，んだども
　　［ニセ九州弁］　〜けん，〜たい，〜ですたい，〜でごわす

[ニセ中国弁] 〜やけ，〜けぇー，〜じゃけん

　このような，「「方言」を目新しいもの，面白いもの，価値あるものとして，それが生育地方言であるか否かを問わず，表現のバリエーションを広げたり，楽しんだりすることを主目的に採用・鑑賞する」という「方言」の受容態度と言語生活における運用態度のことを，田中（2010）は「方言のおもちゃ化」と言っています。

3.2　これからの共通語・方言の機能

　これまでに見てきたように，これからの方言は，若年層を中心に自分たちのアイデンティティや仲間意識を表し，会話の場面を楽しいものにするはたらきをますます強めていきそうです。ただし，このような傾向は，共通語スタイルしか持たない，いわば共通語モノリンガルの関東周辺（首都圏）の若者と，地域的な発話スタイルが確立し，それが共通語スタイルと区別されて使用されている関西や九州など西日本や東北の若者では，実態が異なるようです。これからも，目が離せません。

練習問題

1. 身近な高年層と，自分自身のことばづかいを比較してみましょう。同じところ，異なるところはどのような点でしょうか。
2. ポスターや看板，キャッチコピーなどに使用されている方言の実例を集めてみましょう。方言のどのような効果を狙ったものでしょうか（第27章参照）。
3. 自分の周辺の人々を「共通語をよく使う人」か「方言をよく使う人」か，詳しく観察してみてください。そのことばづかいには，どのような特徴があるでしょうか。

読書案内

① 小林隆・澤村美幸（2014）『ものの言いかた西東』岩波新書。
　＊語彙や文法の地域差にとどまらず，具体的なデータをもとに，ものの言い方の地域差と，それを生み出す社会的背景を明らかにしたもの。
② 工藤真由美・八亀裕美（2008）『複数の日本語——方言からはじめる言語学』講談社選書メチエ。
　＊日本語の方言文法に焦点を当て，方言のさまざまな姿を見つめ直し，無条件に正しいと思われがちな標準語を相対化するもの。
③ 徳川宗賢編（1979）『日本の方言地図』中公新書。
　＊国立国語研究所が行った，全国的な言語調査の結果をまとめた『日本言語地図』か

ら代表的な50枚を選び，そこに現れることばの歴史を明らかにしたもの。

参考文献

国立国語研究所編（1966-74）『日本言語地図　全6巻』［Webで公開］。
小林隆（1996）「現代方言の特質」小林隆・篠崎晃一・大西拓一郎編『方言の現在』明治書院，3-17頁。
小林隆（2004）「アクセサリーとしての現代方言」『社会言語科学』第7巻第1号，105-107頁。
真田信治（1983）『日本語のゆれ――地図で見る地域語の生態』南雲堂。
真田信治（2007）「発話スタイルと方言」『シリーズ方言学3　方言の機能』岩波書店，1-25頁。
柴田武（1958）『日本の方言』岩波新書。
柴田武（1977）「標準語，共通語，方言」『「ことば」シリーズ6　標準語と方言』大蔵省印刷局，22-32頁。
田中ゆかり（2010）『首都圏における言語動態の研究』笠間書院。
「鶴岡市における言語調査」研究グループ編（2014）『第4回鶴岡市における言語調査ランダムサンプリング調査の概要　資料編――第1分冊「音声・音韻」編』国立国語研究所・統計数理研究所［Webで公開］。

第7章 新方言

半沢　康

この章で学ぶこと

　この章では，各地の若年層に広まっている新方言について取り上げます。現在，日本各地で共通語化が進んでいますが，よく注意して見ると，方言が活力を持って各地の若い人に広がる現象が，今でも観察されます。言語はつねに変化するものであることを考えれば当然の結果といえます。第6章で見た「共通語化」が言語の統合の動きなのに対して，「新方言」は言語の分化の動きと位置づけられます。江戸時代には各藩の中で新方言が生まれていたでしょう。明治以降も新方言が各地で生まれ，広がっていました。戦後もその動きが衰えを見せないのです。

　本章の第1節ではこうした新方言の定義について説明します。新方言の条件，新方言と同様に若い人たちの間で使われる流行語やネオ方言などとの違いを論じます。

　第2節では具体的な新方言の事例を紹介します。実際の調査データに基づく世代別使用率のグラフや，地点と年齢のクロス図（グロットグラム図）を提示し，新しい方言形が若い世代で増加していることを実感してもらいます。取り上げる例の多くは東北方言のものですが，同様の事例が全国各地で確認されています。

　第3節では新方言の伝播について述べます。各地の方言形が周囲へ普及して新方言となる例や，東京へ流入し東京の新方言としてさらに全国へ広まった事例を，紹介します。

キーワード

　若年層のことば，年齢差，場面差，下からの言語変化，ネオ方言

1　新方言の定義

1.1　新方言の条件

　新方言とは文字通り新しい方言形のことです。前章でも見た通り，現代では日本各地で方言が衰退し，共通語が広まっています。しかしながら各地で実際

に方言調査を行ってみると，そうした大きな流れとは逆に，従来の方言形とは異なる新しい方言形が生まれ，広まっていることがわかってきました。そうした新しい方言形のことを新方言と呼びます（井上 1985）。新方言は「新しいことば」なので年配の人よりも若い人がよく使います。「方言はお年寄りが使うもの」という一般的なイメージに反する現象なのは興味深いところです。また「方言」なので共通語とは形や用法が異なっています。通常の国語辞書に掲載されることはありません。さらに使用者自身も「このことばは方言である」と意識していることが多く，そのため人前で話すなどの改まった場面では使用されにくい傾向があります。

1.2 言語研究上の位置づけ

言語はつねに変化しており，これは方言も例外ではありません。新方言は，各地の方言が変化して新しいことばが生まれているものととらえることができます。新方言を調査，研究することは，人間の言語がどのように変化するのかを知ることにつながります。方言の新しい変化は英語・中国語をはじめとして，さまざまな言語で現代でも報告されています。

方言の変化をとらえるには，時代ごとの方言の使用実態を知る必要があります。そのためには数年おきに調査を繰り返し，各時代の使用状況を把握する「実時間」調査を行うのが理想的なのですが，例えば10年間の変化を知るためには実際に10年待たなければならず，研究には大変なコストがかかってしまいます。そこでさまざまな年齢の方を対象に調査を行い，その結果を方言の変化の反映と見なす調査（「見かけ時間」調査）が行われます。高年層が使っていることばは古く，若い人が使用していることばが新しいものだと推定するわけです（ただし年齢差が本当に変化を反映したものなのか，という点については検証が必要です）。少人数を対象とした調査では，年齢による違いが見られたとしてもそれが真の年齢差なのか，それとも個人差に過ぎないのかを見極めることが困難なため，新方言を確認するには，さまざまな年代の大勢の人を対象とした調査（社会言語学的な調査）を実施するのが一般的です。

1.3 流行語などとの違い

新方言は，やはり若い人がよく使う流行語などとは，どのように違うのでしょうか。これらの違いは図7－1のように整理することができます（井上 1994）。①流行語はある時期，若い人を中心に一気に普及しますが，しばらく

	若者が老いて不使用	若者が老いて使用
後の若者 不使用	1　一時的流行語 新語・時事用語 はやりことば	2　コーホート語 生き残った流行語 世相語
後の若者 使用	3　若者世代語 キャンパス用語 学生用語	4　言語変化 新方言 確立した新語

図7-1　若者語の分類

出典：井上（1994）。

するとすぐ廃れてしまい次代の若者には引き継がれません。②中にはすぐには消えず，使用していた世代が年をとっても使われ続け，コーホート（同時出生集団）語となるものもありますが，その場合もその下の世代にはほとんど受け継がれません。③またキャンパスことばのように人生の特定の時期に集中して使用されることばは，次の世代の人々も同様に使用するものの，その時期を過ぎるとあまり使用されなくなります。

これに対して④新方言は，別の新たな新方言が生まれたり共通語化が進んだりしてそのことばが衰退しない限り，使用しはじめた若年層が年をとっても使われますし，次の世代にも引き継がれていきます。典型的な言語変化です。

1.4　ネオ方言との違い

新しく生じた方言事象を示す名称として新方言とは別に「ネオ方言」という用語も提唱されています（第10章参照）。真田（1996）によれば，関西地方では共通語が本来の方言に干渉してネオ方言が発生し，方言と共通語（真田(1996)の用語では標準語）と，ネオ方言という3種類の言語体系が運用されていることが報告されています。ネオ方言は言語体系全体を指す用語であり，個別の事象を指す新方言とはこの点で異なります。

共通語の影響を受けた中間段階の方言体系としては第11章で扱われる沖縄大和口（ウチナーヤマトゥグチ）が有名です。鹿児島にも「からいも普通語（標準語）」と呼ばれる共通語の影響を受けた方言体系が存在することが指摘されています（木部 1996）。語彙・文法は共通語化しており，アクセントに鹿児島方言の特徴を残した若い人たちの話し方を指すもので，方言から共通語へと変化する中間段階のことばと位置づけられそうです。特別な名称はありませんが，東北地方でも同様の話し方が若い世代を中心に聞かれます。日高（2011）には

東北のネオ方言の例として秋田県と福島県の若年層の会話が掲載されています。秋田県にくらべ，東京・首都圏に近い福島県の会話では方言要素がより少なくなっており，地域によって共通語化の段階が異なることがわかります。

② 新方言の実例

2.1 年齢差と場面差

具体的な新方言の例を紹介しましょう。図7-2a，bは2005年に実施した山形県庄内地方の方言調査の結果です。鉄道の駅ごとに，その周辺に住む4世代（高年，中年，若年，少年層）の方にお会いし，方言をうかがってその結果をまとめました。このように調査地点と年齢をクロスさせて結果を示した図をグロットグラムと呼び，方言の変化や伝播の様相をとらえるのに用いられます。図7-2では上部が北，右側が若い世代にあたります。

さて図7-2aを見ると，左の年配の人の回答からこの地域では本来「（内出血による）あざ」のことをブスイロ（△印）と呼んでいたことがわかります。このブスイロは右の若い世代では衰退していますが，代わって若い世代に広まっているのはアオタン（■印）という非共通語形です。共通語形のアザ（－印）やアオアザ（＋印）も見られますが，年上の世代にくらべて増えているわけではありません。さらに「テレビに出演した場合」の言い方を聞いた結果（図7-2b）では，アオタンはほとんど回答されず，アザ，アオアザ，ナイシュッケツ（／印）が増加します。使用者の間でもアオタンは改まった場面では使いにくい語形と認識されていることがわかります。

2.2 文法現象の新方言

アオタンは単語の例ですが，新方言は文法や音声現象でも確認できます。図7-3は福島県郡山市で行った調査の結果です。郡山市方言のケの用法の使用率を年代別に示しています。

東北方言のケは回想や確認といった共通語の用法のほかに「自分が目撃した事態を他の人に伝える」といった報告の用法を持つとされています（渋谷1999）。他の人に「○○さんは今朝駅にいたッケ」と教える言い方はこの伝統的な東北方言のケの用法を伝えるものですが，郡山市では年齢が下がるにつれて使用者が減少します。共通語化によって伝統的な方言の用法が衰退していることがうかがえます。

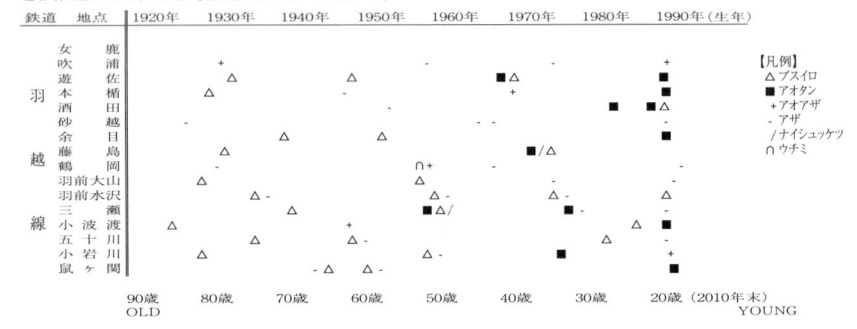

図7-2a 山形県庄内地方における「(内出血による)あざ」を表す方言形の変化 [家場面](2005年調査)

出典：井上編（2008）の図を改変。

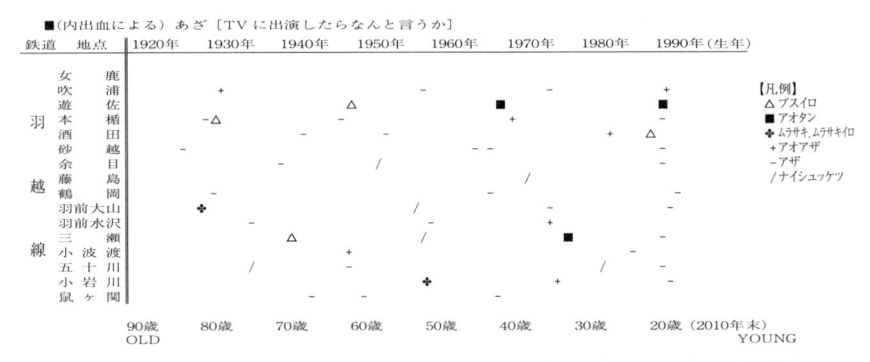

図7-2b 山形県庄内地方における「(内出血による)あざ」を表す方言形の変化 [テレビ場面](2005年調査)

出典：井上編（2008）の図を改変。

　一方で「私は昨日東京へ行ったんダッケ」のように，自分の行動を他人に伝える用法が若い世代に向けて急速に広がっています。先に述べたように東北地方のケは「自分が目撃した事態」を報告するものであり，(自分では見ることができない) 自分自身の行為を他人に伝える場合には使われにくいものでした。郡山市方言ではこうした制約が失われ，さらに形式も「のだ」を添えたンダッケへと変化させて新しいケの用法が生まれています。

2.3　音声現象の新方言

　図7-4は音声変化の例です。福島県信達地方（福島市・伊達市・伊達郡）では「帰りたい」を表す方言形が比較的短い期間に変化を繰り返しました。高

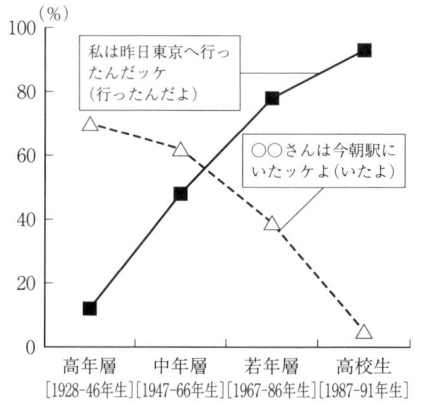

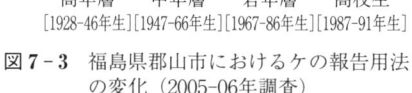

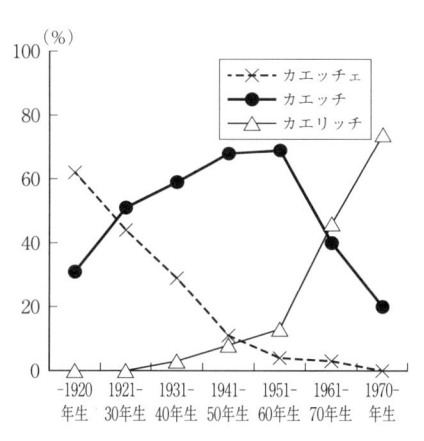

図 7-3 福島県郡山市におけるケの報告用法の変化（2005-06年調査）

図 7-4 福島県信達地方における「帰りたい」を表す方言形の変化（1995-2000年調査）

年層が使用する古い形のカエッチェ（×印）は本来の「帰りたい」にいくつかの音声変化（r音がからむ変化）が重なって発生したものです。さらに末尾音がチェからチへと変化してカエッチ（●印）が生じました。東北方言では母音エの口の開きが狭く，イに近く発音される傾向があります。さらにチェという拗音が他の単語ではあまり使用されないこともあり，使用頻度の高いチという音へ変化したと考えられます。福島県では他にもジェ＞ジ，ニェ＞ニという平行的な変化が生じています（井上 1985, 2003）。もっとも若い世代ではカエリッチ（△印）というさらに新しい方言形が見られますが，これは音声変化ではなく文法的活用に関わる別の変化によって生じたものです。

さて図 7-4 を見ると，カエッチは高年層から中年層にかけて使用が増加するものの，若年層では使用者が減ってしまいます。これは若い世代に向けて増えるという新方言の条件にあてはまらないのではないかと疑問に思う人もいるかもしれません。しかし30年前にさかのぼって考えれば，当時の若年層で非共通語形のカエッチが増えていたということになりますから，やはりカエッチも（当時の）新方言であるといえます。現在進行中の変化ばかりでなく，このように過去の変化によって生じた新しい方言形についても同様に新方言としてとらえることができます。

ある時代に広がった新方言が，その後に発生した別の新方言や共通語にとってかわられると，若い世代では使われなくなってしまいます。すると，図 7-4 のカエッチのように中年層に使用のピークが見られるようになります。こう

第 7 章 新方言　75

いう語形のことを「中興方言」と呼びます。かつては新方言とみなされた言葉が，時が経って中興方言へ変わってしまうということが起こります。

③　新方言の広がり

3.1　方言形の伝播

　方言形は周囲へ伝播することがあるため，ある地域で古くから使われていた方言形が他の地域の若い人へ広まって伝播先の地域の新方言となることもあります。図7-5は福島県太平洋沿岸（浜通り地方）を走る常磐線沿線地域のグロットグラムです。県の北部と南部（図の上部と下部）では，接続詞「けれども」にあたる方言形がゲント・ゲントモ（□印）からゲンチョ・ゲンチョモ（◢印）へと変化しています（これもr音がからむ変化です）。図中央部の方言形が北と南にそれぞれ伝播し，新しい方言形として若い人に使われるようになったものです。この場合南部と北部ではゲンチョ・ゲンチョモは新方言と見なされますが，中央部では高年層も使用するので新方言ではないということになります。

　こうした方言形の伝播が県を越えて生じ，他県で新方言となる場合もあります。例えば滋賀県琵琶湖西部の湖西線沿線各地では，否定の「－ない」を表す－ヘンが若い世代に向けて拡大中です。高年層がフラン（降らない），キカン（効かない）など，もっぱら－ンを使うのに対し，若年層や中学生ではフラヘン，キカヘンが増えます（山下・半沢 2008）。大阪や京都など関西の中心部から－ヘンが新方言として広まっています。

　また福島県南部の白河市では「大丈夫」という意味を表すダイジという語の使用が若い世代で急増しています（半沢 2004）。ダイジは栃木県の有名な方言形ですが，これも県を越えて広がっています。福島県のほかにも群馬県，茨城県や埼玉県など隣接する県に広がりつつあり，なかなか影響力の強い方言形のようです。

3.2　東京新方言

　方言形が周辺の県から東京へと入り込み，東京の新方言として使用されるようになった例も，多数報告されています。ウザイという語のもとになったウザッタイ（煩わしい・面倒だ）は，もともと東京の郊外，多摩地方で使われていた方言形でした。1970年代あたりから東京の中心部へ広がり，都内の若い人

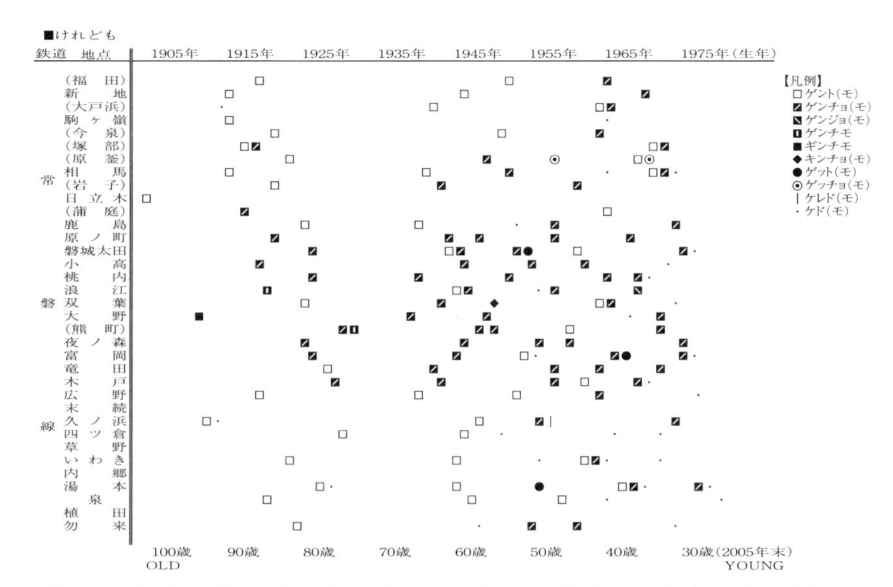

図7-5　福島県浜通り地方における「けれども」を表す方言形の伝播（1995-2000年調査）

にも使われるようになりました（井上 1985, 1998）。

　チガカッタ（違っていた）も，東北・北関東の方言形が東京の若年層に広まったものです。1980年代の調査を見ると，東京では若い人に使用者が見られる程度ですが，栃木県や福島県では当時のお年寄りがすでに使用しています。チガカッタ，チガクテ（違っていて）などの言い方が新方言として広まったために，本来動詞であるはずの「違う」を形容詞のように活用させ，現在ではチゲーという俗語的な終止形も生まれています（井上 1985, 1998）。

　このようにさまざまな方言形が各地から流入し，東京の新方言として使用されるようになりました。北関東方面から東京へ広がった新方言には他に〜ミタク（みたいに），〜チッタ（〜てしまった），ナニゲニ（なにげなく）などがあります。一方，〜ジャンという文末の表現は中部地方から東京へ広がったとされています。「非常に・とても」にあたるチョーも，もともとは静岡付近で発生したことばであると思われます（井上 1985, 1998）。地方から東京に入ったと思われることばを集めて分析したところ，関東地方や中部地方，近畿地方のように東京との交流の多い地域からの流入が多いことがわかりました（井上 2011）。

　東京の人は，一般に自分が方言を話していると思っていません。そのため

第7章　新方言　　77

「使用者自身が方言と意識している」という新方言の条件は，東京の新方言については単純に適用できない面があります。しかし実際に調査をしてみると，東京でも新方言は改まった場面では使われにくく，場面差が見られます。その点では東京の新方言も他地域の新方言と共通の性質を有しているといえます。

3.3 東京新方言の普及

このように東京に入り，若い世代で使用されるようになった新方言は，全国各地に普及します。ナニゲニやウザイなどはもはや全国区のことばとなったといってもよさそうです。第2節で紹介したアオタンという語ももともとは北海道の新方言が東京へ持ち込まれ，全国へ広がったものでした。図7-2の庄内地方のアオタンも北海道から入ったのではなく，東京の影響を受けて広まった可能性があります。

共通語が全国へ広がる場合，通常は人前で話したりあるいは文章を書いたりといったフォーマルな場面でまず使われ始め，やがて日常会話へ普及します。一方，新方言はあくまでも「ふだんのことば」として伝播するもので，親しい人とくつろいで話すような場面へ先に広まり，徐々にフォーマルな場面でも使われるようになります。新方言は「進行中の言語変化」の典型です。共通語が教育などを通じての「上からの変化」であるのに対し，日常語の相互交流の中で「下からの変化」が起こるのが，新方言の特徴なのです。

練習問題

1. 自分の使う方言形について，両親や祖父母も同じように使うかどうか確かめてみましょう。これまで知られていない新方言を発見できるかもしれません。
2. 井上・鑓水編（2002）であなたの住む地域の新方言や東京新方言を調べ，それらのことばが現在どのような場面で，どの程度若い人に使用されているか調査してみましょう。

読書案内

① 井上史雄（1998）『日本語ウォッチング』岩波書店。
　＊新方言のみならず，敬語や音声，アクセント，イントネーションの変化についても取り上げられています。全体にわかりやすく書かれており入門書として最適です。
② 井上史雄（1985）『新しい日本語——《新方言》の分布と変化』明治書院。
　＊新方言についてより深く学びたい人にお薦めです。各地の調査データに加え，新方

言の理論的側面も詳しく解説されています。
③ 井上史雄・鑓水兼貴編（2002）『辞典〈新しい日本語〉』東洋書林［Webで公開］。
  ＊本章では紹介しきれませんでしたが，新方言の報告は全国各地に見られます。これまでに報告された各地の新方言が辞書の形で掲載されているので参考にするとよいでしょう。広範囲でさまざまな新方言が生じていることに驚かされます。

参考文献

井上史雄（1994）『方言学の新地平』明治書院。
井上史雄（2003）『日本語は年速一キロで動く』講談社。
井上史雄（2011）『経済言語学論考――言語・方言・敬語の値打ち』明治書院。
井上史雄編（2008）『日本海沿岸地域方言の地理的・年齢的分布（日本海グロットグラム）』科研費報告書。
木部暢子（1995）「方言から「からいも普通語」へ」『言語』11月号別冊。
真田信治（1996）『地域語の生態シリーズ関西篇　地域語のダイナミズム』おうふう。
渋谷勝己（1999）「文末詞「ケ」――三つの体系における対照研究」『近代語研究』10, 206-230頁。
半沢康（2004）「おらがことばと〇〇もんが――隣接する方言のせめぎあい」『言語』33-9, 46-52頁。
日高水穂（2011）「各地方言の実態――方言の現在　1．北海道・東北」真田信治編『方言学』朝倉書店, 15-31頁。
山下暁美・半沢康（2008）「滋賀（湖西）グロットグラム」井上史雄編『日本海沿岸地域方言の地理的・年齢的分布（日本海グロットグラム）』科研費報告書, 175-244頁。

第8章 気づかない方言

早野慎吾

この章で学ぶこと

　共通語化が進むと全国のことばは統一されると考えられます。一部の人（東京人など）は自分のことばは完全な共通語（または標準語）と思っています。ところが例外があります。

　「気づかない方言」とは，地元の人が方言と気づかずに，共通語と判断していることばのことです。方言とは，「地域全体のことば」「くだけた場面で使われることば」「地域差のあることば」など，さまざまな意味で使われますが，気づかない方言という場合の方言は，地域差のあることばのことです。この章では，気がつかない方言を例に，ことばの地域差意識について学んでいきたいと思います。

　定義にもよりますが，気づかない方言は「地域共通語（地方共通語）」と呼ばれることもあります。ただし地域共通語は，改まった場面で使われることを前提としていますが，気づかない方言は，改まった場面に限定されません。宮崎県民は「エギレ（空腹のため力が出ない状態）」を全国的なことばと考えています。しかし，「エギレ」は改まった場面では使われません。丁寧なことばではないが，全国的に使われていると考えられているのです。「エギレ」は気づかない方言ですが，地域共通語ではありません。

　気づかない方言には，いくつかのタイプがあります。東北地方の「カットバン（救急絆創膏）」，鹿児島県・愛媛県の「ラーフル（黒板消し）」のように，商品名がそのまま名称として使われているために方言と気づきにくい場合や，西日本の「ナオス（片づける）」や北関東の「ヤマ（林）」のように，語形が全国共通語と同じために方言と気づきにくい場合などがあります。

　共通語化が進む以前には，気づかない方言も多かったので，話題にもなりませんでした。現在は若い世代が方言を使わなくなったので，わずかな「気づかない方言」に関心が集まったのだと考えられます。方言について若者向けに書かれた本には，よく「気づかない方言」が載せてあります。

キーワード

　気づかない方言，地域（地方）共通語，有力な方言，地域差意識，文体意識，中間言語，気づかない共通語

1　気づかない方言

　地域社会で生活している話者は，日々の生活の中で場面意識を身につけていきます。そして方言と共通語を場面によって使い分けるようになっていきます。しかし，地域社会で身につける共通語は完全な共通語（全国共通語）とは限りません。実際は，地域差があるのに，共通語と判断されていることばがあります。そのようなことばを「気づかない方言」（篠崎他 2011）とか「気づかれにくい方言」（沖 1992）と言います。厳密には体系としての「方言」「共通語」と要素としての「方言形」「共通語形」を区別する必要がありますが，ここでは方言や共通語を要素と体系の両方の意味で使うことにします。

　方言は，もともと地元の人同士が使うことばで，文字に書かれることはほとんどありませんでした。しかし，近年は，方言への関心が高まり，意図的に文字に書かれたり，他地域の人へのアピールに使われたりすることがあります。沖縄那覇空港内では「めんそーれ」という大きな看板があります（図8-1）。同じく沖縄の「てんぷす（ヘソ）」や「まちぐゎー（市場）」などは（図8-2・図8-3），説明されなければ他地域の人にはわかりませんが，そのことでエキゾチックな雰囲気を演出しているのです。東北の「めんこい」，関西の「好きやねん」，九州の「うまか」などは多くの商品名に使われています。全国各地で店の看板や観光ガイドのキャッチフレーズなどに方言が使われている例を見ます。地域性をアピールするのに，方言が効果的に使われています（第27章で扱います）。方言が経済価値を持つようになってきたのです（井上 2011b）。

　商品名やキャッチフレーズに使われる方言は「有力な方言」であり，「意識される方言」です。有力な方言と対照的なのが「気づかない方言」です。「気づかない」といっても，その度合いはさまざまで，地元の人がほとんど気づかない方言から，ある程度気づいている方言まであります。宮城県の「イズイ（違和感を感じる）」や栃木県の「コム（洗濯物を取り込む）」などのように，ほとんど気づかない方言もあれば，埼玉県の「ノッカル（電車などに乗る）」や島根県の「マクレル（転ぶ）」などのように，ある程度，地元の人が気づいている方言もあります（篠崎他 2011）。ある程

図8-1　「めんそーれ」の看板

図8-2 「てんぷす」の看板　　図8-3 「めんそーれ！　まちぐゎー」のフラッグ

度，方言と気づいているものは「気づかれにくい方言」という方が適切かもしれません。気づきにも程度差はありますが，それらをひとまとめにして「気づかない方言」と表現することにします。

　アメリカ英語でも清涼飲料水やサンドウィッチの一種の呼び名に地域差があるとか，文法的な言い方の使用頻度に違いがあるとかの研究があります。世界中の諸言語に「気づかない方言」があるのですが，方言差の大きい言語では，気づかれている方言差の記述で精一杯のようです。

　「気づかない方言」は，話者が方言と気づいていないので，公的な場面や東京でも使われることがあります。方言と気づかないで使うため，よその土地で話が通じなかったとか，恥ずかしい体験をした人も多いと思います。「気づかない方言」はいくつかのタイプに分類できますが，ここでは方言と共通語との関係で分類してみます。

　① 対応する共通語がその地域では使われていないもの

　学校生活や商品名に関わることばで，多くは近代以降に発生したものに観察できます。西日本の「校区・校下」と東日本の「学区」，岐阜県や愛知県の「B紙（模造紙）」，南九州や愛媛県の「ラーフル（黒板消し）」，南九州の「宅習（家庭学習）」，東北の「カットバン（救急絆創膏）」（関東では「バンドエイ

図 8-4 薩摩揚げ入の「天ぷらうどん」

ド」，九州では「リバテープ」），関西の「フレッシュ（珈琲ミルク）」などがあります。

② 対応する方言があるもの

対応する方言があるので，その地域では上位の文体のことばであり，方言と使い分けられます。北海道では札幌のことば「トーキビ（とうもろこし）」が共通語として使われ，方言の「キビ」と使い分けられます。沖縄県の「海歩く（漁をする）」，鹿児島県の「暑いでした」，宮崎県の「安くで買えた」，大分県の「書かれてください」などは，その地域で共通語として使われています。不完全な共通語といえます。これらは地域差のある共通語で「地域共通語」と呼ばれており，広義の「気づかない方言」に含まれます。

③ 共通語と語形が同じで，用法が違うもの

共通語と語形が同じために，方言と気づかない場合があります。西日本の「ナオス（片付ける）」，「ツグ（よそう）」，東日本の「ナゲル（捨てる）」，九州の「コショー（唐辛子）」，「ダンゴ（和菓子）」，北関東の「ヤマ（林）」，茨城県の「アト（後ろ）」，山梨県・静岡県の「カジル（掻く）」，宮崎県の「テンプラ（薩摩揚げ）」などです。このタイプは，他地域の人に使うと，話し手と聞き手で誤解が生じる可能性があります。「柚胡椒」という調味料がありますが，この胡椒は九州方言での胡椒，つまり唐辛子です。宮崎県では天ぷらうどんを注文するといわゆる天ぷらではなく薩摩揚げが入って出てきます（図8-4）。図8-4では，料理（うどん）の画像の左下に「魚のすり身」と書かれています。

④ 対応する共通語も使われているもの

対応する共通語はあるのに，共通語と考えられているものもあります。極め

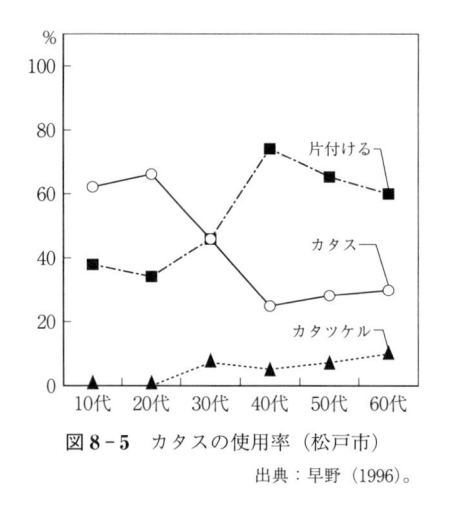

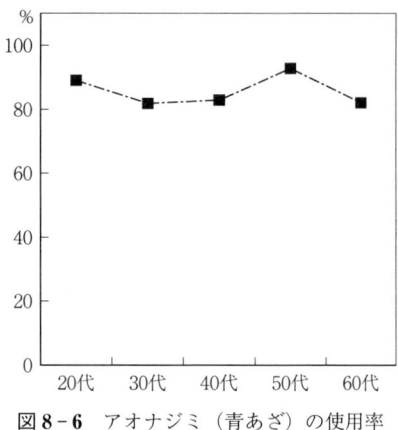

図 8-5 カタスの使用率（松戸市）
出典：早野（1996）。

図 8-6 アオナジミ（青あざ）の使用率（水戸市）
出典：早野（2004）。

て日常的に使われているため方言と気づかず，対応する共通語は主に文章語として使われます。九州の「ハワク（掃く）」，「カラウ（背負う）」，「コユイ（濃い）」，千葉県・茨城県の「アオナジミ（青痣）」，東京の「カタス（片づける）」などです。図8-5は東京に隣接する千葉県松戸市での調査結果ですが，若年層では高年層よりも「カタス」がよく使われています。以前は方言と思われていた「カタス」が，東京でも使われていることがわかり，若年層では共通語と考えられるようになったのです。図8-6は茨城県水戸市での調査結果ですが，「アオナジミ」はどの世代でもよく使われています。方言と気づかないために，若年層でも使用率が下がらないのです。宮崎県では「ハワク」「カラウ」は共通語，「掃く」「背負う」は文章語と考えられています。「ハワク」「カラウ」は共通語と思われているので，文章に書かれることもあり，学校などで保護者に配布される学級通信などにときどき使われています。

⑤ 対応する共通語がないもの

対応する共通語がなく，共通語に言いかえにくいものがあります。静岡県の「コズム」，三重県・和歌山県の「トゴル」，宮崎県の「エギレ」などです。「コズム」「トゴル」は粉末状のものが，溶けきらずに沈殿していることを意味しています。「粉末の溶け残り」です。「エギレ」は，空腹のため力が出ない状態です。以前，宮崎県の某新聞社と方言企画を行ったのですが，企画に参加した記者全員が「エギレ」を方言と気づいていませんでした。語源は「エネルギー切れ」かとも思ったのですが，「餌切れ」のようです。俗語であるため，全国

的ではあるが，改まった場面にはふさわしくないと思われています。公的な場面で使われるかどうかは，そのことばの雅俗も関わっており，地域差以外の基準も関わっています。

東北地方の「ズンダ（枝豆や空豆をすりつぶした食品）」や南九州の「ネッタボ・ネリクリ（薩摩芋と餅を練り合わせた食品）」のような郷土料理は正式名称（共通語名）がない場合も多く，地域差を意識しにくいのです。

以上を人々の意識によって分けると，私的な場面（例えば家庭内）でしか使われないために地域差に気づかないタイプと，公的な場面（例えば学校）で使われるために全国に通じると思いこむタイプと，両極端に分けられそうです。

② 地域共通語

地域共通語は気づかない方言と概念が異なる部分もあります。地域共通語は次の3つの意味で使われます。

① 話者意識としては共通語だが，実際は共通語でない（地域差のある）ことば。
② スタイル的に全国共通語と方言の中間に位置することば。
③ 東京以外の文化的中心地で使われていることば。

①は「気づかない方言」と基本的に同じですが，柴田（1987）では「いいことば」とされているので，方言よりも上位のことばである必要があります。②は全国共通語化の過程で発生する現象で，語形は共通語だが関西アクセントであったり，発音がズーズー弁である例はよく観察されます（井上 2007）。沖縄の「ウチナーヤマトゥグチ（沖縄大和口）」（第11章参照）や鹿児島の「からいも普通語（主に鹿児島県で使われる方言混じりの共通語）」などは体系として成り立っている地域共通語です。②のタイプはいわゆる中間言語で現代社会の特徴的な言語現象といえます。③は大阪や札幌のことばが周辺地域の方言よりも上位のことばとして使用される現象です（鎌田 1981）。その場合，地域差に気づいている場合もあれば，気づかれにくい場合もあります。

③ 気づかない共通語

「気づかない方言」だけでなく，「気づかない共通語」も存在します。各地で

地元の人が編纂した方言集を見ると，共通語なのに方言と思われて，方言集の見出し語に使われることがあります。早野（1991）では，茨城県南部で編纂された方言集をまとめていますが，次に挙げる例は実際に方言として見出し語に使われたものです。それらはいくつかのタイプに分類できます。

　①同じ意味（もしくは近い意味）の2つ以上の表現がある場合，スタイルの高い方を共通語，低い方を方言と判断する場合があります。「デキモノ（腫れ物）」「シャベル（話す）」「テッペン（頂上）」「オンナジ（同じ）」「カラッポ（空）」などが方言とされています。

　②新旧で同じ意味（もしくは近い意味）の2つ以上の表現がある場合，新しい表現を共通語，古い表現を方言と判断する場合があります。「ギヤマン（ガラス）」「サカシー（利口な）」「ジキ（すぐ）」「ズブ（すべて）」「トホーモナイ（とんでもない）」が方言とされています。

　③対応する文字言語や共通語はないが，それ自体，文体が低いものと意識された場合，方言と判断される場合があります。「イナセ（威勢がいいこと）」「コビリック（物がついて離れないこと）」「フヤカス（水につけて柔らかくする）」などです。

　共通語と方言の区別には，文章語であるとか，改まった場面で使われるかなどの文体意識が大きく関係しており，それが地域差意識と結びついているのです。東京ことばで典型的に観察されます（金端 2012）。

④　気づかない方言の言語地図

　グーグルマップ（Google maps）機能を使って「気づかない方言」の使用域を調べるという方法もあります（井上 2011a）。「気づかない方言」は，文字として書かれることがあるためです。方言調査は労力，費用，時間を必要とします。しかし，グーグルマップ機能を使えば，非常に手軽に地域差を調べることができる場合があります。もちろん，フィールドワークによって得られたデータのように信頼性のあるものではありませんが，概略的なことはある程度把握できる場合もあるので便利です。グーグルマップ機能を使ってことばの地域差を調べてみるのも，面白いかもしれません。たとえば「宅習」（南九州の気づかない方言）を検索すると，宮崎県の塾が表示されます。最近，機能が制限され，井上（2011a）のように調べることはできませんが，手がかりはつかめると思います。グーグルトレンド（Google trends）を使うと，使用率が色の濃さで示さ

れる以外に，近年の使用状況もわかります。またグーグルエヌグラムビューア（Google Ngram Viewer）を使うと，200年間または500年間の文献での使用がわかります。これらの手法は英語，中国語をはじめ，世界の多くの言語に適用できます。もっとも，その言語の方言差について予備知識があればの話ですが。

　以上，気づかない方言の分析を通して，日常生活の中でことばの地域差意識が生まれる要因を理解してもらえたと思います。

練習問題

1．よその土地でことばの意味が通じなかったとか，誤解したなどの例を集めてみましょう。できれば，自分だけではなく，友達の経験なども集めてみましょう。
2．グーグルマップ（Google maps）やグーグルトレンド（Google trends）を使って，自分の知っている「気づかない方言」の使用域を調べてみましょう。
3．地元でことばの地域差を実感するのはどのような時か，考えてみましょう。

読書案内

① 篠崎晃一・毎日新聞社（2011）『47都道府県，誰とでも会話がはずむ！　出身地がわかる方言』幻冬舎文庫。
　＊2008年に毎日新聞社から刊行された『出身地がわかる！　気づかない方言』を改題したもの。全国の気づかない方言が扱われており，楽しみながら方言が学習できる1冊です。
② 井上史雄（2006）『変わる方言　動く標準語』ちくま新書。
　＊日本の方言に関する大きな流れをつかめる1冊。資料や画像も多く，わかりやすい。気づかない方言や有力な方言も扱われています。

参考文献

井上史雄（2007）「方言の経済価値」『シリーズ方言学3　方言の機能』岩波書店。
井上史雄（2011a）「Google 言語地理学入門」『明海日本語』16［Web で公開］。
井上史雄（2011b）『経済言語学論考――言語・方言・敬語の値打ち』明治書院。
沖裕子（1992）「気づかれにくい方言」『言語』21-11。
金端伸江（2012）『東京ことば辞典』明治書院。
鎌田良二（1981）「関西における地方共通語化について」『国語学』126［Web で公開］。
柴田武（1987）『柴田武日本語エッセイ2　地域のことば』三省堂。
早野慎吾（1991）「語彙」『地域言語と文化　玉造のことば』玉造教育委員会。
早野慎吾（1996）『首都圏の言語生態』おうふう。
早野慎吾（2004）「首都圏近郊都市における方言形の分類」『地域語研究論集』港の人。

第9章 首都圏のことば

三井はるみ

> **この章で学ぶこと**
>
> この章では，東京を中心とした都市圏である首都圏のことばについて考えます。東京のことばは共通語に近く，「東京には方言はない」と考えている方が多いのではないでしょうか。果たしてそうなのか。地域のことばとしての首都圏のことばについて学びます。
>
> 伝統的な方言研究では，東京や首都圏のことばが対象とされることは多くありませんでした。それどころか，「標準語」「共通語」の基盤方言であるため，衰退する各地の方言と対立する存在と見られがちでした。しかし東京の人の日常のことばは，各地の人がイメージする「標準語」「共通語」とは違い，ましてや，文章で使われることばとは違っていました。さらに戦後は，東京を超えて首都圏全体を，比較的均質なことばがおおうようになりました。そのような首都圏のことばは，各地のくだけた場面の話しことばにも影響を与えています。現代日本語をとらえるのに，見逃せない状況です。また現在，欧米やアジアの大都市と同様，若い世代のことばに独自の方向への変化が見られます。第7章とこの章の末尾とで扱う新方言はその一例です。
>
> **キーワード**
>
> 東京，首都圏，高度経済成長期，3つの層，共通語化，広域方言，共通語自認意識，俗語的共通語，東京新方言，社会的地域差

1 地域言語からみた首都圏という地域

1.1 東京から首都圏へ

1868年に「江戸」が「東京」と改称されたとき，その範囲は，現在の東京23区の中心部6分の1ほどに過ぎませんでした。千代田区，中央区，港区，文京区，台東区と，新宿区，墨田区，江東区のそれぞれ一部です（秋永 2004：659）。この伝統的な「東京」のことばは江戸語の流れを継いでおり，周囲の農村地帯

の関東方言の中にあって，「言語の島」と言えるような異質の存在でした。上方語の影響による特徴（意志・推量の助動詞「ベー」を使わず，敬語が発達しているなど），都市言語的特徴（話し手の属性による人称詞の多様な使い分けなど），音声的特徴（独特の緩急自在なめりはりのある話しぶりなど），等が挙げられます。東京のことばの下位区分としてよく知られている「山の手ことば」「下町ことば」という分類も，元来は，この地域の中での暮らしぶりと結びついた社会的言語差を中心としたことばの違いを指すものです（秋永 1995）。

　一方現在では，都市圏「東京」の範囲は格段に広がり，ことばも，行政区画の東京都を越えた，「首都圏」という言語圏でとらえられる状況になってきました。言語実態，言語意識は大きく変化しました。

1.2 「首都圏」という言語圏の形成

　1950年代後半から1970年代はじめの高度経済成長期に，大きな社会変動がありました。東京への人口集中に伴う通勤圏の拡大と市街地・住宅地の拡張，移住に伴い母方言とは異なる共通語で日常生活を送ることになったノンネイティブの増大と二世化・三世化，それと並行して進んだ東京および周辺地域の在来方言の共通語化などです。こういった社会変動の中で生まれたのが，共通語に近い比較的均質な言語的実態を持つと意識される「首都圏」という言語圏でした。

　研究の面から見ると，東京を中心とする都市圏を１つの言語圏をなすものとして注目した論文は，1970年代初めに現れます。論文タイトルに「首都圏」という地域名が用いられるのは1980年代初め，地域方言としての「首都圏方言」という名称が用いられるようになるのは2000年代に入ってからです（三樹 2014）。この地域が１つの言語圏として注目され，名づけられ，研究対象として措定される過程は，この地域の言語状況の変動と言語的実態の変質を追いかけるように進んだものと，とらえることができます。

1.3 「首都圏」の範囲

　このような意味の「首都圏」は，東京の拡大として形成されたエリアなので，行政区画と違ってその範囲が曖昧です。ただし，法律・行政用語としての「首都圏」は，首都圏整備法及び施行令（1956年制定）にしたがって，関東１都６県に山梨県を加えた地域とされることが多いようです。一方，「言語圏としての首都圏」に関しては，田中（2010：6）の提案があります。これは，「通勤・

通学圏に代表される日常的な言語接触が生じうる範囲」ととらえる考え方です。国勢調査の「関東大都市圏」（総務省統計局 http://www.stat.go.jp/data/kokusei/2010/users-g/word7.htm#a05）に基づき，具体的には，東京駅から約70キロ圏を指し，概略，島嶼部を除く東京都，神奈川県，埼玉県，千葉県の南関東1都3県と重なります。ほぼ同じ範囲は，法律・行政用語で「東京圏」とされることもあります。後述のとおり，現代の言語分布，言語意識の面からも一定の妥当性があるものとして支持されます。

　この地域の人口は，1950年の1,305万人から，1970年には2,411万人と，高度経済成長期の20年間で2倍近くに膨れあがりました（内閣府 2011）。現在は約3,562万人（平成22年度国勢調査）で，日本の総人口の約28％を占めています。

② 首都圏のことばの性格

2.1　3つの層

　東京・首都圏は，全国の政治・経済・文化・情報の中心地です。その活動に関与して，人口は多く，流動性が高く，物と情報の流通が盛んで，この地域で発生した新たな事象は，しばしばほどなく全国に波及します。言語も例外ではありません。

　このような東京・首都圏のことばをとらえるにあたっては，いくつかの面を想定し，それら相互の関わり合いの中で把握することが妥当，との考え方が，これまで複数の研究者によって主張されてきました（加藤 1970，野村 1970，田中 1983，飛田 1992等）。これを踏まえ，ここでは，①その土地に生まれ育った人の日常のことば，②全国・世界から人の集まる都市のことば，③標準語の基盤となる基準性のあることば，の3つの層を持つものとして，首都圏のことばを考えます。①は，他の地域の方言と同様の側面，②は，都市言語としての側面，③は，主として他地域の人たちや，放送・教育など公共性のある言語表現を求める立場から要請される側面です。

　この全体像の把握はなかなか難しく，これまでの首都圏地域の言語研究は，それぞれの比重で，この3つの層の解明を目指してきたと言うことができるかもしれません。本章では，②③の側面を念頭に置きながら，①を主な切り口として，主として首都圏若年層のことばについて見ていきます。

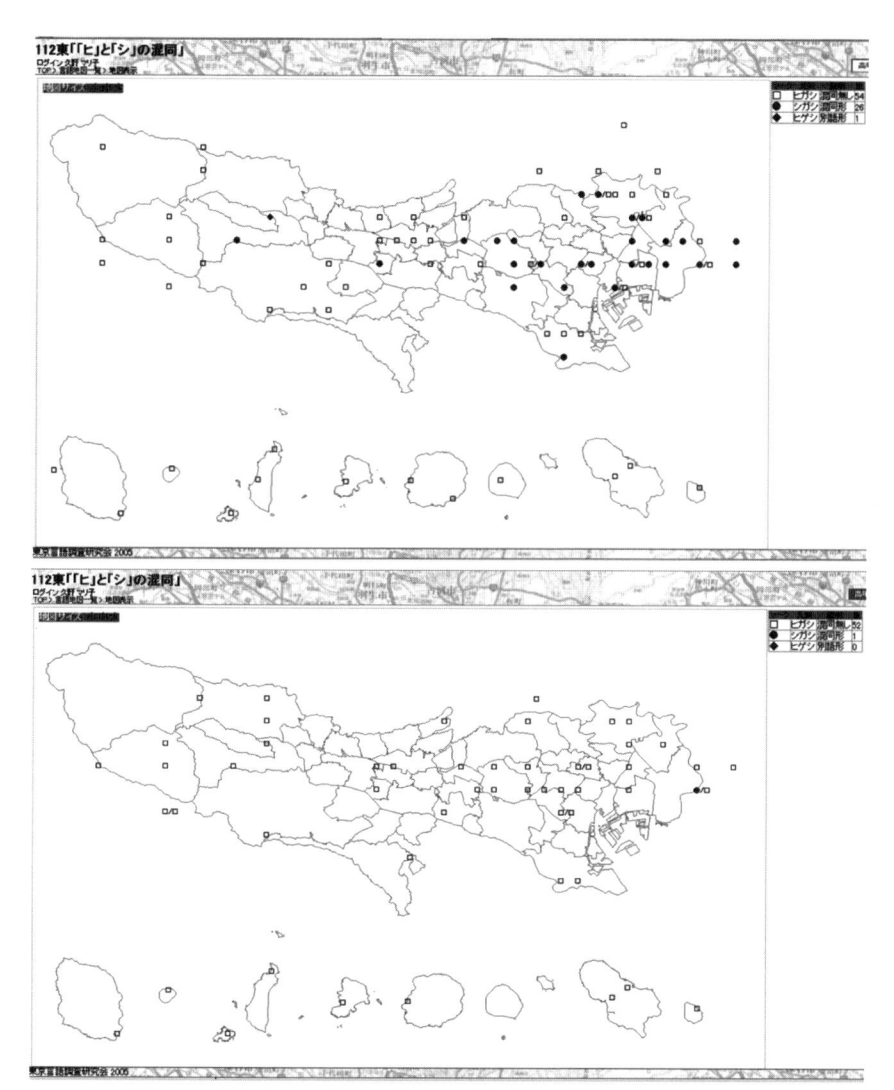

図9−1 「東（ひがし）」の「ひ」の発音（上：高年層　下：若年層）

出典：久野（2013）。

2.2 首都圏のことばの共通語化

　首都圏のことばは，一般的には，全国に先駆けて新現象を先取りし変化を主導する，というポジションにあると考えられています。逆に「①その土地に生まれ育った人の日常のことば」すなわち方言という面からはほとんど注目され

ることがありません。この地域のことばは，もともと共通語との違いが小さいことに加え（河西 1981），高度経済成長期には共通語化がいち早く徹底的に進み（鑓水 2013：219），共通語と異なる方言的特徴がいっそう見いだしにくくなりました。

　例えば，東京中心部の伝統方言としてよく知られている特徴に，「ひ」を「シ」と混同する発音があります。図9-1は，『新・東京都言語地図』（久野2013）の「東（ひがし）」の地図です。●で示された「シガシ」という発音をした地点は，1990年前後（平成初頭）の調査時点で，高年層（1926〔大正15〕年以前出生）の間では，主として東京23区に広く見られますが，若年層（1964～1974〔昭和39～49〕年に出生）ではほぼ消滅しています。

　東京中心部の外側，従来の関東方言域のことばも軒並み共通語化が進みました。1960年代後半に調査が行われた『関東地方域方言事象分布地図』（大橋1976）の Map 4「霜柱」によると，「霜柱」の意味の「タッペ」は，東京都23区をとり囲むように，神奈川県，東京都多摩地域，埼玉県，千葉県北西部（東葛飾・印旛・千葉地域）一帯で使われていました（話者は1900年前後〔概ね明治30年代〕生）。しかし，1985年調査の『東京都言語地図』（東京都教育委員会1986）になると，高年層（1920〔大正9〕年以前出生）でも，23区に隣接する多摩地域東部では「タッペ」が見られなくなり，若年層（1964～67〔昭和39～42〕年生）では，全域でまったく使われなくなりました。他の首都圏地域もほぼ同様の実態であったと推測されます。

　このように，アクセントや文法的特徴を含め，首都圏地域の共通語化は，1980年代後半（昭和末）には一段落しました。その結果，首都圏のことばは，目立った俚言（共通語と異なる地域特有の単語）も地域差もない，全域ほぼ同じようなことばであると認識される傾向が強まりました。

3　首都圏に方言はあるか

3.1　首都圏の人々の「共通語自認意識」

　現在，東京・首都圏に住む人々の多くは，「東京・首都圏に方言はない。ふだん話していることばは共通語（または標準語）である。」という意識を持っています。

　図9-2は，首都圏の12大学に在学する大学生に，「自分の話すことばは何だと思いますか」と質問し，5つの選択肢から選んでもらった回答を，回答者の

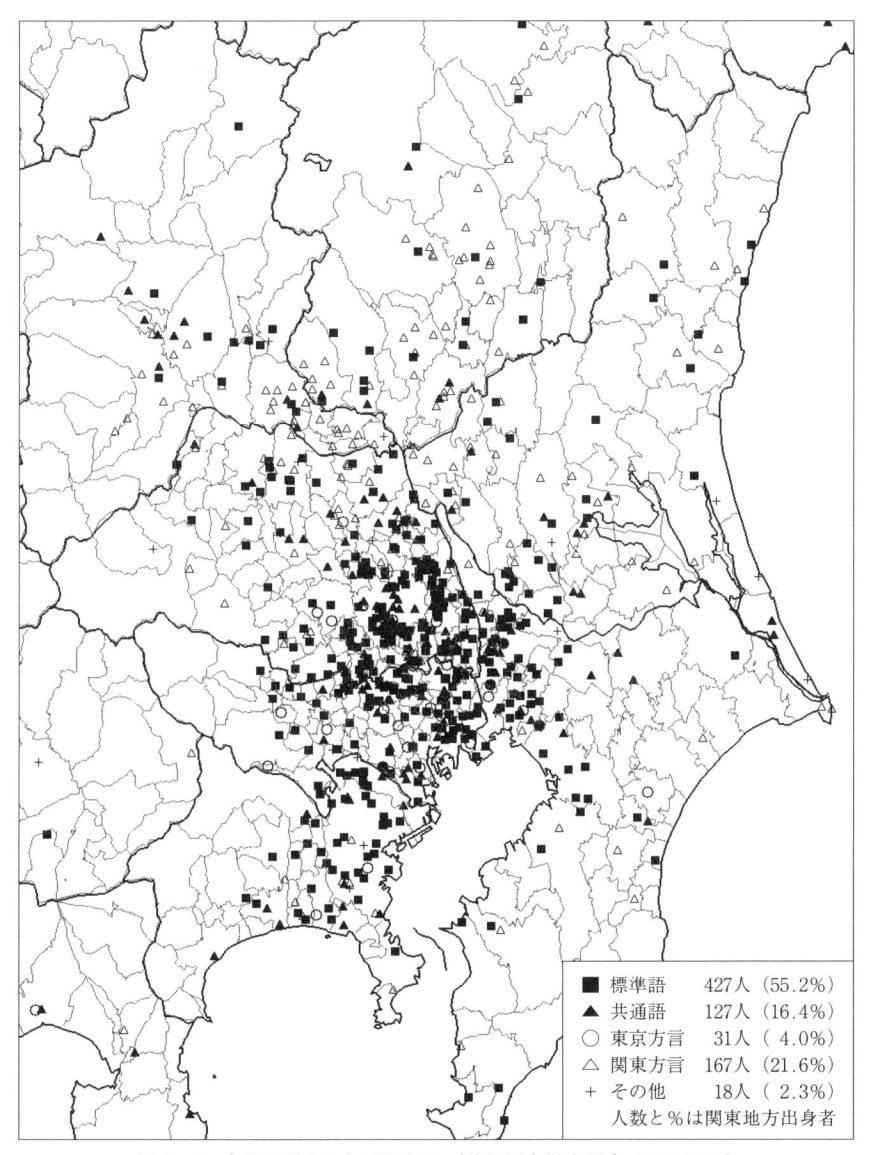

■ 標準語　　427人（55.2%）
▲ 共通語　　127人（16.4%）
○ 東京方言　 31人（ 4.0%）
△ 関東方言　167人（21.6%）
＋ その他　　 18人（ 2.3%）
人数と％は関東地方出身者

図9-2　自分の話すことばは何か（首都圏大学生調査 2011-2015）

出典：鑓水兼貴作成。

出身地地点（5～15歳の最長居住地，大字レベル）にプロットして示したものです。調査は2011～15年にアンケート形式で行いました（国立国語研究所共同研究プロジェクト「首都圏の言語の実態と動向に関する研究」〔2010-2013〕および，JSPS科研費25580103「新規言語事象の集中的多角的調査による首都圏の言語状況の把握」〔2013-2014〕による共同調査。調査の概要は三井2014参照。図9-2，9-4には予備調査，追加調査によるデータを含む）。

東京とその近辺に「東京方言 ○」という回答がわずかに見られるものの，首都圏1都3県では，自分のことばを「標準語 ■」または「共通語 ▲」とする回答が，圧倒的多数です（「標準語」と「共通語」の違いについてはここでは触れません）。一方，北関東3県では「関東方言 △」という回答が多く，埼玉県北部は中間地帯となっています。東京23区を中心とした首都圏一帯の若年層の人々の間に（北関東とは異なり），自身のことばを「共通語（標準語）」と自認する意識が広がっていることがわかります。

3.2 方言は使われている

しかしその意識にかかわらず，実際には，関東の伝統方言由来のことばは，首都圏で少なからず使われています。

図9-3は，世田谷区立中学生に，関東圏各地の伝統方言由来の20項目について，その項目を「使用するかどうか」と，「共通語だと思うか方言だと思うか」とを尋ねた結果です（回答者108名，田中 2010：467）。この2つの設問への回答は相関しています。調査語の中で，左側の，「ショッパイ（塩辛い）」，「シチャッタ（してしまった）」，「ワカンナイ（わからない）」，「行カシタ（行かせた）」，「ジャン（ではないか）」の5項目は，「使う」が半数を超えています。そしてこれらを「共通語だと思う」人は，「方言だと思う」人よりはるかに多くなっています。逆に，「使わない」が半数を超える，右側の，「アッカラ（あるから）」，「ソースット（そうすると）」，「ナンヨ（なのよ）」，「ウッチャットイテ（捨てておいて）」などについては，「方言だと思う」人が，「共通語だと思う」人を大幅に上回ります。

このような相関は，「自分たちがふだん使い，周りで聞くことばは共通語で，使わず周りで聞かないことばは方言である」という認識構造をうかがわせます。この構造が，「首都圏には方言がない」という意識を存在させていると考えられます。

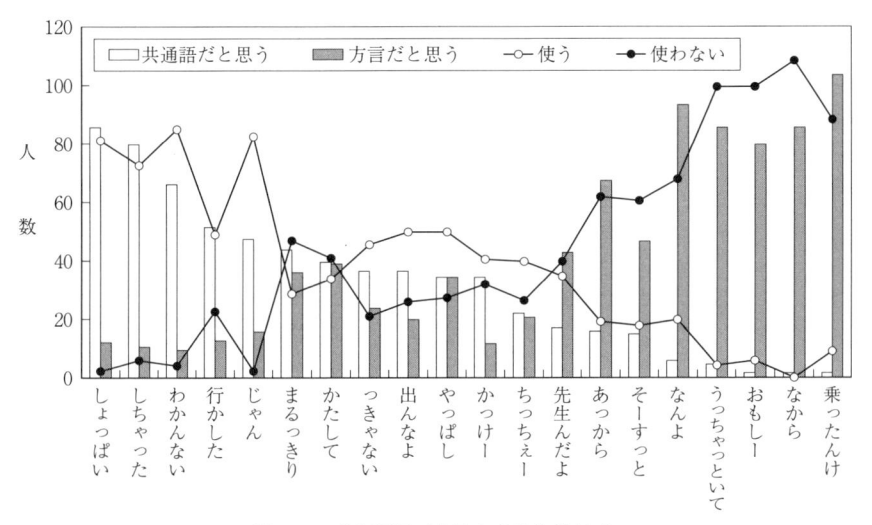

図9-3 「共通語／方言」意識と使用度

出典：田中（2010：467）。

3.3 共通語の俗語

「シチャッタ」や「ジャン」が「共通語」と聞くと，腑に落ちないと感じる人もいるのではないでしょうか。これらは公式な場では使われないことばです。上述の調査の別の設問でも，「クラスの友だち」に対しては多くの中学生が「使う」が，「高校入試の面接官」に対してはほとんどが「使わない」と回答しています。つまり，文体的にくだけたことばであると認識されています。にもかかわらずこれを「共通語」とするのは，首都圏若年層の人々の考える「共通語」には改まりという概念が含まれておらず（あるいは希薄で），くだけたことばは「共通語の俗語」として位置づけられているからと考えられます。

日本全国の地域社会で，共通語は，改まった場面のことばとして普及しました。地域によって事情は異なりますが，現在では，改まった場面は共通語，くだけた場面は方言（共通語との混交の進んだ方言を含む）という使い分けが基本となっています。これに加えて近年は，人の交流および，テレビ・インターネット等の音声マスメディアを通して，「共通語の俗語」が各地のくだけた場面の話しことばに受容される例が見られます（陣内 1996：42 の「東京弁」，半沢 1999：182 の「東京語」，高木 2010 の「標準語形」の一部，等）。首都圏の人々の「共通語自認意識」と相まって，首都圏のくだけたことばは，今後ますます実際に「俗語的共通語」として影響力を持つことになるでしょう。

3.4 東京新方言

首都圏若年層によく使われる「共通語の俗語」には，以前からこの地域で使われていたもの（「イテー（痛い）」「サミー（寒い）」のような形容詞語末の連母音の融合，等）の他に，近年新たに使われ始めたことばがあります。その中には，1980年代半ばに山梨・静岡方言から神奈川県を経由して東京に取り入れられた「ジャン」，北関東から進入した「チガカッタ（違っていた）」のように，周辺地域から首都圏，東京に流入したことばが少なくありません（荻野他 1985；井上 1998）（第7章参照）。

図9-4の「ヨコハイリ」（並んでいる列などへの割り込み）も，そのような例の1つです（図9-2と同じ調査による）。東海地方で先行して使用されていた（井上 1997：111）「ヨコハイリ」は，1980年代には神奈川県全域の若年層に広がり，東京都にも散見されるようになっていました（井上編 1988：52）。現在は，東京都内の使用地域がさらに広がり，北上して首都圏外周部にまで及んでいます。

なお，東京23区北東部・埼玉県南東部・千葉県東葛(とうかつ)地域の一帯には，「ヨコハイリ」があまり浸透していないエリアがあります。ここでは，同じ意味の別語形「ズルコミ」が使用されています。「ヨコハイリ」と「ズルコミ」は，首都圏の中で相補分布をなしています（三井 2014）。

3.5 新しい地域差

首都圏では，「東京」が拡大して共通語化が進み，かつてあった東京23区中心部と周辺部のことばの違いは，少なくとも若年層においてはほとんど感じられなくなりました。ではまったく地域差がなくなってしまったのかというと，そういうわけでもありません。図9-4では，東京23区北東部から埼玉県・千葉県にかけての地域と，23区南西部から東京都多摩地域・神奈川県にかけての地域の間で，ことばの使用傾向に違いが見られました。同様の分布傾向を示す項目には，「センヒキ（定規）」，「アルッテ（歩いて）」，「～シタトキアル（したことがある）」（以上，主に北東部で使用），「バナナムシ（ツマグロオオヨコバイ）」（南西部で使用）などがあります（三井 2014）。

東京23区北東部は広い意味での「下町」，南西部は広い意味での「山の手」とされることのある地域です。このような現代の社会的地域差が，首都圏若年層の言語使用に影響を与えているのか，伝統方言とは別の新たな地域差の形成として注目されます。

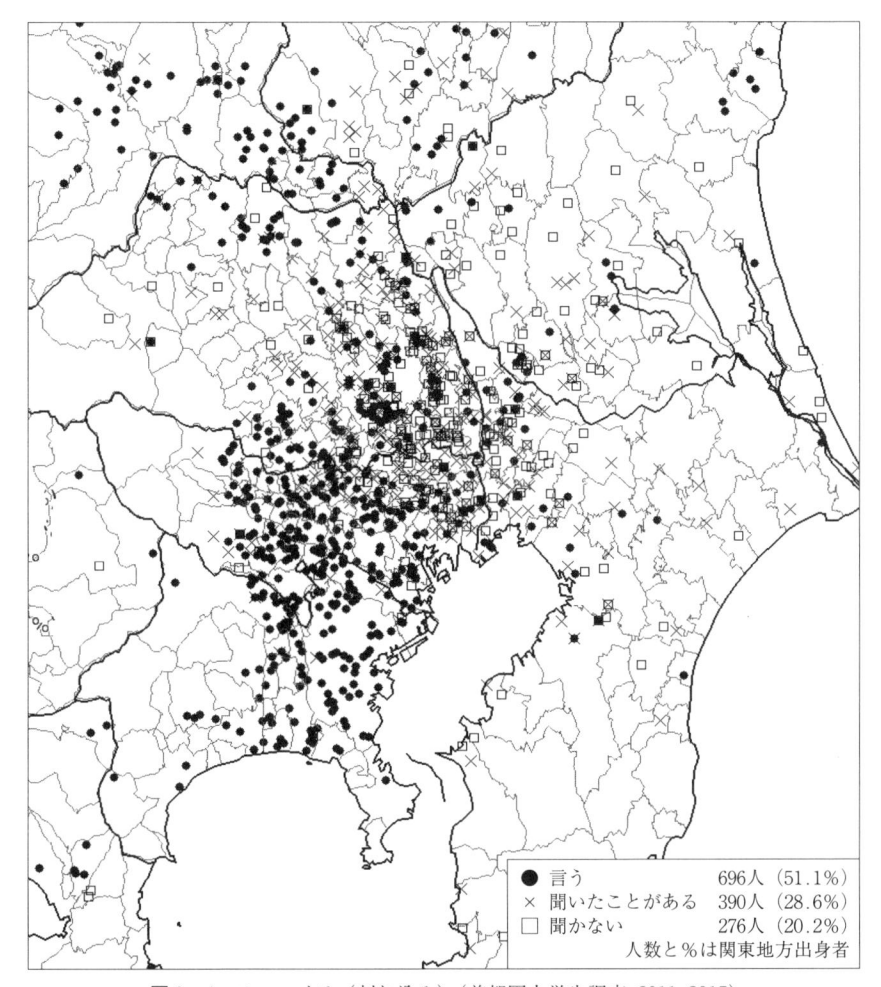

図 9-4　ヨコハイリ（割り込み）（首都圏大学生調査 2011-2015）

●	言う	696人	(51.1%)
×	聞いたことがある	390人	(28.6%)
□	聞かない	276人	(20.2%)

人数と％は関東地方出身者

出典：鑓水兼貴作成。

練習問題

1. 東京郊外の地域とことばの変遷について調べてみましょう。
2. 他地域から首都圏に移住した人から話を聞き，移住に伴う言語経験についてまとめてみましょう。
3. 「共通語の俗語」の例を見つけましょう。アクセントやイントネーションなど音調の面にも目を向けましょう。

4．首都圏の出身の人が，東北弁や関西弁など，住んだことのない土地の方言を使うことがあります。使われ方を観察し，使う理由を考えてみましょう。
5．インターネットから生まれた流行語や，街中で見かける外国語による案内表示など，一見，土地のことばとは関わりのなさそうな言語事象について，首都圏の中での地理的分布を確かめてみましょう。

読書案内

① 秋永一枝編著（2007）『東京都のことば』（日本のことばシリーズ13）明治書院。
　＊東京都のことばに関する解説，伝統的な東京方言の語彙，談話など，新旧にわたる東京都のことばに関する総合的な概説書です。
② 田中ゆかり（2010）『首都圏における言語動態の研究』笠間書院。
　＊主として首都圏南西部におけるフィールドワークとアンケート調査に基づく言語動態の研究書。語彙，アクセント，イントネーションなどの言語事象に加え，新しいメディアについても取り上げます。
③ 國學院大學言語文化研究所編（1996）『東京語のゆくえ――江戸語から東京語，東京語からスタンダード日本語へ』東京堂出版。
　＊多面多様な姿を持ち，時代とともに変容してきた「東京語」について，各方面から研究者が発題を行ったシンポジウムの記録です。

参考文献

秋永一枝（1995）『東京弁は生きていた』ひつじ書房。
秋永一枝（2004）『東京弁辞典』東京堂出版。
井上史雄編，国際基督教大学・東京都立大学有志学生作成（1988）『東京・神奈川言語地図』東京外国語大学。
井上史雄（1994）『方言学の新地平』明治書院。
井上史雄（1997）『社会方言学資料図集――全国中学校言語使用調査（1993-1996）』東京外国語大学。
井上史雄（1998）『日本語ウォッチング』岩波書店。
井上史雄（2011）『経済言語学論考――言語・方言・敬語の値打ち』明治書院。
大橋勝男（1976）『関東地方域方言事象分布地図　第3巻 語彙篇』桜楓社。
荻野綱男・井上史雄・田原広史（1985）「周辺地域から東京中心部への《新方言》の流入について」『国語学』143［Webで公開］。
河西秀早子（1981）「標準語形の全国分布」『言語生活』354。
加藤正信（1970）「変化する郊外のことば――東京の東側」『言語生活』225。
久野マリ子（2013）「新東京都言語地図点描――音韻・アクセントといくつかの項目の分布から」『国語研究』76。
倉沢進・浅川達人編（2004）『新編東京圏の社会地図 1975-90』東京大学出版会。

国立国語研究所（1981）『大都市の言語生活 分析編』三省堂。https://repository.ninjal.ac.jp/records/1277
国立国語研究所（2013）「首都圏の言語の実態と動向に関する研究」https://mmsrv.ninjal.ac.jp/shutoken_atlas/results.html
陣内正敬（1996）『地方中核都市方言の行方』（地域語の生態シリーズ 九州篇）おうふう。
総務省統計局「大都市圏・都市圏とその中心市・周辺市町村」（平成22年国勢調査ユーザーズガイド）http://www.stat.go.jp/data/kokusei/2010/users-g/word7.htm#a05
高木千恵（2010）「標準語との接触による地域語の変容」『日本語学』29-14（特集：言語接触の世界）。
田中章夫（1983）『東京語——その成立と展開』明治書院。
土屋信一（2009）『江戸語・東京語研究——共通語への道』勉誠出版，2009年。
東京都教育委員会（1986）『東京都言語地図』東京都教育庁。
内閣府（2011）「１．戦後の首都圏人口の推移」『地域の経済2011』「補論1　首都圏人口の変化の長期的推移」http://www5.cao.go.jp/j-j/cr/cr11/chr11040101.html
野村雅昭（1970）「現代東京語の展望」『言語生活』225。
早野慎吾（1996）『首都圏の言語生態』（地域語の生態シリーズ 関東篇）おうふう。
半沢康（1999）「東北地方の地域方言と社会方言」『日本語学』18-13（臨時増刊号：地域方言と社会方言）。
飛田良文（1992）『東京語成立史の研究』東京堂出版。
三樹陽介（2014）「序章　首都圏アクセント研究の射程」『首都圏方言アクセントの基礎的研究』おうふう。
三井はるみ編（2014）『首都圏の言語の実態と動向に関する研究成果報告書 首都圏言語研究の視野』（国立国語研究所共同研究報告 13-02）［Webで公開］
三井はるみ（2014）「非標準形からみた東京首都圏若年層の言語の地域差」三井編（2014）所収。
鑓水兼貴（2013）「首都圏若年層の言語的地域差を把握するための方法と実践」『国立国語研究所論集』6［Webで公開］。

第10章　現代関西方言

高木千恵

> **この章で学ぶこと**
>
> 本章では，現代関西方言を取り上げ，方言イメージ，方言と標準語の切り換え意識，方言の変容に焦点を当てて論じていきます。
>
> 第1節では，関西の代表的な方言である京都弁（京都市方言）と大阪弁（大阪市方言）について，それぞれがどのようなイメージを付与されているか見ていきます。第2節では，方言と標準語の切り換え要因について簡単に説明し，ことばの切り換えについて関西の人々がどのような意識を持っているかを概観します。第3節では，関西方言の変容について，伝統方言らしさの衰退・消失とネオ方言の形成を中心に論じます。
>
> 関西方言がテーマになってはいますが，本章で述べることを参考に他地域の方言の情況についても併せて考えてもらいたいと思います。
>
> **キーワード**
>
> 方言イメージ，評価語，ステレオタイプ，ことばの切り換え意識，方言主流社会，共通語中心社会，方言中心社会，方言の変容，ネオ方言，対応置換，方言翻訳語

1　関西方言のイメージ

方言のイメージというと漠然としているように思われるかもしれませんが，心理学で使われた調査法を応用するとその実相を具体的にとらえることができます。日本語の諸方言のイメージは知的イメージと情的イメージとの複合によって，4分類されます（第3章参照）。英語や中国語はじめ，多くの言語で方言イメージの違いが確かめられています。関西弁は日本全体の中では情的イメージが高く知的イメージも悪くないという位置づけですが，その中で京都と大阪は対立的にとらえられることが多いようです。

1.1 京都弁と大阪弁

関西の代表的な方言に京都弁と大阪弁がありますが，両者は，音声的特徴，語彙，あるいは文法においてかなり似通っています。しかしながら，それぞれの方言に対するイメージという点ではずいぶんと異なる面も見られます。本節では，1970年代・1990年代・2000年代という異なる年代において，異なる地域で行われた方言イメージ調査から，京都弁と大阪弁に対するイメージについて概観します。

1.2 札幌の大学生による京都弁・大阪弁のイメージ（1970年代）

まず，関西から遠く離れた土地に暮らす人々が持つ京都弁と大阪弁のイメージについて見ていきましょう。井上（1989）では，1976年に行われた北海道札幌市の大学生252名に対する京都弁と大阪弁のイメージ調査の結果が報告されています。調査では，次の17対の評価語を用いて，7段階で方言のイメージを回答してもらっています。

- 情的評価：①ぞんざい―丁寧，②悪いことば―良いことば，③汚い―きれい，④大声―小声，⑤若い女性に相応しくない―相応しい，⑥乱暴―穏やか，⑦嫌い―好き
- 知的評価：⑧重苦しい―軽快，⑨聞き取りにくい―聞き取りやすい，⑩非能率的―能率的，⑪標準語から遠い―標準語に近い，⑫くどい―あっさり，⑬昔のことばを使う―使わない，⑭遅い―早口だ
- 郷愁評価：⑮かたい―やわらかい，⑯味がない―ある，⑰深みがない―ある

例えば情的評価①「ぞんざい―丁寧」であれば，「ぞんざい」を1，「丁寧」を7とする7段階のスケールについて，京都弁・大阪弁がそれぞれどこに位置づけられるかを数値で判定してもらいます。その数値の合計から平均値を出してグラフ上にプロットし，京都弁と大阪弁のイメージの異同をみています。

分析の結果，京都弁と大阪弁のイメージにかなり開きのあることが指摘されています。特に情的評価において，京都弁は「①丁寧，②良いことば，③きれい，④小声，⑤若い女性に相応しい，⑥穏やか，⑦好き」と評価されているのに対して，大阪弁は「①ぞんざい，②悪いことば，③汚い，④大声，⑤若い女性に相応しくない，⑥乱暴」の方に評価が偏っていたといいます。また，郷愁評価においても，京都弁の方が大阪弁よりも「⑮やわらかい，⑯味がある，⑰

深みがある」と評価されていることがわかりました。

　この調査が行われた1970年代はテレビにおけるお笑いブームの到来前であり，関西から遠く離れた土地にあって京都弁・大阪弁を実際に見聞きする機会はほとんどなかったと推測されます。つまりここで得られた回答というのは京都弁や大阪弁から実際に受けた印象ではなく，あくまで回答者の頭の中にあるイメージであるということができるでしょう。直接的な交流がなく当該方言についての具体的な知識がない場合にも，人々はそれぞれの方言に対して固定的なイメージを持っているのです。

1.3　京都弁話者による京都弁・大阪弁のイメージ（1990年代）

　京都弁話者を対象に京都弁と大阪弁のイメージ調査を行ったものに渋谷(1995)があります。調査対象は京都市で生まれ育った高校生・活躍層(25〜40歳)・高年層(60歳以上)の各50名，計150名で，調査は1994〜95年に行われました。井上(1989)で報告された札幌調査とは約20年の隔たりがあります。

　調査に使用された評価語や評価スケールの段階づけは井上(1989)とやや異なりますが，調査結果をみると，京都弁が「丁寧，良いことば，きれい，おだやか，味がある」といった項目において高い点を得ているのに対して，大阪弁が「丁寧，良いことば，きれい，おだやか」の項目でマイナス評価になっており，札幌の調査結果と共通しています。つまり，京都弁や大阪弁を実際に知っている人たちのあいだでも，そうでない人たちと同じような方言イメージが共有されているということになります。

1.4　京都弁話者・大阪弁話者による京都弁・大阪弁のイメージ（2000年代）

　では，現代の若者たちは京都弁や大阪弁に対してどのようなイメージを持っているのでしょうか。図10−1は，札幌調査を参考に，京都出身・大阪出身の大学生に対して京都弁と大阪弁のイメージ調査を行った結果を示したものです（調査実施年は2009年）。

　図中の数値は平均値で，数値が高いほど矢印（⇔）の右側の評価語に評価が偏っていることを表しています。おもしろいことに，大阪弁よりも京都弁の方がより「①丁寧，②良いことば，③きれい，④小声，⑤若い女性に相応しい，⑥穏やか」と評価されており，1976年の札幌調査・1994〜95年の京都調査と同じような結果が得られました。このことから，いつの時代にあっても京都弁・

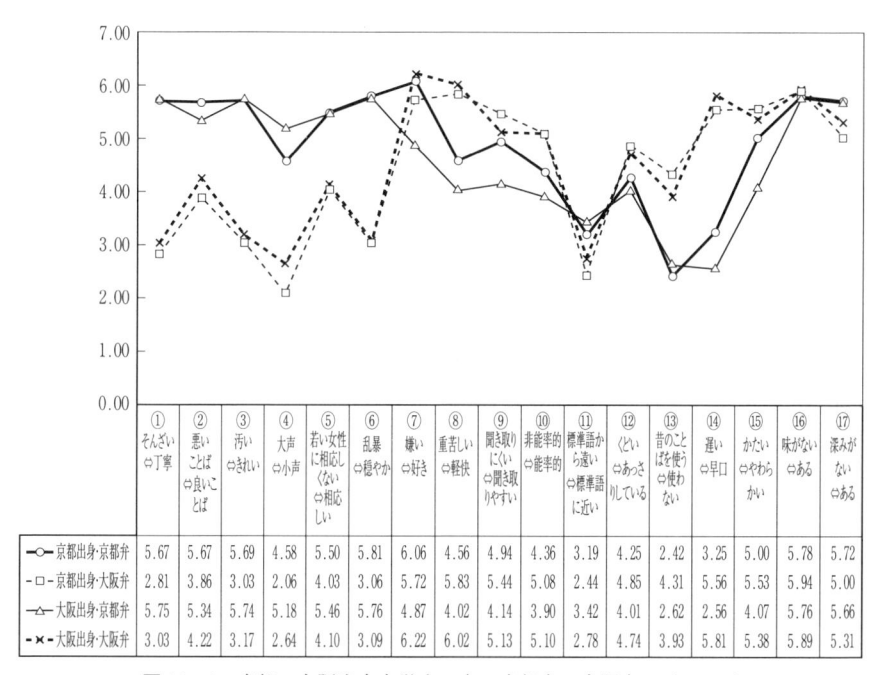

	①そんざい⇔丁寧	②悪いことば⇔良いことば	③汚い⇔きれい	④大声⇔小声	⑤若い女性に相応しくない⇔相応しい	⑥品暴⇔穏やか	⑦嫌い⇔好き	⑧重苦しい⇔軽快	⑨聞き取りにくい⇔聞き取りやすい	⑩非能率的⇔能率的	⑪標準語から遠い⇔標準語に近い	⑫〈どい⇔あっさりしている	⑬昔のことばを使う⇔使わない	⑭遅い⇔早口	⑮かたい⇔やわらかい	⑯味がない⇔ある	⑰深みがない⇔ある
京都出身・京都弁	5.67	5.67	5.69	4.58	5.50	5.81	6.06	4.56	4.94	4.36	3.19	4.25	2.42	3.25	5.00	5.78	5.72
京都出身・大阪弁	2.81	3.86	3.03	2.06	4.03	3.06	5.72	5.83	5.44	5.08	2.44	4.85	4.31	5.56	5.53	5.94	5.00
大阪出身・京都弁	5.75	5.34	5.74	5.18	5.46	5.76	4.87	4.02	4.14	3.90	3.42	4.01	2.62	2.56	4.07	5.76	5.66
大阪出身・大阪弁	3.03	4.22	3.17	2.64	4.10	3.09	6.22	6.02	5.13	5.10	2.78	4.74	3.93	5.81	5.38	5.89	5.31

図10-1 京都・大阪出身大学生のもつ京都弁・大阪弁のイメージ

大阪弁に対するイメージにはある典型性（ステレオタイプ）が備わっていると考えることができます。実際には京都弁話者が乱暴に話したり，大阪弁話者が丁寧に話したりすることもあるはずなのですが，人々の頭の中には京都弁や大阪弁に対する固定化されたイメージが共有されているのです。

② 「方言中心社会」としての関西

2.1 ことばの切り換えとその要因

地域方言と共通語の併存する現代社会においては，場面によることばの使い分けを日常的に行っている人が少なくないでしょう。方言と共通語を切り換える要因の代表的なものとしては，(a)会話の参加者の使用することば，(b)会話の参加者どうしの関係性，(c)会話の場所，といったものが考えられます（第6章参照）。

例えば，(a)に基づくことばの切り換えとしては，自分と同じ方言を話す人が話し相手であれば自分も方言を使用し，共通語のように自分とは異なる言語

第10章　現代関西方言　103

変種を話す人が話し相手であれば方言の使用が抑えられる，といったことがあります。また(b)に基づくことばの切り換えとして，目上の人や見知らぬ人，ふだんあまり接点のない人と話すときには共通語に切り換えるといったこともあるでしょう。これは上下関係や親疎関係に基づく切り換えです。さらには，(c)に基づくことばの切り換えとして，会話の場所が地元であるか，よその土地であるかによって，話し相手が同じであっても使用することばが切り換わる場合もあります。

2.2 関西人のことばの切り換え意識

言語編集部（1995）に，共通語と方言の切り換え意識についての大規模調査の報告があります。この調査では以下の場面1～4における言語使用について尋ねています（同調査では「場面5」として「全国放送のテレビインタビューに答えるとき」という場面がありますが，以下では割愛します）。

場面1 〈地元の方言を話す知人〉と《地元の道端》で話をするとき
場面2 〈共通語を話す見知らぬ人〉と《地元の道端》で話をするとき
場面3 《東京》で，〈共通語を話す見知らぬ人〉に道を尋ねるとき
場面4 〈地元の方言を話す知人〉と，《東京の電車の中》で話をするとき

この4場面は，〈話し相手のことば・話し手との関係性〉および《会話の場所》を変数とし，それぞれに2つの種類を設けることで4つの組み合わせを作っています。回答の選択肢は次の5つです。

A 共通語で話すようにつとめる（共通語で話す）
B 方言独特の言い方が出ないように気をつける
C 家にいるときよりは多少丁寧な方言で話す
D 家にいるときと同じ方言で話す
E できるだけ話さないようにする

佐藤（1997）は，この大規模調査の結果から，「方言主流社会」「共通語中心社会」といった地域社会の類型化を行いました。「方言主流社会」とは，方言と共通語の使い分け意識が明確で，地域共同体の内部では方言の使用が求められる，すなわち方言が存在意義を持っている社会のことです。一方「共通語中心社会」とは，方言と共通語の使い分け意識が曖昧で，日常生活における方言の価値が見いだしにくくなっている社会をいいます。

表 10-1　場面によることばの使い分け

場面	相手のことば・相手との関係性・場所			大阪	奈良	和歌山	京都
3	共通語	見知らぬ人	東京	C	C	B	A
2	共通語	見知らぬ人	地元	C	C	C	C
4	地元の方言	知人・友人	東京	D	D	D	D
1	地元の方言	知人・友人	地元	D	D	D	D

注：A 共通語，B 準共通語，C 丁寧方言，D 方言

出典：渋谷（1995），田原（2006）をもとに筆者が作表。

　さて，方言と共通語の使い分けという点から見て関西はどのような社会といえるでしょうか。上記調査票を用いて1994〜95年に京都市で行われた調査（渋谷 1995），および1998〜99年に大阪・奈良・和歌山の3府県で行われた調査（田原 2006）の結果は表10-1のようなものでした。

　表では，上記選択肢のうちAの回答を「共通語」，Bを「準共通語」，Cを「丁寧方言」，Dを「方言」とし，それぞれの場面においてもっとも割合の高かった回答を取り出して示しています。この結果から指摘できるのは，まず，大阪と奈良では丁寧方言（C）と方言（D）という方言体系内部でのことばの切り換えが行われているということです。すなわち，話し相手や会話の場所に基づく共通語への切り換えは行われておらず，いわゆる「どこへ行っても関西弁」の典型的なパターンがここにみとめられます。場面3における京都（A：共通語）と和歌山（B：準共通語）の結果は，地域共同体の外において，自分の属する共同体のメンバー以外の人と話す際にことばを切り換えることを示しています。ただ，いずれの地域も，会話の場所が地元の場合には方言（または丁寧方言）を使うという点で一致しています（場面1・場面2）。また，地域共同体の外に出た場合であっても会話の相手が共同体のメンバーであれば方言が選択される点も共通です（場面4）。田原（2006）は，関西各地のこのような状況をとらえて「方言中心社会」と名づけました。方言中心社会とは，日常生活の中で共通語を話すことを求められることがほとんどなく，方言体系内でのことばの使い分けが重視される社会のことです。関西は，方言と共通語を場面によって使い分けることが一般的な他の地域とは異なる特徴を持っているのです。

③　関西方言の変容

3.1　伝統方言形の衰退・消失

　さて，前節において関西が方言中心社会であるということを見ましたが，こ

れは，実際に使われていることばに変化が見られないことと同義ではありません。例えば音声の面においてはガ行鼻濁音と呼ばれる鼻音やセ・ゼの口蓋化したシェ・ジェ音の消失がありますし，「座布団」をダブトン，「うどん」をウロン，「ろうそく」をドーソクと言うようなザ行・ダ行・ラ行の混同現象も若い世代には見られなくなっています。また，二拍名詞のアクセントに関しては京阪式アクセントの特徴の1つである「拍内下降」という現象（第13章参照）が失われつつあることが平山編（1997）などで指摘されていますし，伝統方言語彙の多くが急速に失われていることも平山編（1997）に示されています。

3.2　ネオ方言の誕生

　伝統的な方言らしさが失われるという現象は全国で見られますが，多くの場合，それは標準語（共通語）へのシフトを意味しています。一方，関西では，標準語と方言の混ざり合った新しい方言（ネオ方言）の形成という方向へ変化しています。ネオ方言は，標準語形を受容するだけではなく，標準語形を方言形に引き戻すようなやり方で混交形を作り出しているところに特色があります。

　混交形の具体例を挙げましょう。関西の若い世代のあいだでは，「東京行くの，いつヤッケ」のように「（思い出せない）情報の検索」を表すのに〜ヤッケという表現が使われています。これはもともとの関西方言には存在せず，標準語（あるいは東京語）の「〜だっけ」という表現を方言らしく翻訳したものと考えられます。〜ヤッケの形成プロセスを図式化すると次のようになります。

（1）　　|標準語：方言| = |だ：ヤ|
　　　　|標準語：方言| = |〜だっけ：X|
　　　　X = 〜ヤッケ

このように，標準語と方言のコピュラ（名詞述語を作る助辞。「断定辞」ともいう）が「だ」とヤで対応することを踏まえたうえで「〜だっけ」に相当する表現として〜ヤッケを作り出しているのです。こうした語形の置き換えプロセスを「対応置換」といい，これによって作られた語形は「方言翻訳語」と呼ばれます。

　方言翻訳語は，地域方言の担い手である若い世代の方言志向を表しています。標準語という顕在的権威のある言語変種の語句や表現をそのままに受け入れるのではなく，自分たちの方言の枠組みに合うよう，対応置換という加工を施してから取り入れているのです。

現代の関西方言は、言語要素のレベルにおいては、方言翻訳語、伝統方言形、標準語形といった出自の異なる言語要素が混じり合っています。方言翻訳語の形成や標準語形の受容という変化がある一方で伝統方言形が保持され続けるというのは、変化の方向に一貫性がないように見えるかもしれません。しかし体系全体としては、標準語を参照しつつ自分たちらしい方言体系を作るという一定の方向に変化が進んでいるといえます。方言を志向しながらも伝統からも標準からも逸脱している新しい方言、これが現代の関西方言（ネオ方言）であるといえるでしょう（「ネオ方言」は、ことば全体の使い方を言い、「新方言」は個々の単語や文法現象（の変化）に着目します。似た現象は東北地方や沖縄県でも観察されています。第7章、第11章を参照してください）。

練習問題

1．テレビドラマやマンガに関西方言を操る登場人物が出てくることがあります。それぞれのキャラクター設定と関西方言使用にはどのような関連性があるでしょうか。金水敏『ヴァーチャル日本語　役割語の謎』、田中ゆかり『方言コスプレの時代』（ともに岩波書店）などを参考に考えてみましょう。
2．ことばの切り換え意識について。あなた自身は、本章で扱った4つの場面においてどのようにことばを切り換えるでしょうか。また、あなたの切り換え意識は、あなたの地元の人たちと共通しているものでしょうか。

読書案内

① 真田信治監修、岸江信介ほか編著（2009）『大阪のことば地図』和泉書院。
  ＊大阪府方言の音声、語彙、文法、定型表現について、臨地調査の結果を地図化し、それぞれの項目の解説を収めています。現代の大阪府方言の情況を言語地図から読み取ることができます。
② 陣内正敬・友定賢治編（2005）『関西方言の広がりとコミュニケーションの行方』和泉書院。
  ＊関西方言や関西的なコミュニケーションが全国的な広がりを見せていることを実証的に明らかにし、その背景にあるコミュニケーション行動の変化に踏み込んで論じています。本章で扱えなかった興味深い論考が収められています。

参考文献

井上史雄（1989）『言葉づかい新風景——敬語と方言』秋山書房。
言語編集部（1995）『変容する日本の方言』（『言語　別冊』24-12）大修館書店。
佐藤和之（1997）「共生する方言と共通語——地域社会が求めることばの使い分け行動」

『国文学 解釈と教材の研究』6月号。
渋谷勝己(1995)「心情とわきまえ意識の衝突するところ」『言語』24-12。
田原広史(2006)「近畿における方言と共通語の使い分け意識の特徴——方言中心社会の提唱」真田信治監修,中井精一ほか編『日本のフィールド言語学』桂書房。
平山輝男編(1997)『大阪府のことば』明治書院。

第11章 ウチナーヤマトゥグチ

中本　謙

この章で学ぶこと

　この章では，本来の琉球方言が衰退し，共通語化していく傾向にある中で，あらたに発生したウチナーヤマトゥグチ（沖縄大和口）とは，どのような言語なのかについて考察します。

　第1節では，本来の琉球方言の日本語における位置づけや区画について簡単に概観し，ウチナーヤマトゥグチ発生の背景や定義について見ていきます。第2節では，ウチナーヤマトゥグチの主な特徴について音声的側面，文法的側面，語彙的側面から見ていきます。その際，本来の沖縄方言の干渉によるものなのか，独自の発達によるものなのか等，多角的な視点をもって考察します。第3節では，琉球方言区画内において沖縄本島以外の地域では，どのような中間的言語変種が見られるのかについて簡単に見ていきます。ここでは，宮古島の例を取り上げます。

　最後にウチナーヤマトゥグチがどのような変化傾向にあるのかについても言及します。

キーワード

　琉球方言，共通語化，沖縄方言の干渉，中間的言語変種，音韻，文法，視点の移動，語彙，意味の推移

1　ウチナーヤマトゥグチとは

　日本語は，大きく本土方言と琉球方言に二分されます。日本語の一翼を担う大きな言語群である琉球方言は，図11-1のように区画されます。

　本土方言と琉球方言は，コミュニケーションがとれないほど，大きく異なっています。また北琉球に属する奄美方言，沖縄方言，南琉球に属する宮古方言，八重山方言，与那国方言の5つの区画間でも互いにコミュニケーションをとるのは難しいほどの違いがあります。ユネスコでは世界中の消滅危機言語を指定

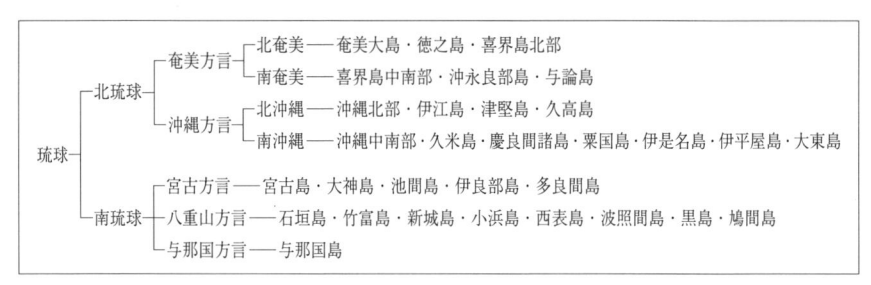

```
                ┌ 奄美方言 ┬ 北奄美 ── 奄美大島・徳之島・喜界島北部
        ┌ 北琉球 ┤         └ 南奄美 ── 喜界島中南部・沖永良部島・与論島
        │       └ 沖縄方言 ┬ 北沖縄 ── 沖縄北部・伊江島・津堅島・久高島
琉球 ──┤                 └ 南沖縄 ── 沖縄中南部・久米島・慶良間諸島・粟国島・伊是名島・伊平屋島・大東島
        │       ┌ 宮古方言 ── 宮古島・大神島・池間島・伊良部島・多良間島
        └ 南琉球 ┤ 八重山方言 ── 石垣島・竹富島・新城島・小浜島・西表島・波照間島・黒島・鳩間島
                └ 与那国方言 ── 与那国島
```

図11-1　琉球方言の区画

出典：中本（1981）。

しましたが，理解度を基準にして琉球地方の方言について，奄美語，沖縄語，国頭語，宮古語が「危険」，さらに八重山語，与那国語は「重大な危険」，つまり，絶滅寸前の状態にあると分類しました（第1章参照）。

　言語が滅びる，なくなる，死語になるというのは，話し手が別の言語とのバイリンガルになって，使う機会をなくすことでもあります。そのときに2つの言語が接触し，お互いに影響しあって，言語干渉を起こします。沖縄で現在観察される「沖縄大和口」はその典型例です。

　琉球王国は明治初年の「琉球処分」によって明治政府の支配に属し，すぐに日本語（国語）の教育が行われました。それから150年近く経ちました。

　琉球方言は，明治期以降の方言札（小中学校で方言を使用した生徒に木札をぶら下げさせるという罰則）等を用いた共通語化教育，交通，メディア等の発達によって衰退の一途を辿っています。現在，本土復帰（1972年）以降に生まれた世代の人々は，ほとんど本来の琉球方言を継承しておらず，代わりに沖縄本島では，ウチナーヤマトゥグチとよばれる沖縄式共通語が，日常的に幅広い層で使われています。

　ウチナーヤマトゥグチは，琉球方言と共通語の言語接触により，共通語化されていく中で生まれた中間的言語変種です。第8章で指摘された「気づかない方言」と「地域共通語」にあたるものですが，沖縄で特に目立ち，名前がついたのです。その特徴として，主に沖縄方言を共通語に直訳した表現形式が多く見られます。これは，沖縄方言話者が共通語でコミュニケーションを図ろうと志向する際に，母語である沖縄方言の表現形式が干渉してしまうということに起因します。また，共通語では言い表せない微妙なニュアンス等については，沖縄方言の語彙がそのままちりばめられて表現されています。

　他にも独自発達による意味の推移現象も見られます。例えば，「Tシャツ　ツ

ケテ イクサー」（Tシャツを着て行くよの意）のように，語彙的に共通語と形は同じでも違う意味用法で用いられる語が見られます。また，若い層では共通語と琉球方言を合成させた新語の使用などもよく見られます。例えば，共通語の「逃げる」に相当する語としてヒンギル（沖縄方言のヒンギーンと共通語の動詞語尾「る」の合成語）が用いられています。

それでは，具体的にウチナーヤマトゥグチの特徴について見ていきましょう。

② 音声的特徴

沖縄方言の大きな特徴として，共通語の「あ，い，う，え，お」段の音が「ア，イ，ウ，イ，ウ」段の音になるという5母音の3母音化現象が挙げられます（第12章参照）。例えば，アミ（雨），ウトゥ（音）のように共通語のエ段音はイ段音，共通語のオ段音はウ段音に対応します。しかしウチナーヤマトゥグチでは，共通語と同様に5母音となっており，3母音を基調とする沖縄方言の音声的特徴の多くは失われ，共通語に近い姿となっています。しかし，次のように元の沖縄方言の影響による特徴も見られます。

2.1 ダ行とラ行の混同

ダ行とラ行の混同が見られます。例えば，ロロ（泥），レイキア（デイケアー）のようにダ行音がラ行音で発音される語や，逆にダク（楽），ドーソク（ろうそく）のようにラ行音がダ行音で発音される語も見られます。本来の沖縄方言では，d音とr音の混同が多く見られます。例えば，沖縄中南部那覇方言では，音素（意味を区別する音）としてd音を持っていないため，ローグ（道具），ルル（泥），レー（台）のように，ダ行音はラ行音となります。また，沖縄中南部首里方言等では，ラ行音がダ行音に発音される傾向が見られます。

2.2 拗音と直音の混同

拗音と直音の混同も見られます。例えばカイサ（会社），ソーガツ（正月）のように拗音が直音となる語や，逆にシェンシェー（先生），チュクエ（机）のように直音が拗音に発音される語も見られます。このような混同も沖縄方言の音声的特徴による影響であると考えられます。

2.3 一音節語の長音化

「テー（手）ガ イタイ」のように一音節語は長音化されます。他にもメー（目），キー（木），ハー（歯）のような例が見られます。沖縄方言では，ティー（手），ミー（目）のように共通語の一音節語は，ほとんどが長音で発音されており，琉球方言の大きな音声的特徴の1つとして挙げられます。

③ 文法・表現の特徴

3.1 ミレ（見ろ），シレ（しろ）

琉球方言では，不規則活用の動詞と一段活用の動詞においてラ行四段活用化の傾向が見られます。例えば，沖縄方言では，「着る」がチユン（終止形），チラン（否定形），チリ（命令形）のようになります（沖縄方言では「き」の音はチに対応）。この干渉をうけてウチナーヤマトゥグチでは，命令形がウケレ（受けろ），ニゲレ（逃げろ），シレ（しろ）のように現れます。

　例　ツクエ ヨセレ。（机をよせろ）

3.2 ～ヨッタ

ウチナーヤマトゥグチでは，話し手自身が見た行為を聞き手に伝える表現としてノミヨッタ（飲み＋居り＋た／飲んでいた）のような形がよく用いられます。第7章新方言の「ケ」の用法と似ています。これは，意味的には，沖縄方言のヌムタンに相当するものです。沖縄方言の動詞終止形は，例えばユムン（読む／終止形）であれば，「jomi 読み＋wori 居り＋N」（Nについては，推量の助動詞「む」説，「も説」，または「もの」説があります）のように「動詞連用形＋居り＋N」から成立したとされています。ウチナーヤマトゥグチの～ヨッタは，琉球方言の動詞の構成要素となっている「居り」が潜在意識にあり，それが干渉していると考えられます。「居り」が結合しているという点で，語構成は，西日本方言の進行中を表すショル（している）にも通じると考えられます（第5章，第17章参照）。

　例　オカー，カツヤー（名前）ガ　ジュースノミヨッタ。（「飲んだ」のを確認した）
　　　　オトーサンガ　デカケヨッタヨ。（「出かけた」のを確認した）

3.3 カラ

共通語で手段を表す「〜で」に相当する用法として、ウチナーヤマトゥグチでは、カラが用いられることがあります。

例　A：オマエ ナニカラ イク。（お前何で行く）
　　B：タクシーカラ イク。（タクシーで行く）

この用法は沖縄方言のクルマカラ チャン（車で来た）の用法の干渉によるものです。

また、ミギカラ マガッテ（右にの意）のように共通語の「〜に」に相当する意味で用いられることもあります。このようにカラの意味領域は、共通語に比べ、広いと言えます。

3.4 ガハ [gawa]

共通語では、「お前+が（格助詞）」を「は、も」でとりたてると、「お前はできる」「お前もできる」のように格助詞「が」は消えます。ウチナーヤマトゥグチでは、オマエガハ、オマエガモのように格助詞ガ+ハ、格助詞ガ+モの形が用いられます。

例　オレニハ デキナイケド、オマエガハ デキルヨ。（俺にはできないけど、お前はできるよ）
　　オマエガモ デキルヨ。（お前もできるよ「お前でもできるよ」の意に近い）

この用法は、沖縄方言のヤーガー ナラン〈ガーは、ガ（が）+ヤ（は）の音変化〉（お前がはできない）、ヤーガン ナイン〈ガンはガ（が）+ム（も）からの音変化〉（お前がもできる）、の干渉を受けた現象です。

3.5 視点の移動

ウチナーヤマトゥグチでは、次のように表現における視点の移動が見られます（第19章参照）。

例　ネーネーガ アゲヨッタ。（姉がくれた）
　　セートニ ナラワセタ。（生徒に教えた）
　　アシタ コヨーネ。（明日行くね）

これらは，相手に視点を移した表現形式で沖縄方言の表現方法を受け継いだものです。

例えば，沖縄方言では，「お菓子をあげる」と言うとき，相手に視点を移し，クヮーシ トゥラスン（菓子を取らせる）という表現をします。トゥラスンは，トゥイン（取る）の使役の形で，未然形トゥラに使役の助動詞スンがついたものです。時代劇の日本語と似ています。

また，ウチナーヤマトゥグチで「教えた」をナラワセタと表現するように，本来沖縄方言には，「教える」に対応する語はありません。「教える」は，ナラーユンの未然形ナラワに使役の助動詞スンがついたナラースン（習わせる，教えるの意）で表します。

3.6 〜シヨーネ，シマショーネ

ウチナーヤマトゥグチでは，これから自分がする行為を相手に伝えるのに「〜する，〜します」を用いずに〜シヨーネ，〜シマショーネの表現形式が使われます。

　例　モー，カエローネ。（もう帰るね）
　　　モー，タベマショーネ。（もう食べますね）

この表現は，沖縄方言ナー（もう）カマ（食べよう）イー（ね，念押し），ナー（もう）ケーラ（帰ろう）イー（ね，念押し）の直訳形式です。

3.7 ハズ

共通語では，ほぼ確定的で可能性が非常に高い推量の表現として「はず」が用いられます。例えば，「仲村さんは来るはずよ」と言えば，よほどの事情がないかぎり，来るという意味になります。しかしウチナーヤマトゥグチのクルハズは，「たぶん来るかもしれない」くらいの根拠のない可能性の低い推量の意味でも使われます。

　例　カワバタサンガ スル ハズヨ。（「川端さんがすると思う」くらいの意）。
　　　アスハ アメダ ハズ。（「雨だと思う」くらいの意）

この用法は，沖縄方言のハジ（はず）の干渉をうけた用法です。沖縄方言でもイチュル ハジ（たぶん行くだろう）の意となります。

他にも共通語で羨ましいときに用いる「いいなあ！」の意味に相当する用法

としてイイ ハズ！ が使われています。

3.8 ～キレル・～キレナイ

「～きれる」は，共通語で「～し通すことができる」「完全に～することができる」の意味で用いられます。ウチナーヤマトゥグチでも「～きれる・～きれない」は，共通語と同様の意味で用いられますが，可能表現のうち能力可能においても用いられます（第18章参照）。九州方言と似ています。

例　ヒトリデ イキキレルヨ。（1人で行けるよ）
　　ヒトリデハ イキキレン。（1人では行けない）
　　アサロクジナラ オキキレルヨ。（朝6時なら起きられるよ）
　　アサゴジダト オキキレン。（朝5時だと起きられない）

④　語　彙

ウチナーヤマトゥグチでは，語彙的に共通語と形は同じでも，違う意味で用いられる語や，独自の造語による新語等が見られます。

4.1　代名詞

① 沖縄方言形をほぼそのまま使用

ワン，ワー（私），ワッター（私たち），ヤー（お前）

元の沖縄方言で，「お前」は ʾヤー ［ʔjaː］のように声門閉鎖音（喉が詰まる音）で用いられますが，若い世代ではこの音の区別は失われています。

② 沖縄方言に類推した造語

ヤッター（お前達／沖縄方言ではイッター）

その他に1人称では，目上の人に対して比較的「自分」が多く使用されます。若い世代の女性ではマイハ〜チアキハ〜のように名前を用いる人も多くいます。また少数派になりますが，ウチ（私），アンタ（あなた，お前）を用いる人もいます。これらは，西日本方言の影響だと考えられます。

4.2　名詞
① 沖縄方言形をほぼそのまま使用

ゴーヤー（苦瓜），チャンプルー（料理名），イナグ（女性，女），ウミンチュ（漁師），カタブイ（片降り，片方では晴れ，もう片方では雨が降ること），ウーマクー（腕白）

② 形は共通語と同じだが意味が異なる語

難儀（ナンギ）（面倒くさい，疲れること），ヒザマズキ（正座），アザ（ホクロ）

その他，「熱発（ネッパツ）」（発熱）のように西日本方言の影響だと考えられる語も見られます。

また親族を表す語では，オジー（祖父），オバー（祖母），オトー（父），オカー（母）のように共通語から借用し接尾辞をつけない形式が見られます。またニーニー（兄），ネーネー（姉）のような畳語形式も見られます。

4.3　連体詞
ウチナーヤマトゥグチでは，連体詞の「去る」がサッタという形で用いられます。例えば，サッタ　ゴガツノ　テイレイカイギデハ〜（去る5月の定例会議では〜）のように公の挨拶でよく見られますが，公式文書などでも見られます。これは，沖縄方言のンジャル（去る）を直訳したものです。また，ウチナーヤマトゥグチでは「来る」を「きたる」ではなく，クルと発音されることが多くあります。

　例　サッタ　ドヨービ。（去る土曜日）
　　　クル　ジューイチガツノ　センキョ。（来る11月の選挙）

4.4　動詞
① 沖縄方言と共通語の合成語（／は沖縄方言）

本来の沖縄方言に共通語を合成した形が見られます。例えば，ヒンギル（逃げる）は，沖縄方言のヒンギーン（逃げる）と共通語の動詞語尾「る」の合成によるものです。

　例　ニリル（飽きる，嫌になる／ニリーン），ユクル（一服する／ユクイン），

シカス（おだてる，ナンパの意に用いられることもある／シカスン），シカム（驚く／シカムン），ヤマス（傷める／ヤマスン）

② 形は共通語と同じだが意味用法が異なる語
・ツケル
ウチナーヤマトゥグチのツケルは共通語の「着ける」に比べ意味の領域が広く，次のように衣服等を身につける表現として多く用いられます。英語のwearと似た用法です。

　例　ズボン，スカートヲ ツケル（ズボン，スカートをはく），ネクタイヲ ツケル（ネクタイをしめる），フクヲ ツケル（服を着る），ベルトヲ ツケル（ベルトをする），メガネヲ ツケル（眼鏡をかける）

・アルク
共通語の「歩行する」の意味の他に「～して暮らす」という意味で用いられます。

　例　ウミ アルイテル（漁業に従事している），ガッコウ アルイテル（学生である）

その他にも次のように共通語と意味がずれている語が見られます。

　例　カタイコーヒー（濃いコーヒー），カサヲ カブル（傘をさす），トケイガ ヤブレテシマッタ（時計が壊れてしまった），カミヲ コボス（紙をまきちらす），コタエガ アタッテイル（答えが合っている）

4.5　形容詞
① 沖縄方言と共通語の合成語
動詞と同様に本来の沖縄方言に共通語を合成した形が見られます。例えば，チムイは沖縄方言のチムグリサン（かわいそう）のチムに共通語の形容詞語尾「い」を合成してできた語です。

　例　ハゴイ（汚い／ハゴーサン），アファイ（味が薄い／アファサン）

② 形は共通語と同じだが意味用法が異なる語

　形容詞においても，形は同じですが意味用法が異なっている語が見られます。例えば，共通語で「ひもじい」は，「食べるものがなく飢える様子」を表しますが，ウチナーヤマトゥグチのヒモジーは，「お腹がすいた」の意で用いられます。

③ 他方言の影響だと考えられる語

　西日本方言の影響だと考えられますが，「濃い」がコユイと発音されます。その他，「赤い」「青い」と同じように広い世代で桃色をピンクイと表す例が見られますが，共通語に類推した新語であると考えられます。

4.6　副詞

① 沖縄方言形をほぼそのまま使用

　例　カンナズ・カンナジ（必ず），シタタカ（ものすごく，はなはだ），チャー（いつも，つねに），デージ（大変，とても），ワジワジー（いらいら），ムチャムチャ（べとべと，ねばねば）

② 形は共通語と同じだが意味用法が異なる語

　共通語で「やがて」は，「まもなく，そのうちに」の意味で用いられますが，ウチナーヤマトゥグチのヤガテは「危うく，もう少しで」の意味で用いられます。

　例　ヤガテ　コロブ　トコロダッタ。（危うく転ぶところだった）

5　琉球で見られる各地の方言の干渉を受けた共通語

　ウチナーヤマトゥグチは，沖縄本島中南部を中心に話されていることばです。琉球方言に奄美方言・沖縄方言・宮古方言・八重山方言・与那国方言という方言区画があるように，それぞれの地域で本来の方言の干渉を受けた共通語も異なります。例えば，奄美では「トン普通語」と称される方言の干渉を受けた共通語が話されています（第8章，鹿児島の「からいも普通語」も参照）。

　宮古や八重山諸島で話されている方言の干渉を受けた共通語には，これといった名称は付されていませんが，ここでは，宮古島で話されている共通語の

主だった特徴をいくつか取り上げます。

　まず音声的特徴として，気息の強さが目立ちます。また［fu̥ta］（蓋）のように共通語の「ふ」の音を［fu］（唇歯摩擦音）のように発音することがあります。これは，宮古方言の干渉によるものです。

　文法的特徴としては，ウミニガ　イク（海に行く）のように共通語にはない助詞の用法が見られます。このガが，強調を表し，用法的には宮古方言の係助詞ドゥ（ぞ）に相当するものです。また〜ベキのように共通語と形は同じだが意味用法が異なる例も見られます。共通語では「〜べき」は「〜しなければならない」という義務の意味で用いられますが，「〜するつもり」くらいの意味で使われます。

　　例　アシタノ　ヤスミハ　ドースルベキカ。（明日の休みはどうするの）

　〜ベキは，宮古方言のガマタ，グムタに相当するものです。

　現在，ウチナーヤマトゥグチも時代の流れとともに，より共通語に近づいていくという変化傾向にあります。例えば，文法でいうとバスカラ　イク（バスで行く）のような手段を表す「から」の用法は，若い世代では，次第に使われなくなっています。また語彙においてもトケイガ　ヤブレタ（時計が壊れた），カタイコーヒー（濃いコーヒー）のような用法は，あまり使われなくなっています。

　これまで見てきたようにウチナーヤマトゥグチは，主に琉球方言の干渉と深く関わっています。そこには本来，琉球で育まれてきた独特な表現等が含まれています。つまり，琉球方言が継承されずに失われつつある中で，少なくとも根の部分である表現等は世代を通じて受け継がれているとも言えるのです。

　この章で取り上げたウチナーヤマトゥグチの特徴は，主に野原・内間・中本・田名（2014）を参考にしています。

練習問題

次のウチナーヤマトゥグチを共通語に直してみましょう。

　（1）　オバーハ　バスカラ　カエッタ　ハズ。
　（2）　イモートニ　シュクダイ　ナラワセタ。

読書案内

① 大城朋子他（2007）『日本語バイリンガルへのパスポート――沖縄で日本語教師をめざすあなたへ』沖縄国際大学日本語教育教材開発研究会。
　＊ウチナーヤマトゥグチのテキスト。沖縄本島中南部の若い世代で話されていることばが中心に取り上げられており，具体例も豊富に示されています。

② 高江洲頼子（1994）「ウチナーヤマトゥグチ――その音声，文法，語彙について」『沖縄言語研究センター研究報告3　那覇の方言』沖縄言語研究センター。
　＊ウチナーヤマトゥグチの音声，文法，語彙の特徴が具体例とともに豊富に示されています。

③ 永田高志（1996）『地域語の生態シリーズ　琉球篇　琉球で生まれた共通語』おうふう。
　＊奄美から与那国に至るまで，琉球列島で話されている共通語が体系的に示されています。また社会言語学的な分析もなされています。

参考文献

内間直仁・野原三義（2006）『沖縄語辞典――那覇方言を中心に』沖縄タイムス。
内間直仁（2011）『琉球方言とウチ・ソト意識』研究社。
国立国語研究所編（1976）『沖縄語辞典』大蔵省印刷局。
かりまたしげひさ（2008）「トン普通語・ウチナーヤマトゥグチはクレオールか――琉球・クレオール日本語研究のために」『南島文化』第30号，沖縄国際大学南島文化研究所。
ダニエル・ロング（2010）「言語接触から見た琉球ウチナーヤマトゥグチの分類」『人文学報（日本語教育学編）』第428号。
中本謙（2011）「琉球の伝統的言語文化を踏まえた音声教育の提案」『「沖縄発伝統的な言語文化」の学びの創造』琉球大学「ことばと文化の学び」研究会。
中本正智（1981）『図説琉球語辞典』金鶏社。
野原三義（2005）『うちなあぐちへの招待』沖縄タイムス社。
野原三義・内間直仁・中本謙・田名祐治（2014）『高校生のための「郷土のことば」――沖縄県（琉球）の方言』沖縄県教育委員会。
本永守靖（1994）『琉球圏生活語の研究』春秋社。
屋比久浩（1987）「ウチナーヤマトゥグチとヤマトゥウチナーグチ」『国文学解釈と鑑賞』第52巻7号。

第 III 部
日本語方言の音声・音韻

福島のお菓子（新方言「〜っちぃ」使用）

第12章 方言の音声・音韻

大野眞男

--- この章で学ぶこと ---

　この章では，現代日本語方言における音声・音韻のバリエーションについて，その地理的分布や日本語史の中での位置づけの観点から概説します。第1節では母音体系の多様性を取り上げます。①本土方言の母音体系概説のあと，②中舌母音（俗にズーズー弁と呼ばれる），③連母音の融合により生じる新たな母音，④日本語の中でも特異な琉球方言の母音体系について取り上げます。第2節では子音体系の問題を中心に，①古音の残存として四つ仮名（ジ・ヂ・ズ・ヅ）の音声上の対立，ファ行音，合拗音を，②新たな変化の結果としてもたらされた濁音化をめぐる問題，③そして音節構成上の特色としてモーラ意識が薄弱な非拍方言を取り上げます。

キーワード

　ズーズー弁（中舌母音），連母音の融合，琉球方言の母音体系，四つ仮名，ファ行音（p音），濁音化，鼻濁音，非拍方言

1　方言の母音について

　言語音は，大きく母音と子音に分けられます。声帯を使って音節を形成する音が母音で，その前後に使われるのが子音です。中間的性格を持つ音が半母音です。世界の諸言語で母音と子音の数はさまざまです。日本語の5母音は世界の言語の中では多数派です。子音が十数個というのは少ないほうです。また子音と母音が結びついて作られる開音節（母音終わりの音節）が多く，子音で終わる音節が少ないので，音節構造は単純といえます。この基本的性格は（一部の方言を除き）ほぼすべての日本語方言にあてはまります。

1.1　本土方言の母音体系

　共通語の母音がアイウエオの5母音であることは五十音図にもよく反映されていますが，諸方言において5母音体系は必ずしも一般的ではありません。歴史的に種々の音変化が生じた結果，共通語とは異なる母音体系が観察されます。

　図12-1に示すように，本土には4母音から8母音までさまざまな方言があります。

　諸方言の多様性を論じる前に，共通語の直接の母体となっている東京方言の母音体系の特徴について触れておきましょう。東京方言は5母音ですが，国際音声記号（International Phonetic Alphabet 以下，略して IPA）により表記する際には，ウ母音は唇を丸める英語のような円唇の［u］ではなく，平唇の［ɯ］となっています。一般に西日本のウ母音が円唇性を持つのに対し，東日本では平唇であるといわれています。

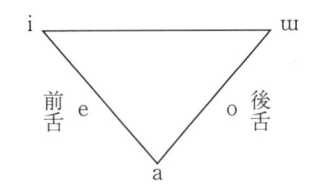

```
        i                ɯ
      前                後
      舌  e          o  舌
              a
```

　なお，言語音を論じる際に心理的な音韻レベルと物理的な音声レベルを分けるのが一般的であり，日本語のウ段母音/u/は，［u］として実現される方言と［ɯ］として実現される方言があるということになりますが，本章では方言音声に見られる多様性を記述するために音声レベルを中心として説明することとします。音声レベルの違いは，ふつうの仮名づかいで書き表すことが困難です。

1.2　中舌母音（ズーズー弁）

　いわゆるズーズー弁と呼ばれる発音の訛りが東北方言に存在することは古くから知られており，その正体は中舌母音です。中舌母音は，前舌（発音時に舌の前の方が真上の硬口蓋に向けて盛り上がる）でも後舌（発音時に舌の後ろの方が後ろ寄りの軟口蓋に向けて盛り上がる）でもなく，両者の間に位置づいており，やや不明瞭な聴覚印象を持つ母音です。IPA では母音字母の上に［¨］の補助記号を付して中舌母音であることを表し，例えばイに近い中舌母音であれば［ï］，ウに近い中舌母音であれば［ü］のように表記します。

　東北方言全般においてイ段音・ウ段音は中舌母音であり，関東東部方言においてもその傾向が認められます。また，西にはるか離れた北陸方言や出雲方言

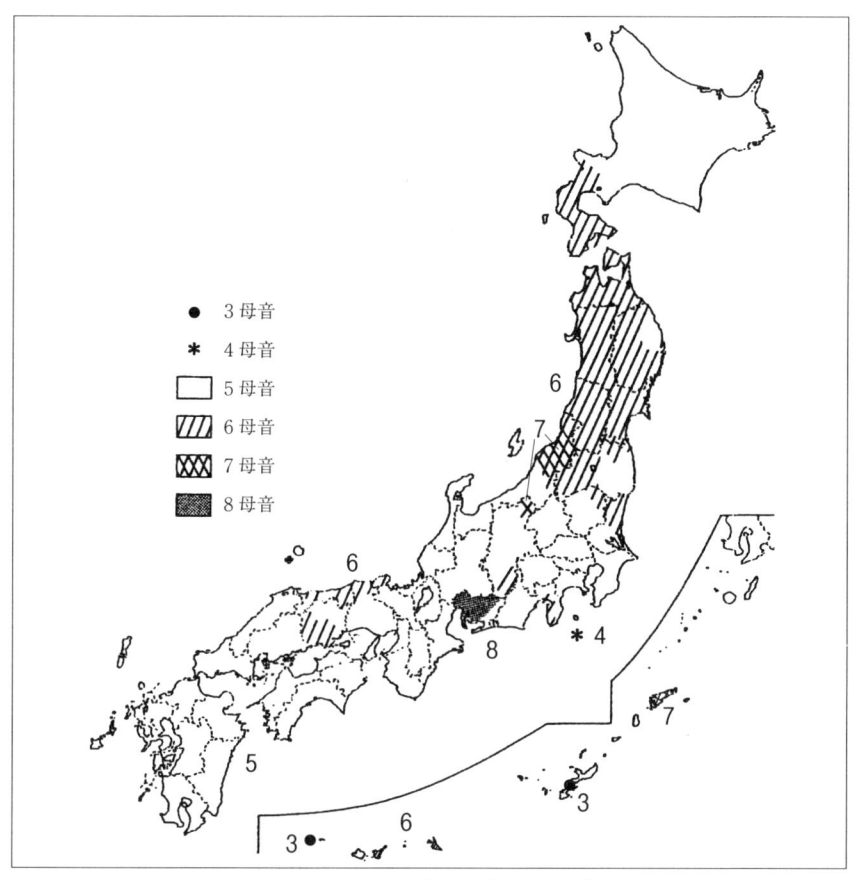

図 12-1　本土・琉球方言の母音の数

出典：井上史雄提供。

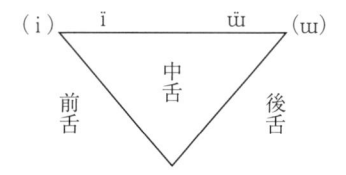

```
(i) ─── ï ─── ü̵ ─── (ɯ)
    前         中        後
    舌         舌        舌
```

においてもまったく同様の中舌母音を聞くことができます。このような中舌母音方言においては，[Ci] と [Cü̵] の調音位置が近接したため（C は consonant すなわち子音の略），シ・ジ・チとス・ズ・ツに対応する音節の対立が解消され，[Ci] もしくは [Cü̵] のどちらかの発音となっています。東北

第12章　方言の音声・音韻　125

地方の太平洋側では一般的に［Cü］に統合される方言が多く，盛岡市方言の例を挙げれば，［sɯ̈sɯ̈］（寿司・煤），［tsɯ̈˔dzɯ̈］（地図・知事），［tsɯ̈dzɯ̈］（土・父）のような発音となります。東北地方の日本海側，出雲方言，北陸方言では［Ci̇］に統合されている方言が多いようです。ただし，関東東部方言および岩手県沿岸部方言においては，［si̇・dzi̇・tsi̇］と［sü・dzü・tsü］の対立をとどめています。

このような東北方言などの中舌母音の歴史的性格については，古代音にさかのぼる古い音だとする解釈（有坂 1944 等）と，次項で述べる連母音の融合と連動して生じた新しい音だとする解釈（井上 1980, 2000）が存在します。

1.3　連母音の融合による新たな母音

音変化によって仮名づかいと発音の間にずれが生じることは一般的なことです。例えば，「えいご（英語）」「せんせい（先生）」を，［eigo］［seɴsei］のようにエイ［ei］という連母音により発音する方言は九州や四国の一部に限られ，東京方言を含めて多くの方言では［e:］のように連母音は融合して長音化しています。

これと同様にアイ・アエの連母音も，年代の確定は難しいものの，少なくとも近代語時点ではエ段音へと融合していくことが日本語史の中で認められます。東北地方や北関東地域の多くの方言では，例えばアケァー［akɛ:〜akæ:］（赤い）のように，［ai］は［ɛ:］もしくは［æ:］のように融合し，長音化して新たに広いエ段音を生成しており，従来的なやや狭めのエ段音と対立しています。東北方言の母音体系は以下に示すとおり，前舌系列に新たな母音を加えて，6母音体系となっています。これは音韻レベルの違いですから，話し手も意識することが多く，方言集や昔話の文字起こしでも「えぁ」のような書き方をして区別しようとします。

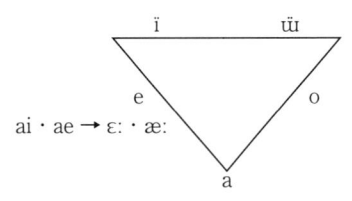

```
                ɪ           ɯ̈
                   e           o
        ai・ae → ɛ:・æ:
                       a
```

前舌の周辺に［ɪ（関東方言ではi）〜e〜ɛ（æ）〜a］と4段階の開度が存在する状況は，3母音状況よりも母音間の音韻空間が短く，やや窮屈な状況となっていることが想定されます。南関東方言ではアケー［ake:］（赤い）

のように発音し，融合母音が従来のエ段と対立せずに普通の［e］母音となっているのは，4母音の窮屈な状況を嫌ったため，いったんは広いエ段と狭いエ段が対立したものが後に統合したか，あるいは直接狭いエ段音に統合したものと考えられます。また，山陽地方の広島・山口方言でアカー［aka:］（赤い）のように発音することも，広いエ段音がア段音に統合することでエ段が2つ存在する前舌系列の緊張状態を回避したものと推定されます。そのほか，アケア［akɛæ］のような融合途上の段階の音相も名古屋方言などに観察されます。

　日本語史上，後舌系列でも同様のことが起こっていたことは，今から400年前のキリシタン資料の表記を通じてよく知られています。当時の日本語のオ段音表記には開音と合音の2種類があり，開音はキリシタン資料のローマ字表記ではôと表記され，アウ・アオなどの連母音が融合した広いオ段音［ɔ:］を表していました。また，合音はôと表記され，オウなどの連母音が融合した狭いオ段音［o:］を表していました。中央語の歴史の中でこれらの広狭オ段音の対立は長続きせず，ほどなく1つのオ段に収束していきましたが，新潟県中部方言や長野県北部の秋山方言にはこの開合の対立が保存されており，後方系列に［u〜o〜ɔ〜a］のように4段階の開度が存在します。例えば秋山方言では，トァージ［tɔ:ʥi］（湯治）とトージ［to:ʥi］（冬至）が対立しており，以下のような7母音体系となっています（馬瀬 1982による）。

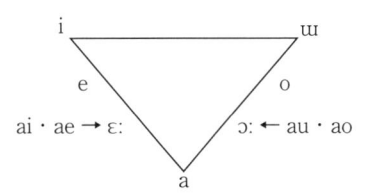

```
        i              ɯ
          e        o
  ai・ae → ɛ:    ɔ: ← au・ao
              a
```

　後方系列は前方系列よりも，あごの開き方から見て音韻空間自体が短いこともあり，このような状況はかなり窮屈な状況となっていることが想定されます。また，上記以外の新潟県方言・佐渡方言，南方に転じて九州方言・琉球方言においては，開音相当のオ段音が［o:］であるのに対して，合音相当のオ段音は［u:］となる傾向があります。一方，山陰方言・関東周辺部方言・三河方言などで，かつての開音が［a:］となる傾向があることも，後方系列における4段階の開度がもたらす緊張状態を回避する力学が存在したことをうかがわせます。

1.4　琉球方言の母音体系

　琉球方言は日本語諸方言中で中央語との空間的距離・歴史的距離がもっとも

大きく，本土諸方言よりもさらに大きな音変化をこうむっています。上記で論じた中舌母音および連母音の融合は琉球方言においても認められますが，それ以外にエ段・オ段の半広母音の狭（高）母音化が多様に生起しています。その結果，母音体系から見て奄美・沖縄・宮古・八重山・与那国方言の5区分が形成されています。基本的な母音の対応状況について，各方言の中心地（名瀬・首里・平良・石垣・与那国）の語例を中本（1976）を参考にして示すと以下のとおりです。

母音	語例	名瀬	首里	平良	石垣	与那国
i	虫（む<u>し</u>）	muʃi	muʃi	musï	musï	mutʃi
e	豆（ま<u>め</u>）	mamï	ma:mi	mami	mami	mami
a	山（<u>や</u>ま）	jama	jama	jama	jama	dama
o	雲（く<u>も</u>）	k'umu	kumu	fumu	ɸumu	mmu
u	釘（<u>く</u>ぎ）	k'ugi	kudʑi	fugï	ɸuɴ	kugi

琉球方言全域を通じてア段音およびウ段音については，先行する子音はさまざまに変異するものの，母音自体には変異は見られません。しかし，イ段音・エ段音・オ段音については，以下のような歴史的変化があったことが想定されます。「3母音化」と呼ばれます。仮名づかいでは，種類が少なくなるだけですから，書き表すことができます。ただし，新しく融合変化で生じたエ段やオ段などを含めて，地域によってはもっと多くの母音があります。

```
         北琉球方言の場合              南琉球方言の場合
           名瀬      首里              平良・石垣    与那国
         Ci  =  Ci  =  Ci            Ci  →  Cï
         Ce  →  Cï                   Ce  →  Ci  =  Ci
         Ca  =  Ca  =  Ca            Ca  =  Ca  =  Ca
         Co                          Co
         Cu  =  Cu  =  Cu            Cu  =  Cu  =  Cu
```

上記の説明は，本土方言と同様の5母音体系を琉球方言の祖体系として想定した説明ですが，上代特殊仮名づかいにおける甲類音・乙類音の対立と中舌母音を関連させる考え方（小泉1998等）も一方で存在します（序章参照）。

② 方言の子音，音節について

2.1 古音の残存

　方言音声に古い時代の音声の残存が観察されることがしばしばあります。国語史で「四つ仮名」といえば「じ・ぢ・ず・づ」の仮名づかいの区別を指し，室町時代のキリシタン資料の中では ji（じ）・gi（ぢ）・zu（ず）・zzu（づ）のように明確に書き分けられていますが，その背景にあった音声の対立は中央語においては近世初期に失われてしまったことが仮名づかい書『蜆縮涼鼓集（けんしゅくりょうこしゅう）』（1795年）などによって知られています。そのような歴史的な音声の対立が，四国の高知方言，九州の鹿児島・宮崎方言に残されています。高知方言の例を挙げれば，

　　富士（ふじ）[ɸuʒi]　／　藤（ふぢ）[ɸũdʑi]
　　硯（すずり）[suzuri]　／　鼓（つづみ）[tsũdzumi]

のように，「じ・ず」は摩擦音として，「ぢ・づ」は前鼻音［˜］を伴う破擦音として実現されています。また，大分方言においては，「じ・ぢ」の対立は失われましたが，「ず・づ」の対立をとどめる「三つ仮名」状態が見られました。

　同様に古い日本語の発音が残されているといわれているものに，ハ行子音があります。キリシタン資料では，ハ行音は fana（花）・fito（人）・fumi（文）・feiqe（平家）・foxxi（欲し）のように表記され，音声的にはファ行の音であったことが知られています。また，後奈良院撰『何曽（なぞ）』（1516年）というなぞなぞ集にも「ははには二たびあひたれどもちちには一たびもあはず　（答え）くちびる」とあることからも，当時のハ行音が唇を接近させる音であったことがわかります。このような古い時代の摩擦音が，東北方言や出雲方言をはじめ各地の方言で観察されます。北奥羽方言の例を示すと，

　　[ɸaeʃa]（歯医者），[ɸɛgɯ̈ʃo]（百姓），[ɸït͡sïdʑi]（羊）

のように発音されます。なお，国語史を古代に遡るとハ行子音は p に近い音であったことが知られていますが，琉球諸方言においてもハ行を p 音で発音する方言がところどころに見られます。南琉球方言を例に挙げると，

　　[pˢitu]（人），[pira]（へら），[pana]（花），[puni]（骨）

第12章　方言の音声・音韻

のように発音されます。このような琉球方言のパ行音については，古代音の残存とする考え方（伊波 1907 等）が定説化していますが，摩擦音からの新たな変化であるとする見方（中本 2011 等）も一方で存在します。

　日本語史で合拗音と呼ばれる音も現代共通語で失われてしまった音の1つです。漢語に使われる漢字の古い読み方を中心に使われていた音でした。キリシタン資料にも Quanbacu（関白），Guaicocu（外国）のように表記され，中世期までは一般的な発音でしたが，江戸語では失われてしまった結果，近代以降方言的な色彩を帯びるにいたった発音です。現代諸方言でも各地で観察され，[kwaʃi]（菓子），[gwantaŋ]（元旦）のような漢語ばかりでなく，東北方言や九州方言などでは [kwanoki]（桑の木），[kwanɛ]（食わない）のような和語にまで拡大して用いています。もともと旧仮名づかいは平安時代の発音をもとにしてできたものですから，以上の古音の残存は仮名で「くゎ・ぐゎ」のように十分に書き表せます。

2.2 新たな変化

　古音が方言音声に残存する一方で，新たな変化が生じた結果が諸方言の子音体系に反映している場合も多く存在します。このような現象は枚挙にいとまありませんが，本章では，語中における無声閉鎖・破擦音の有声化と有声閉鎖・破擦音の鼻音化について取り上げましょう。

　語中における無声閉鎖・破擦音の有声化とは，東北方言におけるカ行・タ行の濁音化と一般的に呼ばれており，[nego]（猫）・[odogo]（男）・[todʑi]（土地）のように発音される現象です。このような有声化は，東北地方以外にも本土方言では東関東方言・北陸方言・鹿児島方言の一部等にも観察されます。

　東北方言では上記の現象と並行して，語中における有声閉鎖・破擦音が鼻音化する現象が存在します。これは室町時代にキリシタンの宣教師が京都の標準的発音として記したものと同じです。ダ行・ザ行・バ行においては [maⁿdo]（窓）・[kaⁿdze]（風）・[naⁿbe]（鍋）のように前鼻音（入りわたり鼻音）を伴い，ガ行においては東京方言（古い世代）と同様の [kaŋami] のようないわゆる鼻濁音で発音されます。なお，このような鼻濁音 [ŋ] は，本土方言では東北・中部・近畿などで観察されます。また，[kaⁿgami] のように前鼻音を伴う [ⁿg] の発音も四国の高知から徳島にかけて，新潟北部から山形にかけての方言に観察されます。

　したがって，東北地方の多くの方言では，「糸」が [edo] となっても「井

戸」は[eˀdo]であり，「柿」が[kagi]となっても「鍵」は[kaŋi]であり，両者は統合をまぬがれています。東北方言におけるこの2つの現象の相関については，井上（1968，1980，1994，2000）に歴史的考察が加えられています。

なお，類似の傾向は日本語の最西端に位置する南琉球与那国島でも観察されます。中本（1976）によれば，カ行音に対応する語の中で，[sagi]（酒）・[agiruɴ]（開ける）・[kaguɴ]（書く）・[hadaga]（裸）・[naga]（仲）・[kuguru]（心）のように[g]に対応して発音されるものが少なからずあり，ガ行音に対応する語の中にも，[haŋi]（影）・[maŋiruɴ]（曲げる）・[haŋiruɴ]（禿げる）・[aŋaruɴ]（上がる）・[suŋati]（正月）・[duŋu]（道具）のように[ŋ]に対応して発音されるものが多くあります。新たな変化は，仮名づかいが定まったあと生じたものなので正書法には反映されません。かつてガ行鼻音[ŋ]をカ行の仮名に半濁点（パ行と同じ○印）で表す試みがありましたが，広がりませんでした。

2.3　音節構成上の特色——非拍方言

日本語は子音と母音が結びついた単位が音節の基本構造となっており，拍あるいはモーラと呼ばれます。東京方言では撥音・促音・長音などの特殊拍も1拍に相当し，シ・ン・ブ・ン（新聞），ガ・ッ・コ・ー（学校）のように4拍に数えます。しかし，北奥羽方言や鹿児島方言などでは，これらの特殊拍に加えて連母音の後部要素（例えば，アイのイ）についても拍としての独立性が薄弱であり，北奥羽方言を例にとると，シン・ブン（新聞），ガッ・コー（学校），テァー・ゲァー（大概）のように2つの単位（音節）で発音する傾向があります。『東奥日報』という青森県の伝統ある地元紙も，トー・ニッ・ポというように短めに発音されて親しまれています。このような方言は，拍意識が弱いことから非拍方言（あるいはシラビーム方言）と呼ばれています。仮名による正書法ではこのような音声レベルの違いは表せません。「新聞」「学校」を「シンブ」「ガッコ」（や「シブ」「ガコ」）と書くと「渋」「ガッコ（漬物）」と発音の区別がないように見えてしまいます。

このような音声・音韻の違いが，語彙や文法などの違いと同様に，豊かな日本語の地域的特色を創り出しているといえるでしょう。

練習問題

1. 東京の人と大阪の人とで，アクセントとは別に，「月」のツ，「草」のク，「～です。」のス，などで母音の発音の仕方が違っていることに気がつきませんか。どのような違いなのか，考えてみてください。

2. あなたの出身地，あるいは旅行先で，気になった発音があれば，読書案内に挙げた文献などを参照して，どのような音声上の特色であるのか確認してみましょう。

読書案内

① 平山輝男（1968）『日本の方言』講談社現代新書。
  ＊方言全般について書かれていますが，音声・音韻については項目ごとに，中舌母音・四つ仮名音声・ガ行鼻濁音などの10葉の全国分布図に基づき解説されています。
② 上野善道ほか編（1989）「音韻総覧」『日本方言大辞典　下巻』付載，小学館。
  ＊共通語の音節を見出しとして，該当する諸方言の音声・音韻を77ページにわたり呈示し，24葉の分布図にまとめています。
③ 平山輝男ほか編（1992）『現代日本語方言大事典　第1巻』明治書院。
  ＊総論篇・第2章において，音声・音韻を含む全国各県域の方言の特徴がコンパクトにまとめられています。
④ 日本放送協会編（1959-72）『全国方言資料 1～11』ＮＨＫ出版。
  ＊琉球方言を含めて半世紀前の全国の方言音声を談話の形で聞くことができます。

参考文献

有坂秀世（1957）「奈良時代東国方言のチ・ツについて」『国語音韻史の研究』三省堂。
伊波普猷（1911）「Ｐ音考」『古琉球』沖縄公論社（『伊波普猷全集』平凡社，1974年再収）。
井上史雄（1968）「東北地方の子音体系」『言語研究』52［Webで公開，井上（2000）に再録］。
井上史雄（1980）「言語の構造と変遷――東北方言音韻史を例として」『講座言語1　言語の構造』大修館書店（井上 2000に再録）。
井上史雄（1994）『方言学の新地平』明治書院。
井上史雄（2000）『東北方言の変遷』秋山書店。
小泉保（1998）『縄文語の発見』青土社。
中本謙（2011）「Ｐ音再考――琉球方言ハ行子音ｐ音の素性」『日本語の研究』7-4［Webで公開］。
中本正智（1976）『琉球方言音韻の研究』法政大学出版局。
馬瀬良雄（1982）『秋山郷の言葉と暮らし――信越の秘境』第一法規出版。

第13章 方言のアクセント

木部暢子

この章で学ぶこと

　日本語はアクセントのバリエーションが豊富です。ことばが違うと感じるときに，アクセントが関係していることがよくあります。アクセントは文字に書くことがないので，ふだんはそのしくみについて考えることがあまりありませんが，全国には何種類くらいのタイプのアクセントがあり，それぞれはどのように違っているのでしょうか。この章では，東京，京都，弘前市，鹿児島市のアクセントを取り上げ，アクセントのしくみ，各地の類似点と相違点について見ていきます。また，これからアクセント調査をする人のために，アクセント調査の方法とアクセント特徴の記述の方法について述べます。

　第1節では，東京アクセントと京都アクセントを取り上げ，アクセント型がいくつあるか，それぞれの型を区別する特徴は何かなど，両アクセントの類似点や相違点について見ていきます。第2節では，弘前市アクセントと鹿児島市アクセントを取り上げ，東京アクセントや京都アクセントとの類似点や相違点について見ていきます。第3節では，アクセント調査をする際に，どのような単語を調べるか，調査結果をどのようにまとめるかについて述べます。

キーワード
　東京アクセント，京都アクセント，弘前市アクセント，鹿児島市アクセント，下げ核，昇り核，N型アクセント，無アクセント，アクセント類別語彙表

1　東京アクセントと京都アクセント

　アクセントとは，それぞれの単語が固有に持っているメロディー（高さの動き）やストレス（強さ）のことです。日本語はピッチ（高さ）によって語のアクセントが示されるのでピッチアクセントです。また，英語はストレスによって語のアクセントが示されるのでストレスアクセントです。例えば，名詞のrécord と動詞の recórd がストレスの位置の違いで表されます。中国語では1

音節の単語が高さの違い（四声）によって，別の漢字で書かれる別単語になります。単語の区別が高さでも強さでも表されない言語も多く，例えば韓国語（ソウルの共通語）では高さによっても強さによっても単語の区別がありませんから，無アクセントといえます。

東京と京都はアクセントが逆だとよくいわれるように，アクセントは地域によって違います。例えば，東京では「橋」をハシ，「箸」をハシと発音しますが，京都では「橋」をハシ，「箸」をハシと発音します（上線部分を高く，それ以外を低く発音します）。「橋」と「箸」では，確かに高低配置が逆になっています。では，ほかの語はどうなのでしょうか。

東京と京都の名詞のアクセントの型の種類を示したのが表13-1，13-2です。これを見ると，すべての語のアクセントが逆になっているわけではありません。東京と京都がどのようなシステムを持っているのか，見てみることにしましょう。

まず，表13-1の東京アクセントを見ると，1拍名詞には，コガ（子）とテガ（手）の2つの型があります。この2つは単語だけ発音したときには区別がありませんが，助詞の「が」をつけると2つの型が出てきます。2拍名詞には，ニワガ（庭），ヤマガ（山），アメガ（雨）の3つの型があります。「庭」と「山」も単語だけ発音したときには区別がありませんが，「が」をつけると区別が出てきます。3拍名詞には，サクラガ（桜），オトコガ（男），ココロガ（心），カブトガ（兜）の4つの型があります。「桜」と「男」も同じように，「が」をつけると型の違いが出てきます。同じように，4拍名詞には5種類の型があります。つまり，東京アクセントにはn拍名詞に「n＋1」個の型があるということがわかります。

「n＋1」個という数字は，ピッチの下がり目の場所の数と関係があります。3拍名詞を例にとると，サクラ（桜）は下がり目がない型（平板型），オトコ（男）は単語の最後の拍に下がり目がある型（尾高型），ココロ（心）は単語の2拍目に下がり目がある型（中高型），カブト（兜）は単語の1拍目に下がり目がある型（頭高型）です。平板型を含めるとn拍語には「n＋1」箇所，下がり目の場所があります。これが型の数と一致しているわけです。

それぞれの下がり目は，その直前の拍，例えば，オトコ（男）なら「コ」の拍，ココロ（心）なら2つ目の「コ」の拍，カブト（兜）なら「カ」の拍に「次を下げる」という特徴が備わっていて，それが実現したものと考えられます。オトコに「が」が低くつくのも，「コ」に「次を下げる」という特徴が備

表 13-1　東京の名詞のアクセント

(1.1)	コ̅	コガ̅(子)	ニワ̅	ニワガ̅(庭)	サクラ	サクラガ̅(桜)	トモダチ(友達)
(1.2)	テ̅	テ̅ガ(手)	ヤマ̅	ヤマ̅ガ(山)	オト̅コ	オト̅コガ(男)	カミ̅ナリ(雷)
(1.3)			ア̅メ	ア̅メガ(雨)	ココロ̅	ココロ̅ガ(心)	ミズ̅ウミ(湖)
(1.4)					カ̅ブト	カ̅ブトガ(兜)	イロガ̅ミ(色紙)
(1.5)							カ̅マキリ(蟷螂)

表 13-2　京都の名詞のアクセント

(2.1)	コ̅ー	コ̅ガ(子)	ニワ̅	ニワ̅ガ(庭)	サクラ̅	サクラ̅ガ(桜)	トモ̅ダチ(友達)
(2.2)	ヒ̅ー	ヒ̅ガ(日)	ヤマ̅	ヤマ̅ガ(山)	フタ̅リ	フタ̅リガ(二人)	カミ̅ナリ(雷)
(2.3)					オト̅コ	オト̅コガ(男)	ミズ̅ウミ(湖)
(2.4)							ネ̅ーサン(姉)
(2.5)	テー̅	テガ̅(手)	マツ̅	マツ̅ガ(松)	ウサギ̅	ウサギ̅ガ(兎)	ニンジ̅ン(人参)
(2.6)			アメ̅	アメ̅ガ(雨)	マッチ	マッチガ	○○○○(用例なし)
(2.7)					カブ̅ト	カブ̅トガ(兜)	イロガ̅ミ(色紙)
(2.8)							ムラ̅サキ(紫)

注：○は拍内で下降することを表す。

わっているからです。この「次を下げる」という特徴を「下げ核」といいます。

一方，ピッチの上がり目は多くの場合，1拍目と2拍目の間に置かれていて，型の区別に関係していません。上がり目はアクセントの特徴というよりも，そこから新しい句が始まることを示す，イントネーションの役割を果たしています。イントネーションについては，次の第14章を参照してください。

以上の東京アクセントの特徴をまとめると，次のようになります。

　　東京アクセント：下げ核があるかないか，あるとすればどの拍にあるか，
　　　　　　　　　　によって型が区別される。

次に，表13-2の京都アクセントを見てみましょう。京都アクセントも，拍数が増えるにしたがって型の数が増えていくタイプのアクセントです。しかし，東京に比べて型の数がだいぶ多くなっています。そのため，もし下げ核だけで型を区別しようとすると，区別できない型が出てきてしまいます。例えば，サ̅クラ（桜）とウサギ（兎）は，どちらも下げ核を持たない型，フタ̅リ（二人）とカブト（兜）は，どちらも2拍目に下げ核を持つ型になります。これらを区別するためには，サ̅クラ（桜）とフタ̅リ（二人）に「高く始まって平らに進む（平進式）」という特徴を，ウサギ（兎）とカブト（兜）に「低く始まって上昇する（上昇式）」という特徴を加える必要があります。

平進式，上昇式は，特定の拍に備わっている特徴というよりも，「高く始まって下げ核の拍まで高いピッチが続く」，「低く始まって下げ核の拍まで上昇する」というような，いってみれば語句全体を包み込む袋のような性質を持っています。このような特徴を「トーン」といいます。
　京都アクセントの特徴をまとめると，次のようになります。

　　　京都アクセント：平進式か上昇式か，及び，下げ核があるかないか，あるとすればどの拍にあるか，によって型が区別される。

② 弘前市のアクセントと鹿児島市のアクセント

　次に，弘前市のアクセントと鹿児島市のアクセントを見てみましょう。表13-3に弘前市の名詞のアクセントを挙げました（上野 1977 による）。一見，東京アクセントに似ていますが，助詞がついたときにピッチの下がり目が動いています。例えば，アメ（雨），キツネ（狐），ウサギ（兎）に助詞「も」がつくと，アメモ，キツネモ，ウサギモのように下がり目が後ろにずれます。また，多くの語（文節）で後ろから2拍目に下がり目がきています。このことから，弘前市アクセントでは，下がり目は型の区別に関係していないことがわかります。
　一方，上がり目の方は，助詞がついても位置が動きません。例えば，テ（手）（○は拍内で下降することを表す），アメ（雨），キツネ（狐）は助詞がつくとテモ（手），アメモ（雨），キツネモ（狐）で，上がり目の位置は変わりません。ヤマ（山），ウサギ（兎），オトコ（男）も同じです。このことから，弘前市アクセントは上がり目の位置が重要なアクセントであることがわかります。
　この上がり目は，単語の特定の拍，例えば，キツネ（狐）なら「キ」の拍，ウサギ（兎）なら「サ」の拍，オトコ（男）なら「コ」の拍に「そこから上がる」という特徴が備わっていて，それが実現したものと考えられます。「そこから上がる」という特徴を「昇り核」と呼びます。なお，表13-3の（3.1）の「子，庭，桜，友達」の最後の上昇は助詞がつくと後ろにずれていることから，昇り核ではなく，そこで句が終わることを示す，イントネーションの役割を果たしていると考えられます。
　以上の弘前市のアクセントの特徴をまとめると，次のようになります。

表 13-3　弘前市の名詞のアクセント

(3.1)	コ̄	コ̄モ(子)	ニ̄ワ	ニ̄ワ̄モ(庭)	サクラ̄	サクラ̄モ(桜)	トモダ̄チ(友達)
(3.2)	テ̄	テ̄モ(手)	ア̄メ	アメ̄モ(雨)	キツネ	キツネ̄モ(狐)	ウルコメ(糠米)
(3.3)			ヤマ	ヤマ̄モ(山)	ウサ̄ギ	ウサ̄ギ̄モ(兎)	テブ̄クロ(手袋)
(3.4)					オトコ	オトコ̄モ(男)	クダ̄モノ(果物)
(3.5)							カミナリ(雷)

表 13-4　鹿児島市の名詞のアクセント

(4.1)	コ̄	コ̄ガ(子)	ニ̄ワ	ニワ̄ガ(庭)	サク̄ラ	サクラ̄ガ(桜)	トモダ̄チ(友達)
(4.2)	テ̄	テガ̄(手)	ヤ̄マ	ヤマ̄ガ(山)	オト̄コ	オトコ̄ガ(男)	カミナリ̄(雷)
(4.3)	庭：ニ̄ワ	ニワ̄モ	ニワカ̄ラ	ニワカラ̄モ	ニワカラヨ̄リモ		
(4.4)	山：ヤ̄マ	ヤマ̄モ	ヤマカ̄ラ	ヤマカラ̄モ	ヤマカラヨリ̄モ		

　　　弘前市のアクセント：昇り核があるかないか，あるとすればどの拍にある
　　　　　　　　　　　か，によって型が区別される。

　最後に，表13-4の鹿児島市のアクセントを見てみましょう。鹿児島市のアクセントは，これまでのアクセントと大きく違っています。まず，語の長さに関係なく，型の種類が2つしかありません。次に，助詞「が」がつくと上がり目も下がり目も後ろにずれています。例えば，ニ̄ワ（庭），サク̄ラ（桜）に助詞「が」がつくと，ニワ̄ガ，サクラ̄ガとなり，ヤ̄マ（山），オト̄コ（男）に助詞「が」がつくと，ヤマ̄ガ，オトコ̄ガとなっています。2拍以上の助詞がついたときも，(4.3)，(4.4)のように高い部分がどんどん後ろにずれていきます。

　2つの型を区別する特徴は何かというと，単語単独のときも助詞がついたときも，「子，庭，桜，友達」では後ろから2つ目が高くなり（これをA型と呼ぶ），「手，山，男，雷」では後ろの1つが高くなる（これをB型と呼ぶ）ということです。つまり，下がり目や上がり目の位置によって型を区別するのではなく，単語や文節全体がA型のパターンになるか，B型のパターンになるかによって型を区別しているのです。A型，B型は単語や文節全体にかぶさる音調パターンですから，トーンの特徴ということになります。

　鹿児島市方言のように，語の長さに関係なく，型の種類がn個と決まっているようなアクセントをN型アクセントといいます。鹿児島市方言は$n=2$の二型アクセントです。N型アクセントには他に，$n=1$の一型アクセント（宮崎県都城市），$n=3$の三型アクセント（島根県隠岐島，鹿児島県徳之島，沖永良部島など）があります。

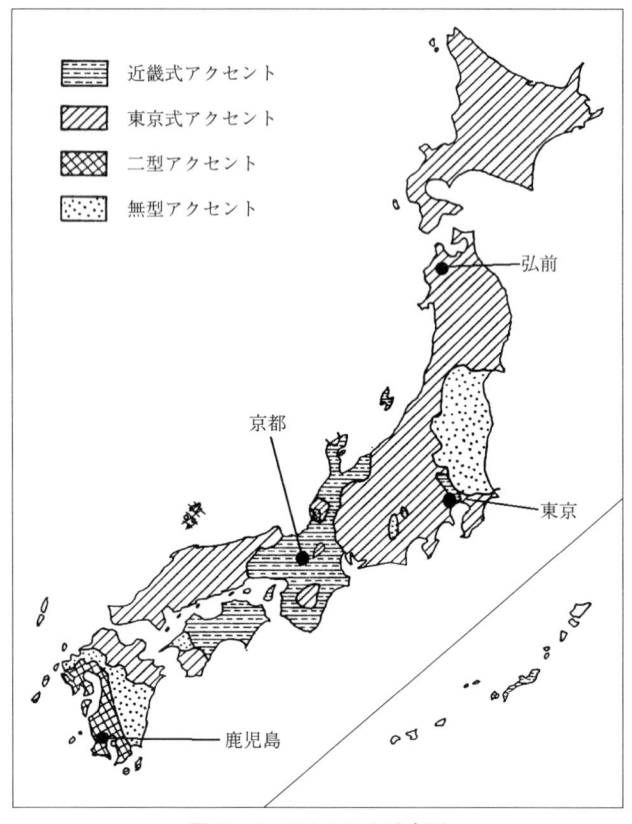

図 13-1　アクセント分布図

出典：杉藤（1982）を元に作成。

鹿児島市のアクセントの特徴をまとめると，次のようになります。

　　鹿児島市のアクセント：語の長さに関係なく，型の種類がA型，B型の2
　　　　　　　　　　　　種類と決まっている，二型アクセントである。

③　日本語諸方言のアクセントの分布

　ここまで，4つのタイプのアクセントを見てきました。アクセントの全国分布を示したのが図13-1です。東京アクセントと弘前市アクセントは，ある特定の拍に備わっている下げ核，昇り核によって型の種類を区別する核のシステ

ム，京都アクセントは，平進式，上昇式の2つのトーンと下げ核によって型の種類を区別するトーンと核のシステム，鹿児島市アクセントは，A型，B型の2つのトーンによって型を区別する二型アクセントシステムを持っています。

　日本語にはこの他に，アクセントの型の区別をしない地域があります。例えば，宮城県，福島県，茨城県，栃木県にかけての地域や佐賀県，熊本県，宮崎県にかけての地域では，語に決まったアクセント型がなく，同じ語がいろいろな型で発音されます。「橋」と「箸」，「飴」と「雨」，「鼻」と「花」のアクセントの区別もありません。このようなアクセントを「無アクセント」，あるいは「無型アクセント」といいます。無アクセントは，以前は一型アクセントと呼ばれていました。しかし，上に述べたように，n = 1のN型アクセントを一型アクセントと呼ぶという立場もあります。先行研究を読むときは，一型アクセントがどちらを指すのか，注意してください。

4 アクセント調査をする人のために

　最後に，方言のアクセントを調査する人のために，アクセントの調査方法とアクセント特徴の記述の方法について述べます。

　ここまで見てきたように，アクセント調査は，拍数ごとにアクセントの型がいくつあるか，それらの型がどのような特徴によって区別されるかを明らかにするという手順で行います。どのような単語を調べるかの目安となるのが，アクセント類別語彙表（表13-5）です。

　各地のアクセントの特徴は，下げ核，昇り核，トーンとさまざまですが，じつは，単語のアクセントには驚くほどきれいな対応関係があります。例えば，2拍名詞第1類の「飴，梅，顔，風……」は，東京アクセントで○○ガ型，京都アクセントで○○ガ型，鹿児島市方言で○○ガ型となります。もし，各地で独自に単語にアクセントをつけたとしたら，第1類の語が各地でみな，同じ型になるという状況は生まれないでしょう。このような状況が生まれるためには，第1類の語はもともと，同じアクセントを持っていて，そのアクセントが各地に伝わり，その後，各地でアクセント型に変化が生じた，というようなプロセスを考えなければなりません。他の類も同じです。

　アクセント型の変化のしかたによっては，類の合流が起こることもあったようです。例えば，2拍名詞の5つの類では，次のような類の合流が起きています。

表13-5　アクセント類別語彙表（名詞）

拍	類	単語	京都	東京	鹿児島
1拍	第1類	柄, 蚊, 子, 血, 戸, 帆, 実……	￣○ガ	○￣ガ	￣○ガ
	第2類	名, 葉, 日, 藻……	￣○ガ		
	第3類	絵, 木, 田, 手, 根, 火, 目……	○￣ガ	○￣ガ	○￣ガ
2拍	第1類	飴, 梅, 顔, 風, 柿, 口, 酒……	￣○○ガ	○○￣ガ	○○￣ガ
	第2類	石, 歌, 音, 紙, 川, 夏, 橋……	○￣○ガ	○○￣ガ	
	第3類	足, 犬, 色, 馬, 鬼, 髪, 山……	○￣○ガ		
	第4類	跡, 息, 板, 糸, 帯, 笠, 松……	○○￣ガ	○￣○ガ	○￣○ガ
	第5類	秋, 汗, 雨, 蔭, 牡蠣(かき), 声, 猿……	○○￣ガ		
3拍	形類	筏, 錨, 鰯, 霞, 形, 着物, 煙……	￣○○○ガ	○○○￣ガ	○○○￣ガ
	小豆類	小豆, 毛抜き, 二つ, 二人……	○￣○○ガ	○￣○○ガ	
	頭類	頭, 男, 表, 鏡, 刀, 言葉, 袴……			
	命類	朝日, 五つ, 命, 心, 姿, 涙……		旧○￣○ガ 新￣○○ガ	○○○￣ガ
	兎類	兎, 鰻, 狐, 雀, 背中, 鼠, 蓬……	○○○￣ガ	○○○￣ガ	
	兜類	苺, 蚕, 兜, 便り, 病……	○○￣○ガ	○○○￣ガ	

出典：金田一（1974），『国語学大辞典』東京堂，1980年を参考に作成。

1類/2類/3類/4類/5類 → 【京　都】1類/2・3類/4類/5類
　　　　　　　　　 → 【東　京】1類/2・3類/4・5類
　　　　　　　　　 → 【鹿児島】1・2類/3・4・5類

　アクセント類別語彙表は，平安時代のアクセントや現代諸方言のアクセントを考慮した上で，型の区別が多い方言に合わせて作られています（金田一1974）。したがって，どの方言でも表13-5の類のすべてを異なる型で発音し分けるわけではありませんが，型の区別を見落とさないために，アクセント調査では表13-5の各類から満遍なく調査語彙を選び，どの類がどのような型になるか，どの類とどの類が合流しているか，また，同じ類なのに異なる型で発音される語がないか，などに気をつけながら調べるようにします。

　先に見たように，単語単独の発音では違いがないのに，助詞をつけるとアクセントの違いが出てくることがありますので，単語だけでなく，助詞をつけたときのアクセントも調べる必要があります。また，助詞によってアクセント上

のふるまいが異なることがありますので，いろいろな助詞をつけてみることも必要です。例えば，「が，を，に，で，から，より，まで，は，も」に対応する方言の助詞や，これらが連続した「からも，からは，よりも，よりは」に対応する方言の助詞をつけたときのアクセントを調べてみてください。

　次に，アクセント特徴の記述の方法についてです。ポイントは，上がり目の位置や下がり目の位置に注意することです。これが動くか，動かないか，型の区別にどう関係しているか，型の数がいくつあるか，などを見ていきます。上がり目の位置が動かなければ昇り核，下がり目の位置が動かなければ下げ核の可能性があります。また，上がり目も下がり目も動く場合は，トーン，または無アクセントの可能性があります。トーンか無アクセントかは，「端」と「橋」と「箸」，「飴」と「雨」，「鼻」と「花」など，同音語のアクセントを調べてみて，区別があればトーン，区別がなければ無アクセントということになります。京都アクセントのように，核とトーンの2種類の特徴が合わさって型の区別をしている方言もありますので，この点にも注意が必要です。

　日本語アクセントの高低を示すためには，線を引く以外に＼（下がり目）と￣（平板型），H（High）とL（Low），●（高）と○（低），核の位置を数字で表すなど，いろいろな手法があります。東京方言の「雨」と「飴」のペアで例示します。

雨　ア￣メ　ア＼メ　　HL　　●○　　①　　[a]me
飴　アメ￣　アメ￣　　LH　　○●　　②　　a[me

　日本語のアクセントは，バリエーションが豊富です。みなさんも自分の地域のアクセントを調べてみましょう。

練習問題

1. 次に挙げるのは，岩手県雫石方言のアクセントです（上野 1977 による）。この方言では，どのような特徴によって型の区別を行っているでしょうか。アクセントの特徴を記述してみましょう。

エ。エモ。（柄）　カゼ。カゼモ…（風）　サクラ。サクラモ…（桜）
＼エ。￣エモ。（絵）　￣サル。サルモ…（猿）　￣キツネ。キツネモ…（狐）
　　　　　　　　　ヤマ。ヤマモ…（山）　￣ウサギ。ウサギモ…（兎）
　　　　　　　　　　　　　　　　　　＼オトコ。オト￣コモ…（男）

（注：。はそこで言い切る形，…は用言に続く形であることを表す）

2．次の助詞接続形は，東京ではどのようなアクセントになるでしょうか。京都ではどのようなアクセントになるでしょうか。また，自分の内省ではどのようなアクセントになるでしょうか。調べてみましょう。

  風（かぜ）　風が　風に　風から　風より　風からも　風よりも
  空（そら）　空が　空に　空から　空より　空からも　空よりも
  犬（いぬ）　犬が　犬に　犬から　犬より　犬からも　犬よりも

      参考資料：金田一監修，秋永編（2010）および中井（2002）。

3．『国語学大辞典』のアクセント類別語彙表や金田一春彦『国語アクセントの史的研究　原理と方法』の語彙表を参考にして調査語彙を選び，方言のアクセントを調べてみましょう。また，その方言のアクセントの特徴を記述してみましょう。

読書案内

① 　上野善道（1977）「日本語のアクセント」『岩波講座日本語5　音韻』岩波書店。
 ＊全国12地点のアクセントの具体例とその解釈，および平安時代から現代に至るまでの京都のアクセントの変遷が詳細に示されています。アクセント記述の原理や方法を知る上で，もっとも信頼のおける参考書。
② 　金田一春彦（1974）『国語アクセントの史的研究　原理と方法』塙書房。
 ＊文献資料と現代諸方言の両面から日本語アクセントの原理と歴史的変化を解明した，アクセント研究の基本文献。アクセント類別語彙の詳細なリストが掲載されています。
③ 　松森晶子・新田哲夫・木部暢子・中井幸比古（2012）『日本語アクセント入門』三省堂。
 ＊青森県弘前市，岩手県雫石市，東京，京都，高知，島根県隠岐島，鹿児島，長崎，奄美，沖縄など，豊富な方言を例に挙げながら，アクセントのしくみや助詞のアクセント，複合語のアクセント，外来語のアクセント，アクセントの歴史などについて概説したものです。

参考文献

上野善道（1984）「N型アクセントの一般特性について」『現代方言学の課題』第2巻，明治書院。
川上蓁（1995）『日本語アクセント論集』汲古書院。
金田一春彦（1975）『日本の方言　アクセントの変遷とその実相』教育出版。
金田一春彦監修，秋永一枝編（2014）『新明解日本語アクセント辞典 第2版 CD付き』三省堂。
木部暢子（2000）『西南部九州二型アクセントの研究』勉誠出版。

杉藤美代子（1982）『日本語アクセントの研究』三省堂。
杉藤美代子（1998）『柴田さんと今田さん』（『日本語音声の研究』6）和泉書院。
徳川宗賢（1962）「"日本諸方言アクセントの系譜"試論――「類の統合」と「地理的分布」から見る」『学習院大学国語国文学会誌』6。
中井幸比古（2002）『京阪系アクセント辞典』勉誠出版。
早田輝洋（1999）『音調のタイポロジー』大修館書店。
平山輝男（1951）『九州方言音調の研究』学界之指針社。

第14章 方言のイントネーション

郡　史郎

この章で学ぶこと

まずイントネーションとは何かを学びます。単語1つひとつについて決まっている高さの動き（メロディー）をアクセントと言うのに対し，文の意味しだいで変化する高さの動きがイントネーションです。イントネーションには，文や文節の最後の高さの動きと，それ以外のものがあります。後半ではイントネーションに表れる方言の特徴としてどういうものがあるかを学びます。イントネーションについては，言語学，日本語学，方言学の概説書などであまり扱われません。イントネーションが文字に記されることがなく，人々の意識にのぼりにくいことがその理由の1つでしょう。

キーワード

疑問型上昇調，強調型上昇調，上昇下降調，無音調，半疑問，尻上がりイントネーション，フォーカス，ゆすり音調

1　イントネーションとは

アクセントとイントネーションの違いは，単語によって定まった音の高さと，文の意味しだいで変わる音の高さの動きの違いです。

イントネーションというと「雨」と「飴」とか「橋」と「箸」の違いのようなものを考える人も多いと思います。それと同じ意味で「京都弁のイントネーションは難しい」のような言い方をする人もいます。また，「英語ではYes-No 疑問文は最後を上げる」というような意味でのイントネーションを思い浮かべる人もいるでしょう。日本語の共通語の疑問文もふつう最後が上がります。「雨」と「飴」の違いも，疑問文と平叙文の違いも，どちらもことばの高さの動き，ことばのメロディーの違いです。

しかし，よく考えてみると「雨」と「飴」の違いは単語それぞれが本来持っ

ているメロディーの違いです。例えば「雨」は東京ではアを高くメを低く言います。逆はだめです。そして，これは重要なことですが，なぜ最初のアが高く，後のメが低いのかということに必然的な理由はありません。上から降ってくるから最初が高く後が低いのだと思う人もひょっとするといるかもしれません。ところが，京都や大阪では逆にアを低くメを高く言います（中年層以下）。近畿地方では雨が下から上に降るわけはありません。つまり，「雨」のことを東京でア￣メ，京都・大阪でア￣メと言うのは，そう言うのが自然だからではなく，習慣としてそう言うことになっているからです。これを，語の意味と音が恣意的（してき）に結びついていると言います。「飴」は東京でア￣メ，京都・大阪でア￣メですが，このように単語ごとに恣意的にメロディーが定まっているわけです。

　これに対し，疑問文の文末で音が上がるというのは，疑問文という文の意味のためです。どんな単語でも最後をぐっと上げると，いかにも質問している感じがします。また，フランス語でもアラビア語でも韓国語でも疑問文はふつう最後を上げるのだと聞いても，不思議な気持ちは起きないと思います。つまり，この場合は文の意味と音に恣意的でない結びつきがあるということです。このように，ことばの高さの動きには，単語によってもともと決まっていて，特別な事情がないかぎり変わらない部分と，文の意味しだいで容易に変化する部分という，まったく異なる２種類があります。それを同じ名前で呼ぶのは不都合です。日本語学では「雨・飴」のような単語によって決まっている高さの動きをアクセントといい，疑問文かどうかというような文の意味しだいで変化するものをイントネーションということになっています。

２　イントネーションの種類とその分析のしかた

　疑問文末の上昇だけがイントネーションではありません。さまざまなものがあります。これを，①文末や文節末での高さの動きと，②それ以外の文の内部の動きに分け，まず東京方言を基盤とする共通語について見てみましょう。
　なお，①文末のイントネーションは実は言語や方言による違いもあります。例えばロシア語では疑問文がいつも上昇を伴うわけではありません。後で説明するように日本語方言の中には疑問文の最後を下げるものがあります。
　②文の内部のイントネーションにも言語による違いがあります。例えば日本人の英語発音の不自然さの一部は，この部分のイントネーションに日本語の癖をそのまま持ち込むことで生じています。ただ，研究はまだあまりされていま

せん。

2.1 文末や文節末のイントネーション（共通語）

疑問型上昇調，強調型上昇調，上昇下降調の3つが重要です。

疑問型上昇調は「おいしかった↗ー？」のように主に疑問文末で使うもので，最後の母音を伸ばして，どんどん上げ続けます。疑問文でなくても「見せて↗ー」「先に帰るよ↗ー」「実はね↗ー」のような使い方がありますが，わかりやすいので疑問型上昇と言っておきます。↗の印を上がり始めるところに書いておきます。この上昇調は，「本当にかぞく↗ー（家族）のように他人であっても受け入れてくれるので……」のように，文の途中で，質問でもないのに使われることがあります。これは平成期に出てきた言い方で，半疑問（疑似疑問）と呼ばれることがあります。

これに対して強調型上昇調は，「いやな⌈の！」のように強い主張や固執などを表す際に使うもので，末尾を1段階上げてそのまま同じ高さを保ちます（どんどん上がってはいかない）。「いやなの↗ー？」と聞くとき（どんどん上がっていく疑問型上昇調）とは違うことがわかるでしょうか。今使った記号⌈は高さが1段階上がること，⌉はそこから下がってゆくことを示します。

次に上昇下降調ですが，これは一段階上げてからすぐ下げるものです。「きょう⌈さ⌉ー……」のような間投助詞の「さ」はよくこのイントネーションで使われます。間投助詞なしで文節末にこのイントネーションをつける言い方を特に尻上がりイントネーションと呼ぶことがあります。「銀座⌈は⌉ー 日本が世界に誇るべき繁華街なん⌈で⌉ー」のような言い方です。こういう言い方は1970年代あたりまでは会話ではあまりしませんでした。イントネーションにもはやりすたりがあるのです。

以上に対し，特別な高さの動きがない場合を無音調と言っておきます。

2.2 文の内部のイントネーション（共通語）

「けさ買ったばかりのかさをなくした」という文を考えましょう。この文は2つの意味にとれるあいまい文です。1つは(a)「〈けさ買ったばかりのかさを〉なくした」，つまり，かさをけさ買ったんだけど，それをもうなくしてしまったという意味です。ここでは〈 〉で意味のまとまりを示すことにします。もう1つは(b)「けさ〈買ったばかりのかさを〉なくした」，つまり，最近買ったばかりのかさがあるんだけど，それをけさなくしたという意味です。この2

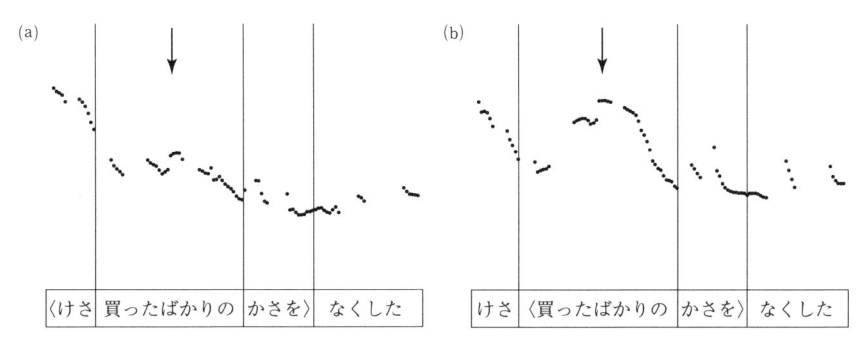

図 14-1 「けさ買ったばかりのかさをなくした」の2つの読みと高さの動き

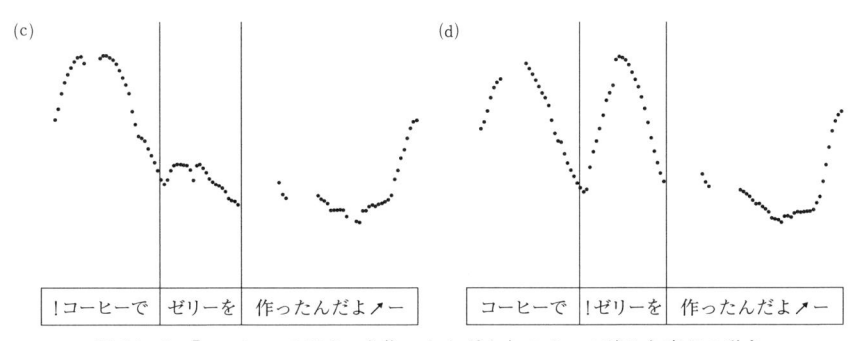

図 14-2 「コーヒーでゼリーを作ったんだよ」の2つの読みと高さの動き

つの意味は発音で言い分けることができますね。(b)の場合，「けさ」の後に休止（ポーズ）を置くと(a)との違いがはっきりします。しかし，休止を置かなくても言い分けができます。それには，(a)では「買ったばかりの」の高さを低く抑え，(b)では抑えずに言えばよいのです。「買ったばかりの」を低く抑えて言うと，「けさ買ったばかりの」がひとまとまりのように感じられます。逆に，「買ったばかり」を抑えないで高めに言うと，「けさ」との間に切れ目があるように感じます。

　こうした微妙な高さの動きを感覚として正確にとらえるのは難しいものです。オランダの研究者が無償で公開している Praat（プラート）という音声分析ソフトウェアがあります（http://www.praat.org）。それを使って今の(a)と(b)の音の高さの動きがわかりやすいようにグラフ化したのが図 14-1 です。縦軸が高さを表します。2つを比べると矢印で示した「買ったばかりの」の高さが違うのがわかりますね。(b)では「けさ」と「買ったばかりのかさを」が別々の山になっていますが，(a)では「けさ買ったばかりのかさを」全体が1つのまと

第14章　方言のイントネーション　147

まりになっていることがわかるでしょう。こうしたまとまりを音調句またはイントネーション句と言います。Praat は日本語による説明もインターネット上にありますので，ぜひ試してみてください。

今挙げた例では，文の意味のまとまりにあわせて高さのまとまりができていました。意味のまとまりを高さで示す，これもイントネーションです。

少し別のタイプのイントネーションもあります。こんどは「コーヒーでゼリーを作ったんだよ」という文を考えてください。これを，(c)紅茶やコーラではなくコーヒーで，とコーヒーを強調して言う場合と，(d)ケーキやカクテルでなくゼリーを，とゼリーを強調して言う場合を比べると，やはり高さの動きが違います（図14-2）。(c)では「コーヒーで」を高く「ゼリーを」は低く言いますが，(d)では「ゼリーを」は低くしません。これは文のどこを強く訴えたいか——そこには「フォーカス」があると言います——によって変わる音の高さです。高さが意味を表していることになりますが，これもやはりイントネーションです。なお，図14-2の最後の上昇は「よ」の疑問型上昇調です。

③ イントネーションの方言差

さて，これまで説明してきた意味でのイントネーション，つまり文の意味しだいで変化する高さの動きにも方言差があります。ただ，これまであまり研究されておらず，断片的なことしかまだわかっていません。逆に言えば，方言イントネーションはこれからの研究分野だということです。以下に記すのは，イントネーションに表れる方言の特徴としてどんなものがあるかの紹介です。

3.1 文末や文節末のイントネーションの方言差

疑問文について，この章の最初で Yes-No 疑問文は最後が上がるのはあたりまえであるかのように書きました。しかし，実はそうではない地域はたくさんあります。特に，疑問の終助詞を使う疑問文（「できたか？」など）や疑問詞を使う疑問文（「いつ来た？」）では，そうしたことばさえあればもう質問であることがわかりますから，最後を上げなくてもよいわけです（共通語でもそうです）。それどころか，そういう文はむしろ最後を上げないのがふつうになっている地域が主に東北や九州に広がっているようです。ただ，そうした地域でも，問う気持ちや疑う気持ちが強ければ上がるというようなことはありえます。疑問用の終助詞としては「カ」のほかに「ガ」（東北），「カイ」「ケ」が

各地で使われています。

　では，疑問用の終助詞を使わない疑問文はどうでしょう。共通語では「できた↗ー？」のような聞き方はごくふつうですが，方言ではそうではありません。終助詞を使わないで聞くということ自体が考えにくい地域がたくさんあります。ただ，そういうところでも，聞き返すときなどには終助詞をつけないことがありえます。そしてそういう場合に疑問型上昇調ではなく上昇下降調で「イ「ヌ﹁ー」（犬だって？：福井市の若年話者に聞かれた例）のように言うことがあります。東北地方各地でも報告されていますが，全国的にどのような分布状況になっているのかはよくわかっていません。

　また，終助詞類（文末詞）をどんなイントネーションで言うかにも地域差があります。例えば大阪で「「イヤ﹁ヤ「ワ﹁ー」と言います。「いやだなあ」に近い感じで男女とも使いますが，「わ」をこのように上昇下降調で言うのはこの地域らしい特徴です。

　さらに，文節末のイントネーションとして，北陸の福井，石川，富山3県を中心にさかんに使われる「ゆすり音調」があります。いくつか種類があるようですが，よく聞かれるのは「ユー「ジ﹁ワ「ー﹁ー　ヒト「リ﹁デ「ー﹁ー　ビール「オ……」（雄治はひとりでビールを……：福井市の若年話者に聞かれた例）のように，1つの文の複数の文節で最後を伸ばし，その途中に上昇下降調をつけるものです。図14-3の矢印部分が「ゆすり」ですが，場合によっては1文節で2回上下します。

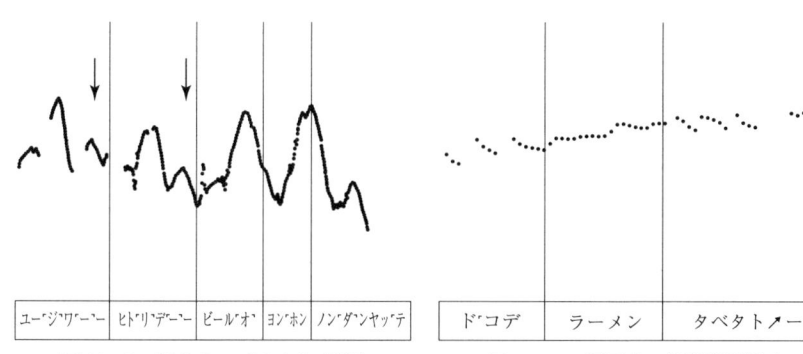

図14-3　福井市の「ゆすり音調」　　　図14-4　福岡市の疑問詞疑問文

3.2　文の内部のイントネーションについての方言差

　意味のまとまりを示す働きや，文中のどこにフォーカスがあるかを示す働きをイントネーションが持っているのは，日本全国の広い地域に共通のようです。

ただ，具体的にどのように，となると，方言によって少し違いがあります。京都や大阪はこの点で特徴的です。例えば，「〈けさ買ったばかりのかさを〉なくした」の「買ったばかりの」が図14-1 (a) ほど低くなりません。そのため「けさ〈買ったばかりのかさを〉なくした」との差が小さくなり，よそ者には同じに聞こえてしまうこともありえます。

次に疑問詞疑問文について，福岡市とその近郊では「ド「コデ ラーメン タベタトー」（どこでラーメン食べたの？）のように，最初だけ低く，あとは平らに，または最初から徐々に上げる言い方があります。図14-4に示した例では，最初から徐々に上がって最後に疑問型上昇調が加わっています。鳥取県では，疑問詞から後がしばらく高く平らか，低く平らになるかという違いが地域によってあるそうです。

また，単語の前半部分の高さに特徴がある方言があります。例えば「奈良みやげ」を共通語ではナ「ラミ」ヤゲと言います。広島市や名古屋市はアクセントは東京式と言われますが，これをナラ「ミ」ヤゲのように言います。

方言によっては，話し方が一本調子だという印象を持たれることがあります。これは高低の変化が全般に小さいとか，文節内の高さの動きがワンパターンであることが原因でしょう。また，いつも怒っているようによその人間には聞こえがちだという方言もありますが，イントネーションもその原因の1つになっている可能性は高いと思います。こうしたことも，これからの研究課題です。

練習問題

1. みなさんの地域では，あるテレビ番組を見たかどうか聞くとき，最後に「カ」などをつけずに「(番組名) 見た？」とふつうに言いますか。そのときのイントネーションは何調ですか。また，聞き返すイントネーションは何調ですか。
2. みなさんの地域では「けさ買ったばかりのかさをなくした」にあたる方言の言い方で，本章に説明した2つの意味を言い分けることはできますか。
3. 「ゆすり音調」を使う地域の人は，それをどんな場合，どんな気持ちのときに使っていますか。

読書案内

① 国広哲弥・河野守夫・広瀬肇編 (1997)『アクセント・イントネーション・リズムとポーズ』三省堂．
② 佐藤亮一・真田信治・加藤正信・板橋秀一編 (1997)『諸方言のアクセントとイントネーション』三省堂．

＊①と②の2冊はやや古いものですが，イントネーションの仕組みと使われ方についてさまざまな観点から研究した成果をわかりやすくまとめたものです。
③　小林隆・篠崎晃一編（2010）『方言の発見――知られざる地域差を知る』ひつじ書房。
　＊質問文イントネーションの地域差が第1章で詳しく述べられています。

参考文献

木部暢子（2008）「方言イントネーションの記述について」『方言研究の前衛』桂書房。
工藤真由美・八亀裕美（2008）『複数の日本語 方言からはじめる言語学』（第9章）講談社。
郡史郎（2006）「韻律的特徴の地域性」広瀬啓吉編著『韻律と音声言語情報処理――アクセント・イントネーション・リズムの科学』丸善。
白岩広行（2014）「イントネーションの意味記述――福島方言における試み」『日本語学』33-7（6月号）。
藤原与一（1997）『日本語方言音の実相』（第3章）武蔵野書院。
室山敏昭（1998）『鳥取県のことば』明治書院。
吉岡泰夫（2002）「イントネーションの方言学」日本方言研究会編『21世紀の方言学』国書刊行会。

第 IV 部

日本語方言の文法

長野県のお菓子
（左は2005年「食べられる」，右は2000年「食べれる」）

第15章 方言の活用

有元光彦

この章で学ぶこと

　語形変化の1つである「活用」は，縦糸と横糸が織りなすタペストリーのようなものです。例えば，動詞の活用であれば，さまざまな種類の動詞が縦糸で，動詞の後ろにつくさまざまな要素が横糸です。さまざまな動詞にさまざまな要素がつくことによって，全体として活用というタペストリーが完成するのです。しかも，その織り方には非常に美しい法則性が隠れているのです。

　方言の活用は，共通語の活用とはずいぶん異なり，複雑なものと感じるかもしれません。しかし，方言にも縦糸と横糸があります。ただ，その織り方には共通語とは異なる部分があります。また，地域によっても織り方が異なります。

　本章では，タペストリーを縦糸と横糸にほぐすことが目的です。そして，そこに潜んでいる法則性の美しさに感動してもらえればと思います。

キーワード

　活用形，活用の種類，テ形，タ形，音便，一段化，ラ行五段化，整合化，係り結び

1　活用の仕組み

1.1　共通語の活用の仕組み

　日本語では，動詞のあとに助動詞などをつけて意味を細かく表現します。そのときに動詞はさまざまな形に変わります。この語形変化を活用と呼びます。日本語を外国人が学ぶときに苦労するのが，動詞の活用です。文法の本でも，活用に関する部分には厚みがあります。この点は日本語の諸方言でも同様です。

　動詞の活用で「か・き・く・く・け・け」と唱えることに慣れてしまった皆さんには，今さら活用の面白さを説明してもわかってもらえないかもしれません。しかし，日本語はそもそも語形変化をあまり起こさない言語です。それに

もかかわらず，多様な語形変化を起こす活用の存在は，非常に特殊であると言えるでしょう。さらに，共通語において語形変化が多様であるということは，方言においてはもっと豊潤なバリエーションがあることを示しています。

活用は，それぞれの形がバラバラに存在するのではなく，お互いに関連性を持って結びついています。したがって，活用を観察するときには，次の２つの方向から攻める必要があります。

① １つの語がどのように語形変化していくか。
② 同じパターンの語形変化を示すものを，どのようにグルーピングするか。

①は「活用形」の問題です。例えば，東京方言の「書く」であれば，「書かない」「書きます」「書けば」のように，動詞の直後につく言葉（「ない」「ます」「ば」など）の違いによって，動詞の形が「書か」「書き」「書け」のように変化します（細かく言うと，「書」という「語幹」は変化せず，その直後の「活用語尾」が「か」「き」「け」と変化します）。しかし，自由に変化するのではなく，この場合，「書か」「書き」「書く」「書け」「書こ」という５種類しか出てきません。「書め」や「書ぎ」のような形にはならないのです。学校文法では，これらの形にそれぞれ名前をつけています。例えば，「ない」の直前に来る形は「未然形」，「ます」の直前に来る形は「連用形」，「ば」の直前に来る形は「仮定（已然）形」とそれぞれ呼んでいます。学校文法では，その他に「終止形」「連体形」「命令形」があり，全部で６つの活用形が設定されています。

もちろん，動詞によっては，直後の言葉が何であっても，１つの形しか出てこないものもあります。例えば，「受ける」は，「受けない」「受けます」「受ければ」という形になります。ここで注目してほしいところは，「ない」「ます」「れば」の直前がすべて「受け」となっている点です。異なるものが直後に来ているにもかかわらず，現れる動詞の形は同じなのです。このことは，「書く」と「受ける」が活用のパターンにおいて違いがあること，すなわち異なるグループに属していることを示しています。これは②の「活用の種類」の問題です。このような作業をすべての動詞に対して行うと，現代の共通語では大きく３種類に分かれます。「書く」のような動詞が属するグループを「五段（活用）動詞」「子音動詞」，「受ける」のような動詞が属するグループを「一段（活用）動詞」「母音動詞」，そして不規則なパターンを示す「変格（活用）動詞」「不規則動詞」と呼びます。

難しい専門用語がたくさん出てくるので,"活用嫌い"になりがちなのですが,最初はあまり専門用語にとらわれない方がいいでしょう。《たくさんの動詞がある。それぞれの動詞は,直後の言葉によって,その形が変化する。変化の仕方にはパターンがある。共通したパターンを持つ動詞は同じグループに属する。グループはいくつかある。》といった感じで考えておけばいいでしょう。

さて,以上の分類は動詞の場合ですが,活用は形容詞・形容動詞・助動詞にもあると学校文法では言われています。しかし,動詞ほど複雑ではないので,本章では動詞を中心に方言の活用を観察していくことにしましょう。

1.2 方言の活用の仕組み

方言の活用といえども,全体的には共通語と同様,「活用形」という縦糸と「活用の種類」という横糸から構成されていることに変わりありません。例えば,沖縄首里方言の動詞を見てみましょう（記号 ' は声門閉鎖音［ʔ］を表します。第11章参照）。

表15-1　沖縄首里方言の動詞活用

	未然形	終止形	連用形
刺す	ササン	サスン	サシ
書く	カカン	カチュン	カチ
かぶる	カンダン	カンジュン	カンジ
取る	トゥラン	トゥユン, トゥイン	トゥイ
起きる	'ウキラン	'ウキユン	'ウキー

まず表15-1で活用形から見てみると,未然形は「語幹＋アン」から成り立っていることがわかります。ローマ字で書くとわかりやすいのですが,例えば「ササン」（刺さない）では,語幹が sas,活用語尾が an となっています。終止形は「語幹＋（ユ）ン」という構成になっています。例えば,「カチュン」（書く）では,語幹 kak に活用語尾 yun が引っつきます。k＋yu の部分には音声変化が起こり,「チュ」になります。この音声変化は連用形のときにも起こっています。連用形の構成は「語幹＋イ」となっています。

ここでは,すべての種類の動詞を挙げてはいませんが,「刺す」「書く」「かぶる」が共通語の五段動詞に相当します。この中では「かぶる」だけが異色です。未然形で「カンダン」となるということは,ダ行五段活用が存在することになります。ここは共通語の活用の種類と大きく異なる点です。また,「取る」も五段動詞の1種ですが,それとは別にして「ラ行動詞」と呼ぶこともありま

す（cf. 西岡・仲原 2000）。一段動詞は「起きる」という上一段動詞だけのようです。これら以外にも，「来る」「する」などの変格動詞がいくつかあります。

このように沖縄首里方言を見ただけでも，縦糸と横糸が複雑に絡んでいることがわかります。さらに，この活用という網には，音声的な問題，文法的な問題，歴史的な問題とさまざまな問題が関係してきます。

大西（1996）では，活用における語形変化のパターンを類型化したものを「活用の類」と呼び，同じ活用のパターンを持つ類どうしは「統合」しているととらえています。図15-1は，類の統合を示したものです。

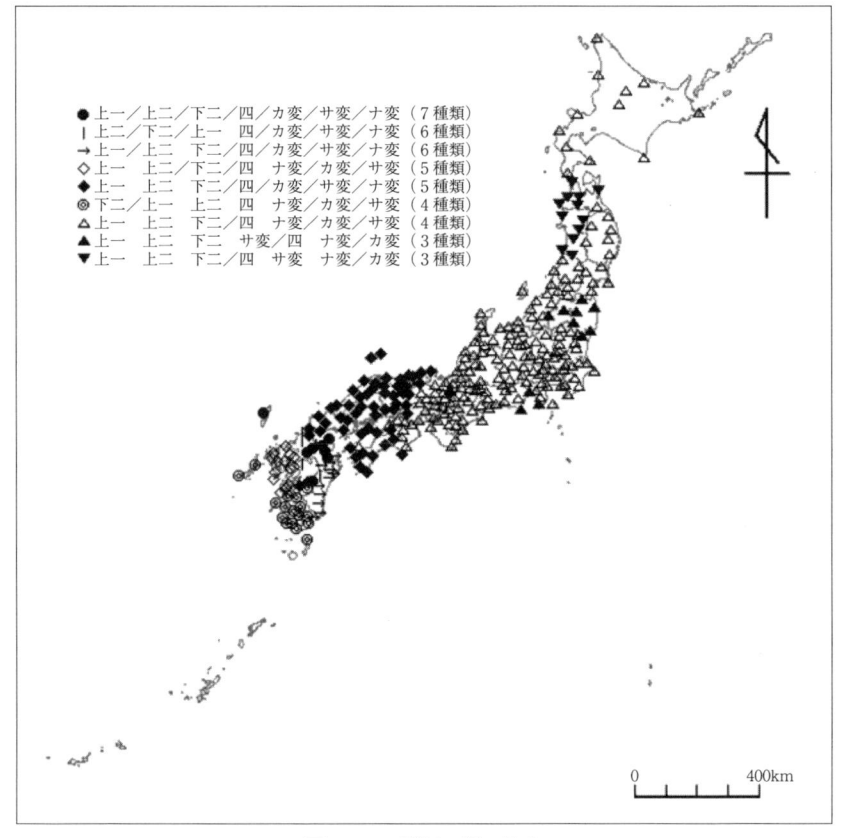

図15-1　活用の類の統合

出典：大西（1998：53）の略図（大西氏の許可を得て筆者が作成）。

この図の凡例では，統合状態を記号／で示しています。統合状態が細かいほど歴史的に古い段階にあると言えます。この図からは，九州が細かく分かれて

いて，東北は統合が進んでいることがわかります。九州が古い活用をとどめ，共通語は中間，東北はさらに変化（単純化）を進めたと，概括できます。

② 特異な活用形

2.1 タ形

　活用形の中で特に興味深いものは，連用形のうちのタ形とテ形です。これらはそれぞれ「語幹＋タ」「語幹＋テ」という構成になっていますが，語幹の部分にも，「タ」「テ」の部分にもさまざまな音声変化が起こります。

　まず語幹の部分に起こる音声変化は「音便」と呼ばれます。よく言われることは，例えば「買う」に「タ」をつけると，東日本では「カッタ」となるのに対して，西日本では「コータ」になることです。「タ」や「テ」をつけたときに，語幹に音声変化が起こるのですが，このように現れる「ッ」を「促音便」，「ン」を「撥音便」，「ー」を「ウ音便（長音便）」，「イ」を「イ音便」と呼びます。ほぼ平安時代に起こった変化ですが，東西で別の変化が起きたり，ある変化は全国に伝わらなかったりしたために，方言差が大きくなりました。

　共通語では「出す」に「タ」をつけると「ダシタ」になるのですが，九州，中国地方や中部地方では「ダイタ」「ダエタ」のようにイ音便になります。

　また，長崎県五島市下崎山町方言では，「濯ぐ」に「タ」をつけると，「ススダ」「ススンダ」となります。「ススンダ」のように，「ン」が現れるものは撥音便です。一方，「ススダ」は「ン」が脱落したものかもしれません。ただ，方言によっては「ススーダ」が現れる場合もあるので，この形から短母音化したのかもしれません。

　島根県出雲地方の方言では，「行った」のことを「イキタ」と言います。出雲方言では音便になりません。「行く」のようによく使われる動詞は例外的になります。共通語でもテ形・タ形が「行った」であって「行いた」にならないのは，カ行五段動詞としては例外です。古語から現代語まで「ユク」「イク」が併存し，関東などで「イグ」になることも関係するのでしょう。

2.2 九州西部方言のテ形

　音便は，タ形だけでなくテ形にも同様に起こります。しかし，テ形では，「テ」「デ」そのものに音声変化が起こることがあります。共通語では「テ」と「タ」は同じ位置に現れます。例えば，タ形「カイタ」（書いた）の「タ」を

「テ」に換えれば,「カイテ」というテ形ができあがります。この入れ換えは,どんな動詞でもできます。前述した下崎山町方言でも同様で,タ形「トッタ」(取った)に対して,「トッテ」(取って)というテ形が対応しています。しかし,興味深い点は,すべての動詞で「タ」と「テ」が対応しているわけではないことです。例えば,タ形「カイタ」(書いた)に対しては,「カッ(キタ)」(書いて〔きた〕)というテ形が対応しています。共通語の「テ」に相当する部分に促音「ッ」が現れているのです。さらに,「読んで(きた)」は「ヨン(キタ)」となるので,結局共通語の「テ」「デ」に相当する部分には,促音・撥音・「テ」・「デ」という4種類が現れることになります。なぜこんなにも多くの音声が出てくるのでしょうか。

　それは,動詞の種類によって異なるということです。共通語と同じ「テ」「デ」が現れる場合を調べてみると,五段動詞の中でラ行・タ行・ナ行の場合であることが判明しました。したがって,ラ行五段動詞の「取る」のテ形は,「トッ(キタ)」ではなく「トッテ(キタ)」となるのです。ただ,これだけでは「○○の場合,△△になる」というように,個別の記述をしたに過ぎません。「○○の場合」という部分に何か共通点がないか探る必要があります。すると,ラ行・タ行・ナ行は,子音がすべて「歯音」(はおん)(舌先が歯や歯茎の裏側に当たる音声)であるという共通点が見つかります。「ラ・タ・ナ」を発音して,舌先が上の前歯にあたることを確かめてください。歯音というのは1つの音声的なグループなので,これがバリエーションを生じさせる原因になっているという仮説が立てられるのです。

　ここまで来ると,他の方言ではどうなのだろうという疑問がわいてきます。実際,九州西部の諸方言を調査した有元(2007)には,方言によってさまざまなパターンが見られることが報告されています。さらに,このパターンどうしの関係を地理的に探っていくと,例えば長崎県五島列島と熊本県天草諸島に同じパターンが,海を越えて現れることがわかります。これは九州西部の諸方言がつながっている,すなわち「海の道」が存在するということではないでしょうか。ことばは,海をもわたるのです。

③ 通時的な変化

3.1 二段活用の一段化

　本節では,活用を通時的(歴史的)に見てみましょう。共通語(中央語)で

は，江戸時代を中心に活用の種類が大幅に統合されました。古典語では，9種類（四段・上一段・下一段・上二段・下二段・カ変・サ変・ナ変・ラ変）あったものが，現代語では5種類（五段・上一段・下一段・カ変・サ変）になりました（さらに五段・一段・変格の3種類と見ることもできます）。例えば，ラ変・ナ変・下二段は五段に，上二段は上一段に，下二段は下一段にそれぞれ統合が進みました。これらの統合は，不規則なものが規則的な方向に（複雑なものが単純な方向に）進行するといった，体系性を持った領域に必然的に（自然に）起こる変化と考えられるでしょう。

　このような統合において，方言の中でもっとも顕著な現象は「二段活用の一段化」です。例えば，古典語の「起きる」では，未然形が「オキ」で，終止形が「オクル」というように，「キ」と「ク」の2種類の音が現れていました。これが「二段動詞」と呼ばれているゆえんです。しかし，現代語では未然形が「オキ」，終止形が「オキル」となっていて，どちらも「キ」しか現れていません。すなわち，共通語では二段動詞がすべて一段動詞に変化したということになります（図15-1参照）。

　一方，方言では，一段化が進んだものもありますが，二段活用を保存している方言もたくさんあります。九州や紀伊半島などに残っています。例えば，前述の下崎山町方言の「出る」では，未然形が「デン，デラン」に対して，終止形は「ズッ」になっています。未然形では「デ」というエ段音が現れているのに対し，終止形では「ズ」というウ段音が現れており，それゆえ二段活用が残存していると言えます。二段活用の保存の様相は，動詞によっても地域によっても異なっています。九州であっても，下二段活用は西部に残存している度合いが高く，東部では「寝る」などの短い語には残存しない傾向が高いようです。

3.2　ラ行五段化

　活用の統合は，一段活用そのものにも起こっています。例えば九州方言では，「見ない」のことを「ミラン」と言います。「見る」は上一段動詞なので，その未然形は「ミン」となるのが普通ですが，ここでは「ラ」が挿入されているのです。そうすると，「トラン」（取らない）と同様，末尾が「ラン」になります。同じ形を取るということは，「見る」と「取る」が同じグループに属することになります。すなわち，「見る」は，「取る」と同様，五段動詞になっているのです。この現象を「ラ行五段化」と呼んでいます。地域的には，東北や九州など日本の周辺部に多く見られます。命令形の「ラ行五段化」については，第4

章に地図入りの説明があります。近世以降独立に起こった変化でしょう。
　未然形だけでなくタ形を比べても，それぞれ「ミッタ」（見た），「トッタ」（取った）と末尾が同じ形になっているので，両動詞が同じグループに属していることのさらなる証拠となります。ただ，すべての活用形でラ行五段化が進んでいるかというと，そうでもありません。小林（2004）によると，使役形（例：オキラセル〔起きさせる〕）や意志形（例：オキロー〔起きよう〕）には起こりやすく，過去形（例：オキッタ〔起きた〕）には起こりにくいようです。

3.3　形容詞の活用

　ここまで動詞の活用だけを扱ってきましたが，形容詞の活用にも興味深い現象が見られます。東北や九州東部では，「高かった」を「タケカッタ」「タコカッタ」ということがあります。これは，活用形の中に「タケー」（高い）や「タコーテ」（高くて）のような形ができることによって，それら以外の活用形においても，「タケ」や「タコ」を語幹とした活用形が生ずるという現象です。1つの活用形に新たな語幹が生じたときに，別の活用形もその語幹に揃えようとするのです。形容詞の「無活用化」と言われる現象です。これを大西（1997）では「整合化」と呼んでいます。この現象は，前述の動詞活用の一段化と同様のものと考えられます。結局のところ，品詞は異なるものの，活用には同じような現象が起こるのです。

④　文における活用

　前節までは語のレベルで活用というものを考察してきましたが，本節では文のレベルで考えてみましょう。動詞の活用が，動詞以外の要素と関係づけられる現象として，古典文法でお馴染みの「ぞ，なむ，や，か，こそ」の「係り結び」があります。係り結びは，共通語では消滅してしまいましたが，方言には残っています（第2章参照）。例えば，沖縄方言では，次のような例が見られます（cf. 西岡・仲原 2000）。

　（1）　チチグトゥドゥ　ヤル（聞き惚れる）

「チチグトゥ」は「聞き事（聞き惚れるほど素晴らしいもの）」という名詞，「ドゥ」は係助詞，そして「ヤル」は「ヤン」（〜である）の連体形です。したがって，「ドゥ」が来る場合には必ず連体形が来るというルールが見られるの

です。
　このように，1つの文の中で，ある特定の要素どうしが同時に現れることを「呼応」と呼んでいますが，係り結びも呼応の1種だと考えられます。沖縄方言では，古典語と同様，係助詞と動詞の活用形が呼応する係り結びとして現れますが，他の方言ではさまざまな呼応が観察されます。例えば，岡山方言では疑問詞と文末助詞との呼応が見られ，また福岡市方言では疑問詞とイントネーションとの呼応が見られます（cf. 大西 2003, 久保 1989, 虫明 1958）。

練習問題

1．自分の方言の活用を調べてみましょう。共通語との共通点・相違点を見つけ出してください。また，異なる点があれば，なぜそうなるのかを考えてみましょう。
2．九州西部のある方言のテ形を調べてみると，「トン（キタ）」（飛んで〔きた〕），「ヨン（キタ）」（読んで〔きた〕），「コン（キタ）」（漕いで〔きた〕）だけに撥音「ン」が現れ，他の動詞では，「カッ（キタ）」（書いて〔きた〕）のように促音「ッ」が現れました。「ン」が現れるか「ッ」が現れるかの違いは，何に起因するのか，予測してみましょう。

読書案内

① 有元光彦・友定賢治編著（2008）『出雲弁検定教科書』ワン・ライン。
　＊出雲方言に関する唯一の網羅的な文法書です。音声CDがついているので，生の音声を聞くことができます。
② 九州方言研究会編（2009）『これが九州方言の底力！』大修館書店。
　＊九州方言研究者22名による，九州方言を思いっきりアピールした一般書です。内容はしっかりした研究の裏づけがあるものばかりです。現時点では類書は見られません。
③ 西岡敏・仲原穣（2000）『沖縄語の入門』白水社。
　＊活用を体系的に調べるためには，各方言の記述書を見るのが早道です。沖縄方言について網羅的に記述した入門書です。より形態論を意識したものに宮良（2000）がありますが，これもおすすめです。
④ 山田敏弘（2004）『みんなで使おっけ　岐阜のことば』まつお出版。
　＊①③と同様，一般向けであるにもかかわらず，しっかりとした記述書です。

参考文献

有元光彦（1993）「沖縄・首里方言の規則動詞の形態音韻論：試論」『日本文学研究』第29号，左1-12頁。
有元光彦（2007）『九州西部方言動詞テ形における形態音韻現象の研究』ひつじ書房。

有元光彦（2014）「音韻ルールの方言周圏論」小林隆編『柳田方言学の現代的意義　あいさつ表現と方言形成論』ひつじ書房，189-207頁.
内間直仁（1984）『琉球方言文法の研究』笠間書院.
大西拓一郎（1996）「活用の類と統合——全国方言の活用の通時的対応のモデル」『言語学林 1995▶1996』三省堂，255-272頁.
大西拓一郎（1997）「活用の整合化——方言における形容詞の「無活用化」，形容動詞のダナ活用の交替などをめぐる問題」加藤正信編『日本語の歴史地理構造』明治書院，左87-102頁.
大西拓一郎（1998）「動詞活用の対応と比較」『月刊言語』7-7，49-56頁.
大西拓一郎（2008）「方言文法と分布」『日本語文法』8巻1号，85-100頁.
大西拓一郎（2003）「方言における「コソ～已然形」係り結び」『国語学』54-4，31-43頁［Webで公開］.
大西拓一郎（2008）『現代方言の世界』朝倉書店.
九州方言学会編（1991）『九州方言の基礎的研究　改訂版』風間書房.
久保智之（1989）「福岡市方言の，ダレ・ナニ等の疑問詞を含む文のピッチパターン」『国語学』156，82-71頁［Webで公開］.
小林隆（2004）『方言学的日本語史の方法』ひつじ書房.
坂本幸博（2003）「津軽方言の動詞活用体系について」『国語学』54-1，46-61頁［Webで公開］.
日本語記述文法研究会編（2010）『現代日本語文法①　第1部総論　第2部形態論』くろしお出版.
三原健一・仁田義雄編（2012）『活用論の前線』くろしお出版.
宮良信詳（2000）『うちなーぐち講座』沖縄タイムス社.
虫明吉治郎（1958）「疑問詞の係り結び——中国方言の場合」『国語学』34，81-93頁［Webで公開］.

第16章 格表現

佐々木　冠

この章で学ぶこと

　この章では日本語方言が格に関してさまざまな多様性を示すことを紹介します。まず格とはどのような文法範疇なのかを示した後で，項目と体系の多様性を取り上げます。日本語の方言には，格に関して世界的に見ても珍しい特徴を持つ方言があります。各節の構成は次の通りです。

　第1節では，格の定義を示します。第2節では，項目の多様性を紹介します。日本各地の方言は，歴史変化の中で共通語や近畿地方の方言にはない格助詞を生じさせてきました。そのような格助詞のいくつかを取り上げます。

　第3節では，体系の多様性を紹介します。活格型と見られる方言や斜格でも主語と目的語を区別する方言を例に区別の多様性の例を示します。そしてガやニといった格形式が方言によって位置づけが異なることを示します。

　第4節では，伝統方言の格の変容を紹介します。歴史の中で培われてきた格に関する多様性が失われつつあることを示します。

キーワード
　　格，格助詞，活格型，対格型，有標主格型，斜格主語，文法化

---

① 格とは何か

　この章では，日本語方言の格を扱います。「格」で辞書を引くと文法用語としての格（case）の前に「そのものの値打ちによってできた段階・位・身分・等級など」という定義が出てきます。英語に訳すとすれば status でしょうか。「お前とは格が違う」のような用法の方が文法用語としての用法よりも広く受け入れられているようです。「格が違う」のような用法の格と文法用語としての格には共通点があります。両方とも他の事物との関係で規定される点です。物事の格は同じタイプの事物との相対的な位置づけで決まります。一方，文法

用語としての格（case）は，述語と名詞句の関係を表す用語です。名詞句が主語であるとき，その名詞句の形式は主格と見なされます。「冷たい雨が降っている」という共通語の例文では「冷たい雨」という名詞句が主語ですので，名詞句＋「が」が主格ということになります。日本語の方言では，格助詞の種類と格助詞の有無によって格関係を表します。

　以下にブレーク（Blake 1994）にある言語学の世界で広く受け入れられている格の定義を示します。言語によってはもっと多くの格が必要になる場合もあります。日本語の方言を論じるには以下に示す格以外にもいくつか必要です。

　　主格（nominative）：主語を表す格。共通語では「が」。
　　対格（accusative），目的格（objective）：直接目的語を表す格。共通語では
　　　「を」。
　　与格（dative）（間接目的格）：間接目的語を表す格。共通語では「に」で，
　　　位格，方位格と同形。
　　奪格（ablative）：起点を表す格。共通語では「から」。
　　位格（locative）：場所を表す格。共通語では「に」。
　　方位格（allative）：方向を表す格。共通語では「へ」。
　　具格（instrumental）：道具を表す格。共通語では「で」。
　　属格（genitive），所有格（possessive）：所有を表す格。共通語では「の」。

　日本語の方言は格に関して多様です。項目に関しても多様ですし，体系に関しても多様性が見られます。項目の多様性は，方言によって格を表す要素に違いがあることです。「京ヘ筑紫ニ坂東サ」は，方向を表す格助詞に地域的なバリエーションがあることを表すことばです。このことばは17世紀初めに出版されたロドリゲスの『日本大文典』にも載っているものです。体系の多様性は，区別の仕方の多様性です。共通語では主語は一律格助詞「が」を使って表しますが，主語を表す形式が複数ある方言もあります。

　同様の項目を持ち同様の格の体系を持っている方言でも，格の用法が違う場合があります。同じように与格助詞のニと奪格助詞のカラを持つ方言でも，受動文の動作主を表すのにどちらを用いるかは方言によって異なります。日本語の大部分の方言では「犬に追いかけられた」のように与格助詞ニを使いますが，九州の一部と山形県の方言ではこの文の「犬」に奪格助詞カラをつけます。

② 項目の多様性

　フレレスヴィク（Frellesvig 2010）は上代日本語に存在した格助詞を次の3つのカテゴリーに分類しています。①主要な格助詞：を（対格），の・が（属格），に（与格），より（奪格），と（共格）；②衰退しつつある格助詞：い（主格），つ・な（属格）；③新興の格助詞：から（奪格），へ（方位格）。首都圏の方言や近畿地方の方言は，これらの格助詞のうち衰退しつつあったものが消え，新興の格助詞が定着し，いくつかの格助詞の位置づけが再編された体系になっています。これに対し，東北地方や九州，琉球列島の方言では，上代日本語の資料には見られない格助詞が複数用いられています。本書第2章で扱われているサもその1つです。東北地方や九州地方で用いられる方位格助詞サは「さまへ」「さまに」から生じました。この格助詞の成立過程の詳細については小林（2004）を参照してください。

2.1 起源に諸説あるゲ

　本来格助詞ではなかった要素が歴史変化の中で格助詞になった例はサ以外にもあります。埼玉県，千葉県，茨城県南西部，栃木県の一部で用いられている与格助詞ゲもその1つです。

　与格助詞ゲの起源については，諸説あります。(a) 森下（1971）は，「〜のもとに」の意味を持ち名詞に後接する古語の「がり」がゲの起源であるとする分析を提唱しています。(b) 所有格助詞ガと方位格助詞エ（またはイ，共通語の「へ」に対応）が融合したものとする分析も提唱されています。(c) もう1つ別な分析も可能かもしれません。与格助詞ゲが用いられている地域の周辺，特に茨城県の北部や千葉県茂原市にはゲが人間名詞について「〜の家」の意味になる方言が分布しています。これらの地域で話されている方言で「あなたの家に行く」は「おめゲ＝ニ（／サ）行ぐ」です。このゲは意味から考えると，所有格助詞ガと「家（いえ）」を表す名詞が融合したもののようです。「〜の家」の意味のゲがさらに文法化して単一の格助詞になったのが与格助詞ゲである可能性もあります。文法化は，名詞や動詞といった語彙的範疇が独立性を失い機能語になる歴史的プロセスで，意味の抽象化や音形の縮約を伴う現象です。いずれにせよ，与格助詞ゲは歴史変化の中で生じた新しい格助詞と考えられます。

2.2　動詞起源のサーニ，シ

これまでに示した例は，格助詞の起源が名詞的な要素でした。動詞が格助詞の起源となることがあります。琉球列島で話されている方言で用いられる具格助詞サーニ，シはサ変動詞から変化して生じたものと考えられています（中本1990）。

2.3　2つの助詞の組み合わせで生じたガニ

新しい格助詞は2つの格助詞が組み合わされることで生じる場合もあります。埼玉県東部や茨城県南西部と南部（稲敷郡美浦村，神栖市波崎），そして千葉県全域で用いられるガニは「おれガニ　わかんね（俺にはわからない）」のように経験者（感情や能力の持ち主）を表す名詞句をマークする格助詞です。経験者格助詞ガニは所有格助詞ガと位格助詞ニの組み合わせです。

方言の格に関する項目の多様性は，さまざまな文法カテゴリーからの歴史変化で新しい格助詞が生まれた結果と考えることができます。

③　体系の多様性

共通語では主語を主格助詞「が」で表し，直接目的語を「を」で表します。また，間接目的語は与格助詞「に」で表し，この与格助詞は「私にはわからない」のように心理述語文の経験者をも表します。主語，直接目的語，間接目的語という統語的単位を文法関係と呼びます。この節では格助詞による文法関係の示し方，区別の仕方の多様性を示します。

3.1　主語と目的語の区別

角田（2009）によると主語と目的語を区別する方法は5通りあります。他動詞文と自動詞文の主語をそれぞれAとSというかたちで区別し，直接目的語をOとすると，5通りの主語と目的語の区別の仕方は次のように表すことができます。対格型：A＝S≠O；能格型：A≠S＝O；三立型：A≠S≠O；他動詞文中和型：A＝O≠S；中立型：A＝S＝O。

このうち読者にとってもっともなじみの深いものは，対格型だと思います。共通語がこの型ですし，英語の代名詞もこの型です。「猫がネズミを追いかけた」という他動詞文の主語も「ネズミが逃げた」という自動詞文の主語も名詞句＋「が」であり，同じかたちです。そして，直接目的語は名詞句＋「を」と

いうかたちになっています。

　主格と対格がガ，ヲ以外の形式を取る方言もありますが，大部分の日本語の方言は対格型です。関東地方から東北地方にかけて分布する多くの方言では，主格が名詞句に格助詞がつかないかたちで，対格がコト（ゴド）またはトコ（ドゴ）という形式名詞由来の格助詞を用います。例えば，茨城県南西部で話されている方言（以下，その地方の中心的な都市の旧称にちなんで水海道方言。この方言の詳細については佐々木 2004 参照）では上記の共通語の他動詞文と自動詞文が「猫　ネズミ＝ゴド　追いかけた」「ネズミ　逃げた」のようになります。「＝」は名詞句と助詞の境界を示すものとします。なお，水海道方言では，名詞句が生き物以外のものを指す場合，主格と対格がともに格助詞のつかないかたちになり，中立型になります。このように対格型と中立型が共存している体系を分裂対格型と呼びます。

　今のところ能格型，三立型，他動詞文中和型と見られる方言は報告されていません。一方，自動詞文の主語が意味によって2つに分かれる方言があるという報告はあります。このような体系は活格型と見なすことができます。活格型は自動詞文の主語が動作主的なものとそれ以外のもので区別される体系です。この型の言語は世界のさまざまな地域に分布しており，コーカサスで話されているラズ語や北米先住民のことばであるラコタ語が有名です。日本語の方言で活格型と考えられる方言がいくつか報告されていますが，もっともわかりやすい例は熊本市方言です。

　坂井（2013）によると，熊本市方言では，1人称・2人称とそれ以外の名詞句で主語と目的語の区別の仕方が異なります。1人称と2人称は，主語がガで表され，目的語がバで表される対格型になっています。一方，それ以外の名詞句では，自動詞文の主語が，他動詞文の主語と同じかたちになるものと形容詞文の主語と同じかたちになるものに分かれます。他動詞文の主語と意志的な動作を表す自動詞文の主語はガで表されます（明日，じいちゃん {ガ／＊ノ} そん荷物バ送るもんね。3番目にお父さん {ガ／＊ノ} 走るばい）。一方，非意志的自動詞文の主語は形容詞文の主語と同様ノで表されます（さっき，庭にじいちゃん {??ガ／ノ} おったばい。じいちゃん {??ガ／ノ} 怖か）。

　田畑（2007）によると奄美大島にも活格型の方言があるようです。九州と琉球列島以外の地域では今のところ活格型の方言が報告されていません。

3.2　斜格における主語と目的語の区別

斜格主語というものがあります。形式は主格ではないけれども主語のようにふるまう要素です。斜格は，主格と対格以外の格のことです。共通語の「僕にはそれがわからない」の「僕に」のような要素が斜格主語です。意味的には経験者に対応することが多いので斜格経験者と呼ばれることもあります。

主語にはさまざまな文法的機能が集中しています。「自分」と同じものを指す文中の要素になったり（先生が自分の家で僕にそろばんを教えてくれた〔自分＝先生〕），尊敬語がある方言では敬意の対象になったりします（先生がその本をお書きになった）。「僕にはそれがわからない」の「僕に」はかたちの上では主語と似ていないのですが，「自分」と同じものを指す文中の要素になったり尊敬語の敬意の対象になったりする点で主語と共通しているので，主語の一種と見なされています（先生には自分の評判がおわかりにならない〔自分＝先生〕）。

共通語では，斜格主語が間接目的語（「僕にくれた」の「僕に」）と同様，与格で表されます。しかし，斜格主語と間接目的語はつねに同じ格で表されるわけではありません。水海道方言では斜格主語は経験者格（名詞句＋ガニ）で表され（俺＝ガニ　ほれ　わがる〔俺にはそれがわかる〕），間接目的語は与格（名詞句＋ゲ）で表されます（先生　俺＝ゲ　本　くれた〔先生が俺に本をくれた〕）。

この方言は共通語の格助詞「に」の使用領域が複数の格助詞で分割されている体系になっているのです。

経験者格助詞ガニも与格助詞ゲも共通語にはない要素です。ここに見られる体系の多様性（区別の多様性）は項目の多様性に支えられたものと見ることができます。

なお，斜格経験者専用の格形式は世界的に見ても珍しいものです。上に挙げた方言以外では，コーカサス（カフカス）で話されているアンディ語やゴドベリ語に見られる程度です。アンディ語とゴドベリ語は能格型の言語です。管見の及ぶ範囲では斜格経験者専用の格がある対格型の言語は，上に挙げた方言以外には見当たりません。

3.3　主格のガ，所有格のガ

格助詞ガも方言間で位置づけの多様性が見られる要素です。共通語では主格助詞である「が」は，いくつかの方言では所有格として機能しています。例え

ば水海道方言では「俺のもの」は「俺ガもの」です。

　格助詞「が」は「の」と同様，もともとは連体修飾構造で用いられる所有格助詞でした。上代から平安時代の資料で文の述語が終止形の場合，主語が「名詞＋が」で表されることはありません（金水他 2011）。13世紀から述語が終止形の文の主語が「名詞句＋が」で表されるようになり，16世紀末までに主格（つまり文の主語の形式）は「名詞＋が」，所有格（属格）は「の」という分布が成立したと考えられています。水海道方言のような所有格としてのガの位置づけは，「が」の古い段階を反映したものと考えることができます。ガが所有格助詞である方言は，関東地方，北陸地方，中国地方，そして九州地方などに分布しています。

　ガの位置づけの多様性は，文と名詞句の並行性に支えられた現象です。文を名詞化する際に主語が所有格になる現象はさまざまな言語に見られます。「彼がその本を批判した（He criticized the book.）」を名詞化した構造は「彼のその本に対する批判（His criticism of the book）」です。このような並行性があるからこそ，所有格が主格に転ずることができたのです。なお，琉球列島および九州には，ガではなくノ（あるいはヌ）が主格に転じた方言があります。3.1で扱った熊本市方言も，一部の主語がノで表される体系でした。

3.4　与格のニ，位格のニ

　ガと同様，ニも多くの方言に存在しますが，位置づけは方言によって異なります。首都圏の方言や近畿地方の方言ではニは存在の場所（「そこにある」の「そこに」）を表すだけでなく，間接目的語（「僕にくれる」の「僕に」）を表しますので，与格助詞として記述することができます。一方，水海道方言のように間接目的語がゲで表され（俺＝ゲ　くろ〔俺にくれ〕），ニは存在の場所や斜格化した動作主（先生＝ニ　おさーる〔先生に教わる〕）を表す方言では，ニを与格助詞と見なすことはできません。与格の典型的用法が間接目的語であり，間接目的語が別な格助詞で表されているからです。水海道方言では，ゲが与格助詞であり，ニは位格助詞と記述する必要があります。

④　伝統方言の変容と格

　ここまで示してきた格に関するさまざまな多様性は各地の伝統方言に見られるものです。共通語の影響による伝統方言の変容が全国的な規模で進んでいま

表 16-1 自分でも使う割合（2009年 常総市内の中学生への調査）

無生与格（＝サ）	12.9%
対　　　格（＝ゴド）	9.5%
所　有　格（＝ガ）	6.6%
場所格連体（＝ナ）	4.4%
有生与格（＝ゲ）	1.6%
経 験 者 格（＝ガニ）	0.9%
平　　　均	6.0%

す。伝統方言の変容は必ずしも方言の衰退とイコールではありません。しかし，格に関しては伝統方言が持っていた要素が衰退している側面があります。

　筆者は2009年に茨城県常総市内の5つの中学校に通う中学2年生319名（95％が常総市出身）を対象に伝統方言の使用に関する調査を行いました。この調査で調べた格助詞に関するデータを示します。表16-1は伝統方言の形式を自分でも使うと回答した割合を示したものです。

　サやゴドのように関東地方から東北地方にかけて広く用いられている格助詞は比較的使用率が高いのですが，それ以外の格助詞は使用率が低いことがわかります。日本語の古い構造を反映する所有格助詞ガや場所格（連体）助詞ナよりも，比較的新しく生じた格助詞である「ゲ」や「ガニ」の方が使用率が低くなっています。

　同じ調査では，推量のベ／ペや使役のラセ，カ変動詞の否定形キネエといった動詞における伝統方言の形態法についても調べました。これらの形式を自分でも使うと回答した割合は平均で12％でした。格助詞の平均は6％です。伝統方言の格助詞が他の文法要素に比べて衰退していることがわかります。第6章で扱った共通語化が進んだためです。こうした傾向が全国各地の方言にどの程度当てはまるかわかりませんが，記録と保存を急ぐ必要があります。

練習問題

　共通語では以下の下線部をすべて与格助詞「に」で表します。いろいろな方言でこれらの要素がどのように表されるか，調べてみましょう。その上で，その方言の斜格がどのような体系になっているか記述しましょう。

　　間接目的語：お祖父さんが<u>孫に</u>小遣いを与えた。
　　方向：彼は<u>東京に</u>行った。
　　斜格主語：<u>彼には</u>それがわからない。

斜格動作主：泥棒が警官に捕まった（私はあの先生に数学を教わった）。
二次述語：息子が医者になった。

読書案内

① 小林隆（2004）『方言学的日本語史の方法』ひつじ書房。
  ＊この書籍にはエやサといった格助詞の歴史的展開と地理的分布の関係についての分析が含まれています。格助詞がどのようにして生じるのか，格助詞の用法がどのようにして広がるかを理解する上で役立つ文献です。
② 佐々木冠・渋谷勝己・工藤真由美・井上優・日高水穂（2006）『シリーズ方言学2 方言の文法』岩波書店。
  ＊第1章が日本語方言の格とそれに関連する現象について扱っています。「自発」のような格とも関連する現象を扱った章も含まれています。

参考文献

金水敏・高山善行・衣畑智秀・岡崎友子（2011）『シリーズ日本語史3　文法史』岩波書店。

坂井美日（2013）「現代熊本市方言の主語表示」『阪大社会言語学研究ノート』11, 66-83頁。

佐々木冠（2004）『水海道方言における格と文法関係』くろしお出版。

角田太作（2009）『世界の言語と日本語』（第2版）くろしお出版。

田畑千秋（2007）「奄美のウタ言葉の中の主格用法としてのNØ形──『大島の歌集』より」『国文学解釈と鑑賞』72-1, 190-200頁。

中本正智（1990）『日本列島言語史の研究』大修館書店。

森下喜一（1971）「方言にあらわれる格助詞「げ」について」『野州国文学』7, 21-35頁。

Blake, Berry (1994) *Case*. Cambridge: Cambridge University Press.

Frellesvig, Bjarke (2010) *A History of the Japanese Language*. Cambridge: Cambridge University Press.

第17章 テンス・アスペクト表現

沖　裕子

この章で学ぶこと

　この章では，現代日本語方言のテンス・アスペクト表現を中心に取り上げていきます。

　第1節では，テンス・アスペクトとは何かについて簡単にふれます。そして，西日本方言と東日本方言では大きな差があることを理解するために，愛媛県宇和島方言を取り上げ，その体系を分析します。宇和島方言のアスペクトは2項型で，文法的に2つの形式で表し分けられています。

　第2節では，東日本方言の代表例として東京方言を取り上げ，分析します。アスペクトは1項型で，文法的に1つの形式で多義的に表されています。

　第3節では，西日本方言と東日本方言の接触地帯で起こっている変化と，西日本各地で起こっている変化について考察します。

キーワード

　テンス，アスペクト，ムード，形態論，構文論，意味論，ヨル，トル，テイル

---

① 宇和島方言のアスペクト

1.1　テンス・アスペクトとは

　テンスは時の表現，アスペクトは動きの様態を表す表現です。日本語の「た」は英語の過去形にあたると習うことがありますが，1対1で対応するわけではありません。「バスが来た」とか「あった」という表現は英語では過去形でなく，現在進行形や現在完了形を使います。またドイツ語やフランス語では英語の現在完了形とそっくりの言い方が過去を示し，単純な過去と継続的な状態が使い分けられます。それぞれの言語で「時制」「法」「態」と呼ばれる現象で，歴史的に少しずつ意味，用法がずれたのです。

　現代日本語のテンス・アスペクトは，文法的には，動詞の接尾辞や，動詞の

拡張形式（用言複合体，補助動詞）などで表されます。文には，発話時から見た出来事の時（テンス，時制），また，出来事の時間的展開の様相（アスペクト，相）が，原則として示されます。そのため，テンス・アスペクトの表現が異なっているとすれば，それらの方言には，基幹的な部分で重要な異なりがあることを示しています。アスペクトは，東日本方言と西日本方言で大きく文法体系が異なっていることが知られています（図17-1参照）。

英語の現在進行形と現在完了形は，共通語では上手に訳し分けられない場合もありますが，西日本の方言では，ヨルとトルを用いると訳し分けられます。

	英　語	西日本方言
現在進行形	It is snowing.	雪が降りよる
現在完了形	It has snowed.	雪が降っとる

1.2 愛媛県宇和島方言の2項型アスペクト体系

西日本方言の例の1つとして，愛媛県宇和島方言のアスペクト体系を見てみましょう。宇和島方言では，形態的には，動詞連用形にアスペクトを担う接尾辞ヨル，トルをつけ，表し分けています（例文は，工藤1995から引用）。ヨルは「居（お）る」，トルは「て居（お）る」が変化してできた形式で，存在詞「居（お）る」を含んでいます。

例えば，次のような違いがあります。

(1)　来年の3月には，新校舎が建ちヨルよ。〔進行相〕
(2)　来年の3月には，新校舎が建ットルよ。〔結果相〕

(1)は，来年の3月には，新校舎の建設がまさに行われている最中であることを示しています。(2)は，来年の3月には，建設が終了して，新校舎ができあがっていることを示しています。次の用例はどうでしょうか。

(3)　庭でへびが死にヨッタ。水かけてやったら元気になった。〔進行相〕
(4)　庭にへびが死んドッタ。お墓作ってやったんよ。〔結果相〕

(3)は，へびがもがき苦しんでいるのを見ての発話であり，(4)は，へびはすでに死んだ状態にあることを見ての発話です。

すなわち，その動詞が表している動きが進行中であることを示す〔進行相〕がヨルで，その動詞が表している動きが完了し，その結果が継続していること

を示す〔結果相〕がトルで表現されており，おおむねどんな動詞にも，ヨル，トルをつけることができます。宇和島では〔進行相〕と〔結果相〕がそれぞれ2つの形式で表し分けられているため，2項型と呼んでおきます。西日本を見渡すと2項型にあたる語形は，〜ヨーと〜トー，〜ヨルと〜チョル，〜ヤルと〜タールなど，地域によってさまざまです。

　英語の現在進行形と現在完了形の使い分けに似た点があります。

1.3　ヨル，トルのムード性

　ヨル，トルは，〔進行相〕〔結果相〕というアスペクトを表すだけではなく，ムード（話し手の主観）も表しています。まず，ヨルについて見てみましょう。

（5）　あ，先生が黒板の字，消しヨル。〔将然相〕
（6）　昨日，うちの子，学校に行きヨッたんぜ。日曜日やのに。〔将然相〕

　(5)では，先生はまだ黒板の字を消していません。消す動きに入るところを見ての表現です。また，(6)では，うちの子は学校に行こうとしていましたが，その時点では，まだ学校に行くという動きには入っていません。これらを，〔将然相〕と名づけます。動きが展開しつつあって実現の一歩手前にあることをとらえた表現ですから，アスペクト的には，〔将然相〕は〔進行相〕の1種には違いありません。しかし，まだ行われていない動きを見て話し手が判断し，そうした動きに入ろうとしている，と述べるものですから，いわば話し手の主観的なとらえ方（ムード）を同時に表す形式でもあります。

　次に，トルについて，見てみましょう。

（7）　また，子供らが，みかんの枝を折っトル。〔痕跡相〕
（8）　昨日，川に誰かがごみを捨てトッタ。〔痕跡相〕

　(7)は，発話者は，単に枝が折れた状態を見ているだけで，そこに子どもはいません。ここから，子どもたちが折った，と判断するのは明らかに話し手の主観的想像の世界です。見てはいないにもかかわらず，「また，子供らが，みかんの枝を折」り，その結果が今のこの枝の折れた状態として継続していると述べているのです。同様に，(8)でも，目の前に見ているのは川の中にあるごみだけであり，「川に誰かがごみを捨て」るところを見たわけではありません。宇和島方言では，すべての動詞についてこうした痕跡から判断した〔痕跡相〕を表すことができます。さて，これを形式の側から見れば，接辞トルは動きの

〔完了〕を意味している，とすることができます。宇和島方言は，トルが，完了とアスペクト（結果）を兼ねている方言です（(7)をあえて東京方言に翻訳すれば，「また，子供たちが，みかんの枝を折っタ」にあたります。子どもが枝を折った事実を見ていなくてもよく，タは単に，そうした動きが完了したことだけを表します）。

② 東京方言のアスペクト

2.1 東京方言の１項型アスペクト体系

　東京方言（共通語も）では，形態的には，動詞の連用形に接尾辞テを後接させ，さらにイル（居る）という倚辞（附属語，補助動詞）をつけ，全体が用言複合体シテイルとなります。このシテイル（厳密にはテイの部分）が，〔進行相〕と〔結果相〕を多義的に表現しています。改まった場面ではシテイルですが，日常場面ではシテルという縮約形も多く聞かれます。

　例えば，次の例を見てみましょう。

(9)　今，ご飯，食ベテル。〔進行相〕
(10)　来年の３月には，新校舎が建っテルよ。〔結果相〕

　(9)は，ご飯を食べるという動きが進行中であることを示しています。(10)は，新校舎が建つ（何もない状態から建物として完成する）という変化があり，その変化の結果が継続していることを示しています。建物が１軒である場合，宇和島方言と違って，「建っテル」は〔進行相〕にはなりません。〔進行相〕になる動詞と，〔結果相〕になる動詞が，語彙的に決まっているといえます。

　しかし，「今」「もう」などの，時に関係した副詞が連用修飾する文などでは，〔進行相〕を表す動詞が〔結果相〕になる場合があります。

(11)　今，ラジオを聞いテル。〔進行相〕
(12)　もう，そのニュースは聞いテル。〔結果相〕

　(11)の「ラジオを聞いテル」は，ラジオを聞くという動きが進行中であることを示していますが，(12)の「ニュースを聞いテル」は，主体がすでにニュースを聞く動きは終わり，そのニュースを聞いて知っている状態にあることを示しています。すなわち，ニュースを聞くという聞き手に起こった変化の結果が今も継続していることが示されています（表現法的には，(12)は，「も

う，そのニュース，聞いタ。」のように，アスペクト「テイル」ではなく，過去テンスと完了の両方の働きを担う「タ」によって表すほうが自然です）。

また，〔結果相〕しか表さない動詞が，副詞の修飾などがあると，複数の要素が次々にそうした動きを繰り返す反復を表すことがあります。(13)は，複数の建物が引き続き建ち続けること，(14)は，多くの蝉が間をおかず死に続けていることを示しています。〔反復相〕は〔進行相〕の1種ですが，(15)(16)のように1つの個体やまとまりに限れば，特に文脈化を行わない限り，その動詞は〔結果相〕の意味になります。

(13) 建物が次々と建っテイル。〔反復相〕
(14) 蝉がバタバタと死んデイル。〔反復相〕
(15) 建物〔1軒〕が建っテイル。〔結果相〕
(16) 蝉〔1匹〕が死んデイル。〔結果相〕

このように東京方言では，副詞修飾などで特別な文脈化を行わない場合には，テイルに前接する動詞によって，①〔進行相〕のみ，②〔結果相〕のみ，③〔進行相〕〔結果相〕も表せる，といういずれかに決まっています。変化結果の継続は，継続という点では動きが進んでいる最中であることを表しますので，この点で〔進行相〕と〔結果相〕を同じ形式で多義的に表すことができるのです。東京方言は，テイルという1つの形式で多義的にアスペクトを表現していますので，1項型と呼んでおきます。

2.2 東京方言テイルの文法的機能

動詞は，動きを表しています。ところが，テイルがつくとシテイル全体で状態になります。すなわち，テイルは，動きを状態化する形式として機能していることになります。意味的にもともと状態を表している動詞がわずかにありますが，そうした「ある，いる」「（あの人は中国語が）できる」などには，テイルがつかず，また形容詞のようにもともと状態を表している品詞にもテイルがつきません。これとは別に，「山が聳えテイル」，「道が曲がっテイル」など，テイルがつかないと，言い切る形では言えない動詞もあります（宇和島方言では，「運動会がありヨル。」という進行相の表現が可能です。また，西日本方言の中には，古い言い方であるカリ活用を介して「赤かりヨル」などと形容詞にもヨルがつく方言があります。西日本方言アスペクトのヨルには，動詞を状態化するという文法的機能がなく，進行という時間的展開をより明確に示すと

いう機能があるといえるでしょう）。

　また，東京方言アスペクト（共通語も）のテイルは，眼前の出来事をとらえる場合には，ムード用法がありません。〔進行相〕でも〔結果相〕でも，文内容は，発話者が体験的に知覚している事柄でなければ表現できません。次を見てください。

(17)　昨日，川に誰かがごみを捨てテイた。〔進行相〕
(18)　あ，雨，降ってル。〔進行相〕
(19)　誰かが大通りの穴に落ちテイた。〔結果相〕
(20)　あ，電気が消えテル。〔結果相〕

　(17)では，発話者自身が過去時に「川に誰かがごみを捨てる」その動きを見ていなければ言えません。(18)「雨，降ってル。」という場合は，耳で雨音が聞こえたり，目で見えるなどしていなければ使用できません。つまりは，今後の動きの展開が想像の中にしかない〔将然相〕は，東京方言のテイルでは表せないということです。また，東京方言では〔痕跡相〕もいえません。(19)では，「誰かが大通りの穴に落ち」た状態にあることを，発話者が実際に見るなどしていなければ使用できず，(20)では，発話者が「電気が消え」た状態にあることを見ているなどしていなければ使用できないためです。

2.3　東日本方言に見られるイタ，テラなど

　東日本方言では，玄関口などで，人の所在をいま確認するときに，次のような会話をする地域があります。

(21)　「オバーサン，イタ？」「アー，イタ」

　一見するとタは過去や完了を表しているように見えますが，一時的な存在を表す動詞の現在形そのものが「イタ」であるためです。
　また，図17-1にも見るように，東北地域には存在詞「ある」を起源とした〜テラという形式も分布しています。例えば，青森県五戸方言では，動詞だけではなく形容詞にも，〜テラ，〜テラッタというアスペクト形式を規則的につけることができます。〜テラは，次のように，時間の経過とともに変化する状態のはじめの段階をとらえたときなどに使用できます。話し手が，ストーリーの中で眼前の事態を展開的にとらえるアスペクト表現です（用例は，金田 2001 より）。

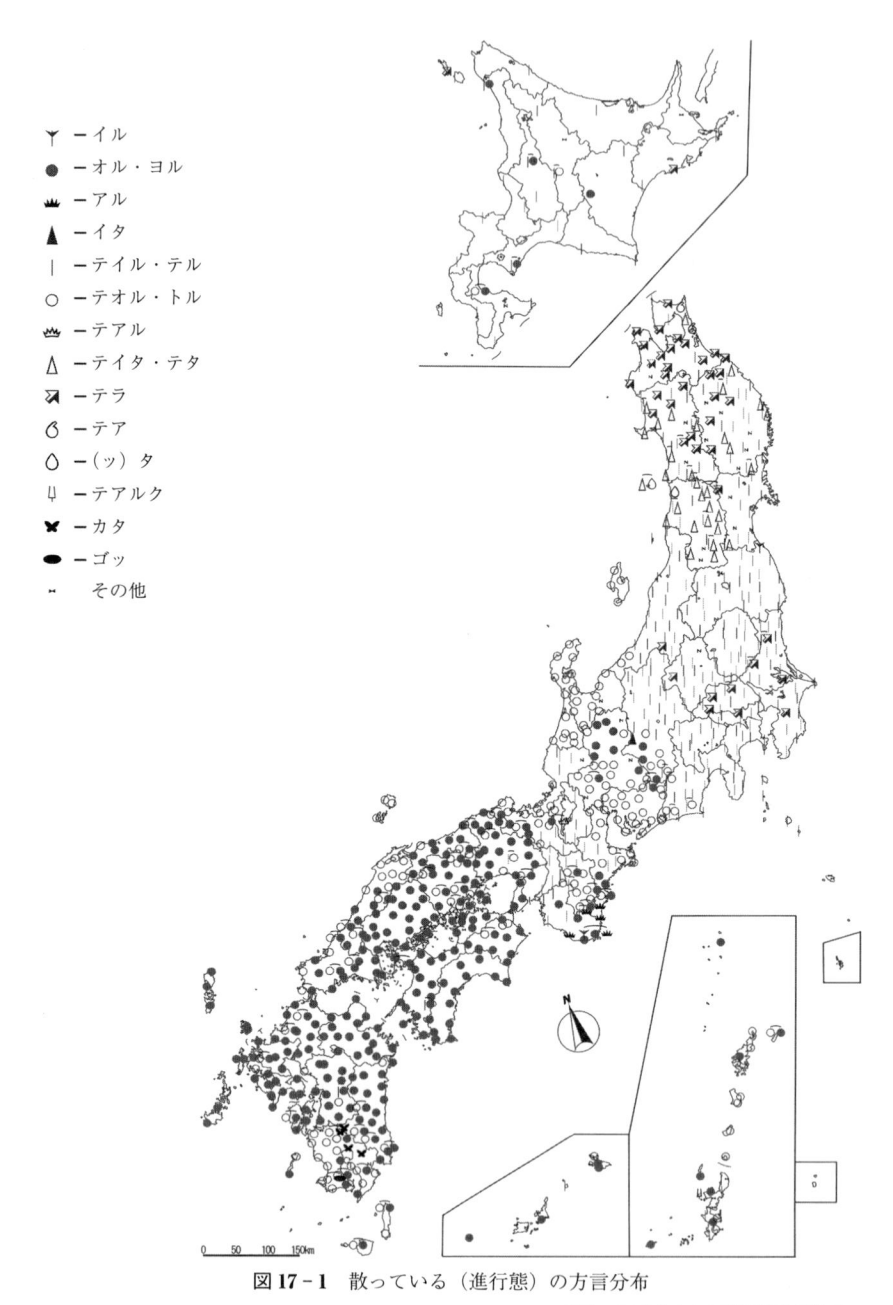

- Y —イル
- ● —オル・ヨル
- ♛ —アル
- ▲ —イタ
- | —テイル・テル
- ○ —テオル・トル
- ♛ —テアル
- △ —テイタ・テタ
- ⌬ —テラ
- ⊘ —テア
- ◯ —(ッ)タ
- ⊔ —テアルク
- ✘ —カタ
- ⬣ —ゴッ
- ～ その他

図17-1 散っている（進行態）の方言分布

出典：GAJをもとに津田智史氏作成。

(22) マんダ　ミんチカクテラ。（〔長芋が収穫できると思ったら意外に〕まだ短い。）
(23) マんダ　ホソクテラ。（〔キュウリなどが〕まだ細い。）

～テラに対して，～テラッタは，時間的幅を持つ状態がかつて存在したことを表す完了または過去の表現です。

(24) アー，サメダガ。サッキマンデ　アッツフテラッタェー。（あ，〔お湯が〕さめたかい。さっきまであつかったよ。）

また，八丈島にも「ある」由来の形式が使用されていますが，八丈島方言では，古語の姿を残して動詞の終止形と連体形が別語形であるため，さらに複雑なアスペクト表現が見られます。

③　アスペクトの分布実態と変化

3.1　中間地帯のアスペクト

アスペクトは，東日本方言と西日本方言で大きく文法体系が異なっています。そして，東日本方言と西日本方言をはさんだ近畿中央部から富山，岐阜，愛知，三重県などの地域は，その中間的な体系になっています。

さて，東日本1項型アスペクトと，西日本2項型アスペクトをはさんだ地域では，ヨル・トル2項型がトル1項型に変化して現在のアスペクト体系になりました。このとき，型としては東日本方言のように見えますが，意味的には〔痕跡相〕が使えるなど，西日本方言アスペクトの特徴を残している場合があります。例えば，大阪地域共通語などで使用される共通語的な言い方の「テル」には，次のような現象が見られます。

(21)　あ，髪，切ッテル。
(22)　あれ，口の中，切ッテル。

東京方言であれば(21)はいま目の前で髪を切りつつある〔進行相〕ととらえるのが自然ですが，大阪地域共通語では，目の前で髪を切るのを見ていなくてもよく，ショートカットになって目の前に現れた友人を見て発話するときに使えます。つまり，西日本型の〔結果相〕もしくは〔痕跡相〕としてテルが使用されており，(22)も同様です（東京方言では，「切る」は進行動詞（＝継続動

詞）のため，「切れる」という結果動詞（＝瞬間動詞）を用いて「あれ，口の中，切れテル」と表現します）。

さらに，この地域ではトル１項型（あるいはテル１項型）に変化したため，はみだしたヨルという形式はアスペクトの意味を薄れさせ，もともと持っていた話し手の主観を表すムードの性格を強めていきました。例えば，「人が道で倒れトリヨッタ。」と言えるようになった地域がそれです（三重県など）。トルとヨルは対立する形式ではなくなっており，アスペクトは「倒れトル」で〔結果相〕が表現され，ヨルは，「私はこの目で見た」という証拠性（エビデンシャリティ）を表すようになりました（第11章参照）。人が道で倒れているのを私は見た，と述べているわけです。エビデンシャリティはムードの１つです。また，「猫，池，落ちヨッタ。（落ちやがった）」のように，ヨルが話し手の主観である卑罵感情を表すようになった地域もあります（京都，大阪など）。

3.2 西日本方言アスペクト体系の変化

西日本２項型アスペクト分布地域の中心部でも，現在，言語的な理由による変化がさかんに起こっています。

ヨル，トルは，どんな動詞にもつくことができますが，動詞によってヨル，トルの表す意味が，見掛け上どちらも〔進行〕を表しているように見える場合があります。例えば，「開ける」という動詞は，動きが始まったあと動きが終わるまでが一連のものとして理解されます。動きの終わる時点が注目される動詞は，ヨルが進行を，トルが結果を表し分けます。しかし，次の例ではどうでしょう。

(23) 先生が走りヨル。
(24) 先生が走っトル。

「走る」は，その動きに入ったあと，宇和島方言では，その動きが終わった時点が注目されません。こうした動詞につくトルは，その動きに入ったという変化後の結果に注目して「走っトル」と発話されます。現実の動きと対応させて説明すると，走り始めたところを見て「走っトル」と発話されることになりますが，現実にはその人は依然として走り続けているため，走っトルがあたかも進行中の動きを指しているような事態が生じます。こうしたことから，「走る」のような動詞では，ヨルとトルが対立しなくなり，どちらも〔進行相〕のように使用されます。すると，２形式あることが余剰と感じられ，次第にトル

１項型へと変化するきざしを見せています。すなわち，京都大阪という旧中央語を中心に起こったであろう変化が，西日本全般でも起こり始めていることが観察されています。

しかし，近年，西日本方言では，「ヨル：トル」の対立をもとに，始動相に新しい形式（新方言「ヨク：チョク」など，広島以西）や，形式が共通語と似ていて意味用法がずれている言い方（気づかれにくい方言「～カケル：～テオク（トク）」，京阪から岡山にかけて）が発生しています。「先，食べヨク」や「先，食べカケルね」という言い方は，相手を待ちながらも先に箸をつけているような場合，「先，食べチョク」や「先，食べトクね」という言い方は，相手を待たずに食べ進めているような場合に使用されます。こうした新しい言い方の中に，２項型が受け継がれています。

上で示したテンス・アスペクトの用法の違いは，言語変化の反映でもあります。英語の現在完了形や現在進行形の用法が変化を示すのと同様，日本語の共通語でも方言でも変化を起こしているのです。具体的なモノを指す名詞や具体的な動きを指す動詞にくらべて，テンスやアスペクトはとらえ方の違いなので，人によって受け取り方が違うことがあります。諸言語に微妙な違いがあり，日本語の中にも方言差があり，世代差があって今も変化が進行中と見られるのも，そのためです。

練習問題

1．宇和島方言では，次のトルは，どのようなアスペクトを表していますか。

　　(1)　いま，山に行っトル。もうすぐ帰って来らい。
　　(2)　また，山に行っトル。洋服をこんなに汚のうにして。

2．次の場面で，宇和島方言と東京方言では，[ ]内の動詞を用いた場合，どう表現しますか。

　　(1)　校長先生が，講堂の戸を押しあけつつある。[開(ひら)く]
　　(2)　金魚が口をパクパクさせて苦しがり，もうすぐ昇天しそうだ。[死ぬ]
　　(3)　目の前にある岩がぐらぐらしており，今にも落下する。[落ちる]

読書案内

次の２冊は，それぞれの考えによって，アスペクトとテンスを専門的立場から体系的

に詳しく論じています。ぜひ読んでみてください。なお，本章の解説内容は，①②を参照していますが，両書と異なる点もあります。
① 工藤真由美（1995）『アスペクト・テンス体系とテクスト——現代日本語の時間の表現』ひつじ書房。
　＊宇和島方言についても，詳しく論じられています。
② 金田一春彦編（1976）『日本語動詞のアスペクト』むぎ書房。
　＊東京方言について，詳しく論じられています。日本語のアスペクト・テンスに関する最初期の専門書の1つです。

参考文献

井上文子（1993）「関西中央部における「オル」・「〜トル」の軽卑化のメカニズム」『阪大日本語研究』5，19-32頁。

井上文子（1998）『日本語方言アスペクトの動態——存在型表現形式に焦点をあてて』秋山書店。

楳垣実（1962）『近畿方言の総合的研究』三省堂。

沖裕子（1996）「アスペクト形式「しかける・しておく」の意味の東西差——気づかれにくい方言について」平山輝男博士米寿記念会編『日本語研究領域の視点』明治書院，30-46頁。

沖裕子（2000）「アスペクトからみた動詞分類再考——「気づかれにくい方言」にふれて」『人文科学論集』34，51-68頁。

沖裕子（2001a）「生き残る気づかれにくい方言」『月刊言語』30(1)，74-81頁。

沖裕子（2001b）「中近畿アスペクトについて」工藤真由美編『科学研究費報告書：方言のアスペクト・テンス・ムード体系変化の総合的研究』61-76頁。

金田章宏（2001）『八丈方言動詞の基礎研究』笠間書院。

金田章宏（2004）「青森県五戸方言形容詞の〜クテル形式」工藤真由美編『日本語のアスペクト・テンス・ムード体系——標準語研究を超えて』ひつじ書房，134-165頁。

国立国語研究所（1999）『方言文法全国地図Ⅳ』大蔵省印刷局［Webで公開］。

辰浜（久野）マリ子（1977）「相生方言のアスペクト——「居る」・「て居る」について」『都大論究』14。

丹羽一弥（2005）『日本語動詞述語の構造』笠間書院。

馬瀬良雄（1992）『長野県史　方言編』長野県史刊行会。

梁井久江（2011）「西日本諸方言における補助動詞「おく」の〈接続〉用法——用法拡大に関する考察」『都大論究』48，1-18頁。

山部順二（2008）「西日本方言における補助動詞「おく」の非意志的構文の成立と多様化」『ノートルダム清心女子大学紀要，日本語・日本文学編』32(1)，1-32頁。

第18章 可能表現

渋谷勝己

この章で学ぶこと

　可能表現とは，ある人が何かを実行しようとするとき，それを実現することが可能かどうかを述べる表現領域で，共通語では「読める」や「起きられる（起きれる）」，「できる」などの形式を使って表します。これらの形式は方言でも使われることがありますが，方言によってはそのほかに，例えば関西では「よう読まん」や「読まれへん」といった言い方が聞かれますし，九州には「読みきらん」といった言い方や「読みださん」といった言い方もあります。上の「起きられる」という言い方は受け身を表すのにも使われますが，受け身の言い方は日本全国で大きな違いが観察されないのに対して，可能表現には日本全国で大きな地域差があります。また本書では詳しくは取り上げませんが，可能表現は日本語の歴史の中で大きな変化を経てきた表現領域でもあります。

　この章では，このような多様性を持つ可能表現を取り上げて，各方言の可能表現の体系や，その全国的な分布に注目します。国語の文法の授業では，助動詞などの形をあげてその用法を示しますが，この本では逆に，用法（可能）を出発点にして，どんな形（助動詞や補助動詞）があるかを考察します。また，少し視野を広げて，可能の意味を担う文がどのような文の構造を持っているのか，また会話の中でどのように使われるのかもあわせて考えてみることにしましょう。

キーワード

　可能表現，可能文，可能形式，能力可能，状況可能，格パターン，禁止

1　可能表現とは

日本語には，

(1)　最近は忙しくて，ゆっくり買い物にも行けないなあ。

のような表現，つまり，人間や動物などの，自分の意志によってある行為を行

うことができる主体が、その行為を実際に行ってみようとする場合、それができるのか、できないのか、といったことを表す表現があり、これを「可能表現」といいます。また、このような可能の意味を中心的に担う形式を「可能形式」（上の例では「行けない」）、その形式を含む文を「可能文」といいます。あとで具体的に見るように、方言を含めて日本語では、可能の意味を表すのに、助動詞の「れる」や「られる」、補助動詞の「える」や「きる」、副詞の「よう」、形容詞の「（〜に）いい」など、さまざまな品詞に属する形式を使いますので、広く「可能表現」と呼ぶことにしています。

英語では can や be able to を動詞につけ加えて可能を表しますが、後述のように日本語とは用法が違います。漢文で学ぶような中国語では「可」をつけます。多くの言語で要素をつけ足して可能を表すようで、日本語の方言もその中に位置づけられます。

可能表現が成り立つために大事な要素は、〔行為〕ということと、〔意志によって〕ということです。〔行為〕ということから予想できるように、可能文は、形容詞を述語とする文や名詞を述語とする文ではなく、動きを表す文、つまり動詞文について成り立つものです。また、〔意志によって〕ということからわかるように、動詞の中でも、無意志的な動きや状態を表す場合、例えば「（恋に）落ちる」「（先輩に）あこがれる」などについては、可能文は作れません。

それに対して、動作主体の意志によって成り立つ行為については、次のように、自由に可能文を作ることができます。すべて、共通語の例です。

(2) ぼくは新書1冊ぐらい1日で<u>読める</u>。
(3) 最近夜ふかしばかりしていて、朝早く<u>起きられない</u>。
(4) 悪いけど、明日は<u>来られない</u>よ。
(5) 静かにしてくれ。うるさくって<u>勉強できない</u>じゃないか。

共通語では、それぞれの可能文の可能形式（例の下線部）は、動詞が五段活用か一段活用かといった、動詞の活用タイプによって決まっているようです。五段動詞の場合に使われる「書ける」「泳げる」などの動詞は、可能の意味を専門に表す動詞という意味で、「可能動詞」と呼ばれることがあります。一段動詞とカ行変格活用動詞の場合には、国語の教科書などでは、動詞の未然形に助動詞「られる」をつけて可能形式を作ると説明されます。サ行変格活用動詞の場合には、「する」を「できる」にかえて使うことが一般的です。ただし、

この規則には，次のようないくつかの変則的なところが見られます。

①五段動詞についてはまれに，「行かれる」や「帰られる」「入られる」などの助動詞「れる」形が使われることがあります。また同じく五段動詞について，最近では，「行けれる」や「読めれる」のような，可能動詞の真ん中に「れ」が入ったようなことばを使う人が多くなってきました（「レ足すことば」などということがあります）。

②上一段活用と下一段活用動詞やカ行変格活用動詞では，助動詞「られる」を使った形のほかに，「見られる」「来られる」の「ら」を抜いたような「見れる」や「来れる」などの形（「ラ抜きことば」と言います）も使われ，むしろこちらのほうがよく使われるようになっています。「走る：走れる＝見る：X，X＝見れる」といった比例式を考えると，どうしてこんな形が出てきたのかがわかるかと思います。

共通語の可能形式にはそのほかに，「｛｛書く／見る／研究する｝）ことが｛できる／可能だ｝」といった，動詞の部分（「書く」など）と可能を表す部分（できる）を別々に表現する分析的な形式もあります。これは，すべての活用タイプの動詞について使うことができる便利な形式ですが，少々長いところが欠点です。話しことばではあまり使いません。

② 方言の可能表現

次に，本題の，方言の可能表現について見てみましょう。

方言の可能表現を理解するためには，可能の意味を，共通語では表し分けることのない，2つの意味に下位分類することからはじめることが必要です。その2つの意味とは，

(6) ぼくは全然泳げない。
(7) 今日はプールが工事中で泳げない。

のような可能文に見られる違いです。この2つの文はなにが違うのか，わかりますか。どちらも「泳げない」ことを述べる文ですが，どうして泳げないのか，その理由に注目してみてください。最初の(6)の場合には，自分に泳ぐ能力がないことがその理由になっているのに対して，次の(7)の場合には，自分に泳ぐ能力があっても，プールが工事中なものだから泳げないという，自分以外の状況に問題があることを述べる文です。このような2種類の可能の意味につい

- ・ ヨメル（ヨメタ）
- ◉ ヨムル
- ● ユミン
- ○ ヨメール，ヨメー
- ◪ ヨマレル
- ◻ ヨマエル
- ◼ ヨマルル
- ◪ ユマリーン
- ♧ ヨメセル
- ⋈ ヨメゲル
- ♦ ヨメレル
- ♦ ヨメーラレル
- ╌ ヨムコト（ガ）デキル
- ╌ ヨムコト（ガ）デル
- ▨ ヨムコト（ガ）ナル
- ▨ ヨン・ヨミ−（ガ）ナル
- ▲ ヨムニイー
- ▲ ヨムノアイー
- △ ヨムイ・ヨメヨカ
- Y ヨーヨム
- T エーヨム
- Y ヨー−ヨメル・ヨマレル・ヨミキル
- ひ ヤス（ト）ヨム
- ひ ケッコニ−ヨム・ヨマレル
- ⌒ ヨミ（ー）−エル・エール
- ⌣ ヨミ・ヨマ−ユル
- ✈ ヨミキル
- ● ユミユースン
- ▼ ユミミツン
- ✚ ユミッシン
- ♀ ヨモホーダラ
- ~ 無回答

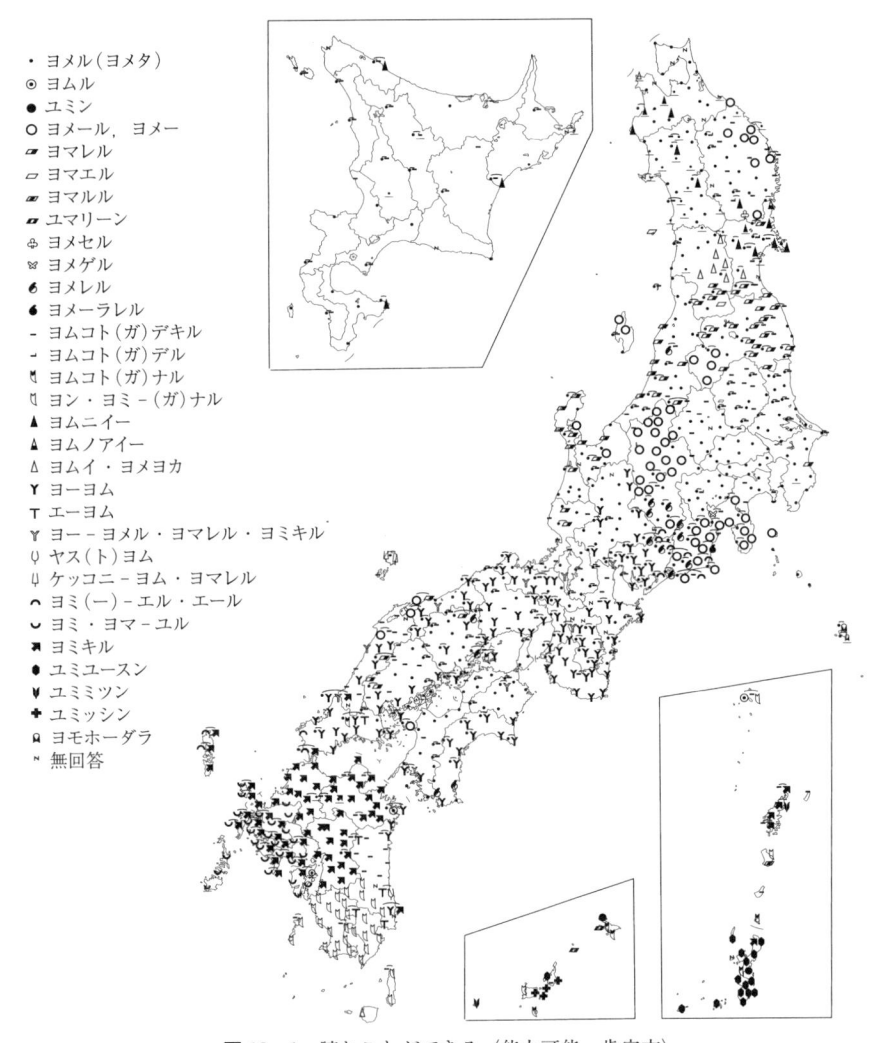

図18-1　読むことができる〈能力可能・肯定文〉

て，前者を「能力可能」，後者を「状況可能」と呼ぶことがあります。共通語ではこの2つの意味を，異なった形式を使って表現し分けることはありませんが，方言によっては異なった形式がそれぞれの可能の意味を表すことがありますので，最初に区別しておく必要があるのです。

　このことを踏まえた上で，全国の方言で使われる可能形式を見てみましょう。

- ・ ヨメル（ヨメタ）
- ⊙ ヨムル
- ○ ヨマル
- ◎ ヨメール
- ⊐ ヨマレル
- ⊏ ヨマエル
- ⊠ ヨマルル
- ⊐ ユマリーン
- 6 ヨメレル
- ⓺ ヨメルル
- 6 ヨメレレル
- 6 ヨメラレル
- − ヨムコト（ガ）デキル
- ⌐ ヨムコト（ガ）デル
- ⌐ ヨムコト（ガ）ナル
- ⌐ ヨミ・ヨン−（ガ）ナル
- ▲ ヨムニイー
- ▲ ヨムノアイー
- ▲ ヨメルニエー
- △ ヨム・ヨミ・ヨメ−イ，ヨミ・ヨメ−ヨカ
- Y ヨーヨム
- Y ヨー−ヨメル・ヨマレル・ヨミキル
- ⌣ ヨミユル・ヨマユル
- ▣ ヨミキル
- ● ユミユースン
- ⁓ 無回答

図18-2　読むことができる〈状況可能・肯定文〉

　図18-1と図18-2は，それぞれ，能力可能（うちの孫は字を覚えたのでもう本を読むことができる）と，状況可能（電燈が明るいので新聞を読むことができる）を表す方言の形式を地図に載せたものです（竹田 2006・2007，国立国語研究所編 1999）。

　この地図に，さらに否定文の情報も加えて，各地域での能力可能と状況可能

第18章　可能表現　189

表18-1 各地方言の可能表現体系

地域	能力可能	状況可能
秋田	ヨメル・ヨメネ	ヨムニイー・ヨマエネ
山形内陸	ヨムイ・ヨマンネ	
新潟北部	ヨメル・ヨメネ	ヨマレル・ヨマンネ
東京	ヨメル・ヨメネー	
長野	ヨメール・ヨメーネ	ヨメル・ヨメネ
京都	ヨーヨム・ヨーヨマン	ヨメル・ヨメヘン
大阪	ヨーヨム・ヨーヨマン	ヨメル・ヨマレヘン
高知	ヨーヨム・ヨーヨマン	ヨメレル・ヨメレン
福岡	ヨミキル・ヨミキラン	ヨマルル・ヨマレン
長崎	ヨミユル・ヨミエン	ヨマルル・ヨマレン
鹿児島	ヨミガナル・ヨミガナラン	
沖縄	ユミユースン・ユミユーサン	ユマリーン・ユマラン

をどのように表現し分けるか，あるいはし分けないかをごく大まかに整理してみると，表18-1のようになるかと思います。

　共通語のベースになった東京では能力可能と状況可能を表す形式は同じですが，全国的に見れば2つの意味を異なった形式で表現し分ける地域もたくさんあります。また，能力可能と状況可能を形の面で区別するといっても，その意味を担う具体的な形式は地域によって違っているようです。一般に能力可能に，その地域だけで使われる特徴的な形式が多いようですが，秋田のように，状況可能に特別な形式（「よむにいい」）を使うところもあるようです。「よむにいい」は山形では，縮まって「よむい」という1つの形容詞のようになり，能力可能でも使われています。

　なお，方言によっては，さらに意味を細分し，別の形式でもって表現し分けているところもあるようです。例えば大分などでは，

(8)最近忙しくて郵便局に行キダサン。

のように，状況可能のうち時間的な余裕があるかないかといったことに注目して，特別な可能形式を分化させています。

　可能形式の中には，九州・沖縄の「読みきる」や「読みださん」のように，それが可能の意味を表すということに話し手も気づいていないものがあります。

みなさんの方言の中にも「隠れた可能形式」がないか,もしあった場合にはそれがどのような可能の意味を表すものか,注意して観察してみてください。

3　可能表現のさらなる特徴

　この節では,可能文について,可能形式だけではなく,もう少し広い視点からながめてみることにしましょう。具体的には,可能文の文の組み立て方(構文といいます)と,会話の中での可能文の使われ方に注目してみます。

3.1　可能の構文
　まず,可能の構文です。可能文は,例えば可能動詞や助動詞「られる」を述語とする他動詞文の場合,動作主体(動作をする人)と対象(動作を受ける人やもの,英文法でいう目的語)をマークするのに,次のような3つの方法があります。ただし「太郎が」の「が」の部分にはふつうは「は」が使用され,「に」は「には」となります。

(9)　太郎が英語を話せない。
(10)　太郎が英語が話せない。
(11)　太郎に英語が話せない。

　この3つの方法の中では,[〜が〜が]でマークする方法がもっとも中立的なものです。[〜が〜を]は動作主体の働きかけ性が高い場合や(可能文ではありませんが,「君には僕の気持ち<u>が</u>わからない」「僕の気持ち<u>を</u>わかって<u>くれ</u>」なども参照して下さい),対象を表す名詞句と動詞述語が文の中で離れている場合(太郎は<u>英語を</u>よどみなくスラスラと<u>話せる</u>),[〜に〜が]は能力可能や動作の主体が他の主体と対比されている場合(「太郎にはできても次郎にはできない」など)に使用されることが多いようです。

　以上は,可能動詞や助動詞「られる」を持つ可能文の場合ですが,それ以外の可能形式を持つ可能文については,その構文のあり方は,その形式がもともとどのような意味を表していたかということと関連します。例えば,補助動詞の「える」や「きる」,「おおせる(沖縄の「ゆみゆーすん＝読みおおせる」など)」といった,もともと何かをやり遂げるという意味を表す形式に由来するものの場合は,一般に[〜が〜を]というパターンをとります。関西方言の副詞「よう」などを使った可能文の場合も同じく[〜が〜を]というパターンで

す。しかし，「かなう」（出席がかなわない）や「なる」（油断がならない），「できる」など，もともと事態が（動作主体の努力によるものではなく）自然に出来するといったことを表す形式が起源の場合には，［〜が〜が］や［〜に〜が］など，対象を「が」でマークすることがふつうのようです。もっとも，方言の中には（話しことばとしての共通語でも），

(12) ぼく　逆上がり　できるよ。

のように，動作の主体や対象を格助詞でマークしないものも多く，上のような格パターンの違いが見えないことも多いのですが。

3.2　可能文の語用論的特徴

次に，可能文が会話の中などでどのように使われるかを見ておきましょう（「語用論的特徴」といいます）。

可能文は冒頭で述べたように，人間や動物などの，自分の意志によってある行為を行うことができる主体が，その行為を実際に行ってみようとする場合に，それができるのか，できないのか，といったことを述べるために使われるのが基本です。しかし可能文はそのほかにも，

(13) 芝生には入れません。
(14) ここは駐車できません。

のように，聞き手や読み手の行為を禁止するために使われることもあります。ただしこの場合には，「入るな」や「駐車するな」のような強い禁止命令ではなく，一般の人々を対象とした，丁寧な禁止になることが多いようです。もっとも，方言によっては，可能文を使用した禁止の言い方がかなり慣用化している地域もあるようです。四国方言などでは，「そんな危ないとこ行カレンヨ」「そんなことセラレンヨ」のように，聞き手に注意を与えるときによく使われます。

ちなみに，お菓子に入っている乾燥剤などには，

(15) 食べられません。

と書いてありますが，これは，並んで書いてある，英語の，

(16) DO NOT EAT.

といった禁止命令文と対照的です。英語が出てきたついでに，英語と日本語の可能文の使い方の違いをもう1つ。英語では，可能を表す can は，

(17) Can you pass me the salt？（塩をとってくれる）
(18) You can come.（来てもいいよ）

のように，依頼や許可を述べるのにも使われますが，日本語ではこのような使い方はごく限られるようです。その他，英語の can は，

(19) He cannot be a singer.（彼が歌手だなんてありえない）

のような話し手の判断を表すことがありますが，このような用法も，方言も含めて日本語では，「ありえない」や「起こりうる」のように補助動詞「える」が無意志動詞についた場合以外には観察できないようです。ちなみにこの用法は，これまで見てきた，主体の意志的な行為を表す動詞文について成り立つ可能文とは性格がまったく異なります。

④ 可能表現はめまぐるしく変わる

　可能表現は，本章で見てきたように，地域的に多彩な形式が使用される文法事象です。また過去の歴史の中でも，可能表現は大きく変化してきました。みなさんご存じのように，古典語の可能形式には，助動詞「る・らる」のほかに，副詞「え」などというものがありました。これまで日本語の歴史や方言の中で使われてきた可能形式には，大きく分けて，

○　ある行為を最後までやり遂げることを述べる形式だったものが可能形式になったもの（副詞「え」や補助動詞「える」「きる」「おおせる」など）。
○　ある行為が自然に成り立つことを述べる形式だったものが可能形式になったもの（上代・中古の自発の助動詞「（ら）ゆ・（ら）る」，「かなう」，「なる」，「できる」など）。

の2種類があるようで（第3節可能の構文もご覧ください），日本語では，「遂行」や「自然発生」などの意味領域を担う形式が可能形式になっては消えていくようです。

　可能表現をめぐる変化は，いまも続いています。可能の新しい言い方であるラ抜きことばやレ足すことばが現在でもその使用範囲を広げていることは，第

1節で見たとおりです。今後，どのような形式が可能表現として採用されるのか，楽しみですね。また，可能表現はなぜこのように激しく変化するのかも，じっくりと考えてみたいところです。

練習問題

1．ラ抜きことばやレ足すことばが，現在，どの地域の出身者に，どのような場面で，どの程度使用されているか，観察してみましょう。
2．図18-1や図18-2のような分布がどのようにして形成されたのか，本書の第Ⅰ部も参考にしながら考えてみましょう。

読書案内

① 渋谷勝己（2006）「自発・可能」『シリーズ方言3 方言の文法』岩波書店。
　＊自発と可能の両表現について，各地方言で使用される形式やその意味，語用論的特徴などを細かく整理しています。本章ではあまり触れていない，可能表現が成立するプロセスなども少し詳しく述べています。
② 渋谷勝己（2002）「可能」大西拓一郎編『方言文法調査法ガイドブック』（科学研究費報告書，国立国語研究所の大西拓一郎さんのホームページ「方言の宇宙」からダウンロードできます。http://www2.ninjal.ac.jp/takoni/index_j.htm，2015年7月4日アクセス）
　＊各地方言の可能表現を調べ，その体系を描き出そうとする方のためのガイドブックです。調査の着眼点や調査文例などを詳しく記しています。

参考文献

国立国語研究所編（1999）『方言文法全国地図 第4集』大蔵省（財務省）印刷局，第173図～第185図［Webで公開］。
竹田晃子（2006）「読むことができる〔能力可能・状況可能〕」『月刊言語』第35巻12号，52-55頁。
竹田晃子（2007）「可能表現形式の使い分けと分布――能力可能・状況可能，肯定文・否定文」『日本語学』第26巻11号，131-139頁。

第19章 授受表現

日高水穂

― この章で学ぶこと ―

　現代日本語（標準語）には，「やる」「あげる」「さしあげる」「くれる」「くださる」「もらう」「いただく」という7つの基本的な授受動詞があります。これらは，ヴォイス的対立（能動・受動の対立），敬意の有無による対立，人称的方向性による対立（話し手を基準にした授受の方向性による対立）によってまとまった語彙体系を成し，さらに補助動詞用法によって，恩恵的行為の方向性を明示するという文法機能を持ちます。こうした授受動詞の語彙体系と用法は，中世以降の中央語（近世前期以前は京都語，近世後期以降は江戸・東京語）において確立してきたもので，現在も周辺部の方言の中には，授受動詞の補助動詞用法が未発達である方言や「くれる」を人称的方向性による区別なく用いる方言があります。
　この章では，まず，現代日本語に特徴的な授受表現の中央語における発達過程を見ていきます。そして，授受表現の語彙体系と用法の地域差を言語地図によって確認し，その分布から中央語で起きた言語変化の痕跡をたどります。さらに，中央語とは異なる授受表現の語彙体系を持つ方言が，現在，言語変化を生じる中で，その変化のプロセス自体に方言差が生じている，という現象を見ていきます。方言差が新たな方言差を生み出すという，方言形成のダイナミズムを見ていきましょう。

キーワード
　授受表現，授与動詞，受納動詞，遠心性動詞，求心性動詞，視点制約，人称的方向性，周圏分布，現場性，文法化

1　中央語における授受表現の発達

　この章で扱う授受動詞は日本語教育などでも使い分けを教えるのに苦労します。物の移動を表す日本語の動詞の中に位置づけて考えてみましょう。AさんからBさんに物とその所有権が移動するときに，お金が伴えばAが「売る」，

Bが「買う」となります。あとで返すならAが「貸す」，Bが「借りる」で区別します。一方，お金が伴わない物の所有権の移動では，Aが「やる」，Bが「もらう」という以外にAが「くれる」という言い方もあります。日本語の「売り買い」「貸し借り」にくらべて，「やりもらい」の動詞は複雑です。

現代日本語（標準語）では，「やる」「あげる」「さしあげる」「くれる」「くださる」「もらう」「いただく」という授受を表す7つの基本的な動詞が，表19-1のような語彙体系を成しています。

表 19-1 授受動詞の語彙体系

ヴォイス的対立	敬意の有無による対立	人称的方向性による対立	
		遠心性動詞	求心性動詞
授与動詞（与え手が主格）	敬意あり	さしあげる	くださる
	敬意なし	やる・あげる	くれる
受納動詞（受け手が主格）	敬意あり		いただく
	敬意なし		もらう

授受動詞は，まずヴォイス的対立によって，授与動詞と受納動詞に大別されます。ヴォイスとは，動詞の形態（第15章参照）と格体制に関わる文法カテゴリーで（第16章参照），例えば，能動文と受動文の関係などがヴォイス的対立の典型です。次の(1a)(1b)は，いずれも同じ事態を文にしたものですが，(1a)では「殴る」という行為の仕手である「太郎」が主格（ガ格）で表され，行為の受け手である「次郎」が目的格（ヲ格）で表されています。一方，(1b)では「次郎」が主格で表され，「太郎」は相手格（ニ格）で表されています。

(1)a. 太郎が次郎を殴る。[能動文]
　　b. 次郎が太郎に殴られる。[受動文]

授与動詞と受納動詞の構文的な関係も，(2a)(2b)のようにこうした格交替の関係にあります。

(2)a. 太郎が次郎に本をやる／くれる。[授与動詞]
　　b. 次郎が太郎に本をもらう。[受納動詞]

敬意の有無による対立では，「敬意なし」の非敬語動詞と「敬意あり」の敬語動詞に分かれます。敬語動詞である授受動詞のうち，「くださる」は主語の人物を上げるので尊敬語，「さしあげる」と「いただく」は主語の人物を下げ

るので謙譲語です。一方，与え手を上げ，受け手を下げる点で「くださる」と「いただく」は共通しており，与え手を下げ，受け手を上げる「さしあげる」と意味的に対立します。

　人称的方向性による対立は，話し手を基準にした授受の方向性によって，格関係に人称制限が生じる現象をとらえたものです。

(3) a. 太郎が［中立／話し手寄り］次郎に［中立／他者］本をやる。
　　b. 太郎が［他者］次郎に［話し手寄り］本をくれる。
　　c. 次郎が［話し手寄り］太郎に［他者］本をもらう。

　授受動詞は，与え手が話し手寄りの人物，受け手が他者の場合に用いられる遠心性動詞と，受け手が話し手寄りの人物，与え手が他者の場合に用いられる求心性動詞に分かれます。授受動詞にこうした人称制限（視点制約）が見られるのは，現代日本語の大きな特徴です。ただし，授与動詞と受納動詞では，人称制限が生じるメカニズムが異なります。受納動詞の人称制限は，次の例のように受動文にも同様に生じるもので，行為の受け手を主語にするという特殊な構文の持つ制約であると考えられます（以下，日本語としてやや不自然な例文の冒頭に「？」を付します）。

(4) a. ？太郎が［他者］私に［話し手寄り］本をもらう。
　　b. ？太郎が［他者］私に［話し手寄り］殴られる。

　それに対して，与え手を主格とする授与動詞が遠心性動詞と求心性動詞の区別を持つという語彙体系は，中世以降の中央語で発達してきたものです（古川1995）。中古以前は，「くれる（くる）」は人称的方向性の制限なく使用される授与動詞でした。一方，「やる」は授受行為そのものではなく「距離を前提とした2者間での対象物の移動」（「手紙をやる」「人を手伝いにやる」など）を表していました。そこから「やる」と「くれる」が人称的方向性によって対立するようになったのは，「くれる」が与え手を受け手よりも上の立場に置く表現だったためだと考えられます。身分の固定した上下関係重視の社会から身分の流動的な親疎関係を重視する社会に移行するに従い，話し手が与え手である場合に「くれる」を用いるのは，「偉そう」で「恩着せがましい」と感じられるようになったものと思われます。こうして遠心的方向の授与を表す「くれる」の使用が回避され（「くれる」の求心性動詞化），その代用に（そもそもは婉曲表現として）「やる」を用いる（「やる」の授受動詞化）という段階を経て，

現代日本語に見られる〔やる／くれる〕対立が生じたのです。

こうした人称的方向性による語彙的な対立に加えて，現代日本語の授受表現のさらに大きな特徴は，表19-1に挙げた7語がすべて補助動詞用法を持つことです。補助動詞用法は，2者間で行われた行為が恩恵的なものであることを示すだけでなく，本動詞用法と同様に，行為の人称的な方向性を明示する表現としても機能します。補助動詞用法の発達によって，現代日本語では，恩恵性のある行為においては，人称的方向性を表示することが必須になっています。

図19-1は，中央語における，授受動詞の補助動詞用法の成立時期を示したものです。非敬語動詞が補助動詞用法を確立したのちに敬語動詞の補助動詞用法が確立したこと，授受補助動詞の用法が語彙体系として整ったのは19世紀以降であることがわかります。

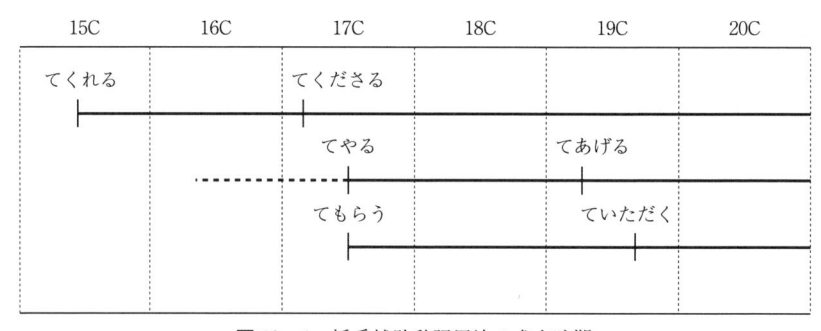

15C	16C	17C	18C	19C	20C

てくれる
てくださる
てやる
てあげる
てもらう
ていただく

図 19-1 授受補助動詞用法の成立時期

出典：宮地（1975, 1981）による。

② 授受動詞の補助動詞用法の地域差

授受動詞の補助動詞用法の成立が新しいものであることは，現在の方言に見られる現象からもうかがえます。標準語では授受表現を用いるのが自然だと感じられる文において，授受表現を用いない例が見られるのです。

(5) ［寺参りに誘われて］アー　ワリャー　ヨボッカイ（ああ，おまえ，（私を）<u>誘ってくれる</u>［？誘う］かね）〈日本放送協会編『全国方言資料8』石川県鹿島郡能登島町向田・1894年生まれ・男性〉

(6) キョー　ナントカステ　ミンナニ　スケラッテート　オモッテキタンダ（今日，何とかしてみんなに<u>手伝ってもらいたい</u>［？助けられたい

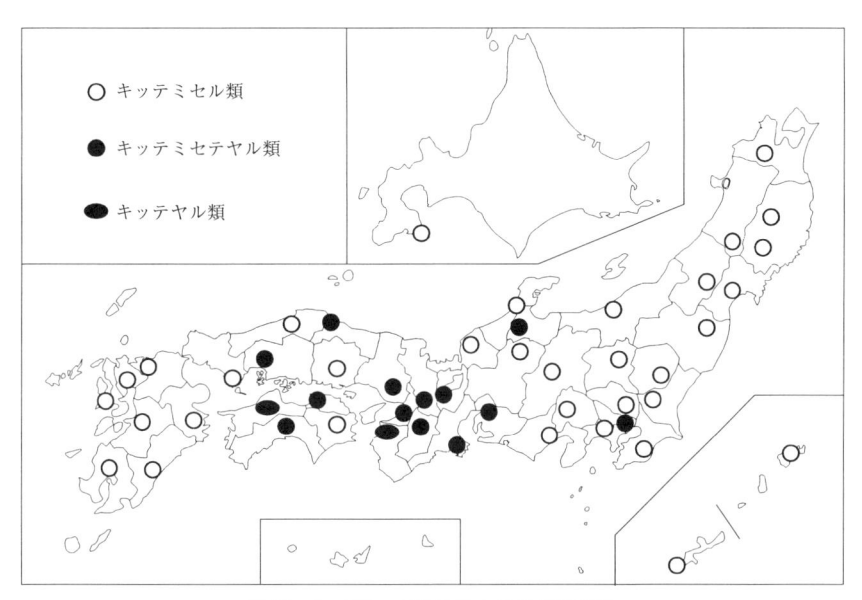

図19-2 「切って見せる」の各地方言訳

出典：日高（2007，2011）。

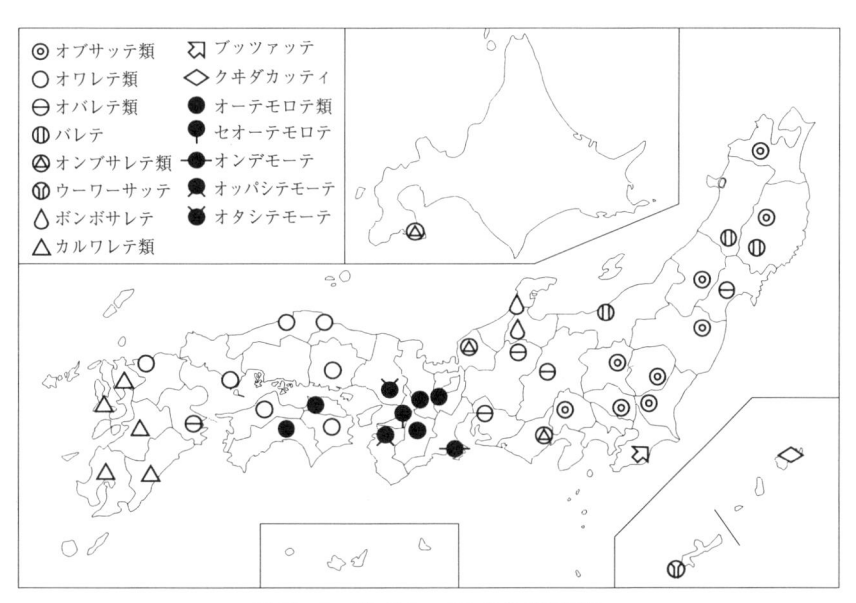

図19-3 「負ぶさって」の各地方言訳

出典：日高（2007，2011）。

／？手伝われたい〕と思って来たんだ）〈日本放送協会編『全国方言資料1』宮城県宮城郡根白石村・1879年生まれ・男性〉

　授受動詞の補助動詞用法があまり発達していない方言の分布は，日本列島の周辺部に片寄る傾向があります。図19-2・図19-3は，夏目漱石『坊っちゃん』の冒頭部分の各地方言訳の資料（平井・徳川編 1969，徳川 1981）から，「何でも切って見せると受け合った」と「小使に負ぶさって帰って来た時」の下線部分の語形を抜き出し，分布図に示したものです。近畿地方を中心とした日本列島の中央部に，授受補助動詞を用いた表現が集中的に現れることが確認できます。この分布を周圏分布と見なせば，授受補助動詞用法の発達は，中央部において先行し，周辺部の方言では遅れていると見ることができます。

③ 授与動詞の人称的方向性の地域差

　次に，授与動詞「やる」「くれる」に相当する語彙体系（第21章参照）の分布を見てみます。

　図19-4は，国立国語研究所『日本言語地図』の「やる」「くれる」の2枚の分布図をもとに，その組み合わせパターンの分布を示したものです。図19-4に見られる組み合わせは，次のようにまとめることができます。

（A）　1〔クレル／クレル〕…中部地方以東，九州南西部以南
　　　2〔ヤル／ヤル〕………九州中央部
　　　3〔ダス／ダス〕………北海道沿岸南部
　　　4〔トラス／トラス〕…沖縄県
　　　5〔エラス／エラス〕…沖縄県
（B）　1〔ヤル／クレル〕……九州北東部から関東地方，北海道内陸部
　　　2〔ヤル／ヨコス〕……山陰地方
　　　3〔ダス／クレル〕……北関東地方，秋田県男鹿地方

　（A）は授与動詞に人称的方向性による対立がないもの，（B）は授与動詞が人称的方向性によって対立しているものです。これを地域別の分布で示すと図19-5のようになります。

　授与動詞の語彙体系は，中央部に〔ヤル／クレル〕，周辺部に〔クレル／クレル〕が分布することから，人称的方向性による区別を持たなかったクレルが

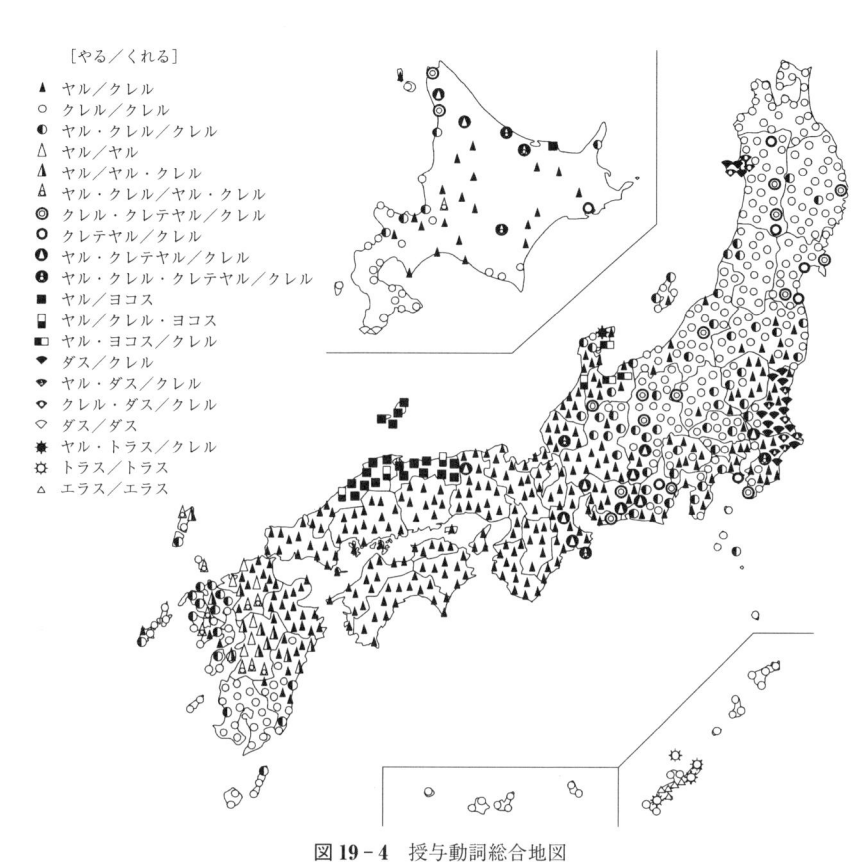

[やる／くれる]
- ▲ ヤル／クレル
- ○ クレル／クレル
- ◐ ヤル・クレル／クレル
- △ ヤル／ヤル
- ▲ ヤル／ヤル・クレル
- △ ヤル・クレル／ヤル・クレル
- ◎ クレル・クレテヤル／クレル
- ○ クレテヤル／クレル
- ◉ ヤル・クレテヤル／クレル
- ◉ ヤル・クレル・クレテヤル／クレル
- ■ ヤル／ヨコス
- ▣ ヤル・クレル／ヨコス
- ▣ ヤル・ヨコス／クレル
- ▼ ダス／クレル
- ▼ ヤル・ダス／クレル
- ▽ クレル・ダス／クレル
- ▽ ダス／ダス
- ✱ ヤル・トラス／クレル
- ✲ トラス／トラス
- △ エラス／エラス

図 19-4　授与動詞総合地図

出典：『日本言語地図』73・74図をもとに作図した日高（2007）所収の分布図の略図。

沖縄	九州	中国	四国	近畿	中部	関東	東北	北海道
A1	A1	B1	B1	B1	A1	A1	A1	A1
A4	A2	B2			B1	B1	B3	A3
A5	B1				B3			B1

図 19-5　授与動詞語彙体系の地域別分布

出典：日高（2002）。

求心性動詞化し，ヤルとの対立が生じたという中央語の変化を裏づける分布になっています。さらに，中央部に人称的方向性による区別のある語彙体系が分布し，周辺部に区別のない語彙体系が分布しており，人称的方向性による語彙体系自体が周圏分布をなすこともわかります。

ところで，図19-4で〔クレル／クレル〕地域となっている方言の中には，現在，クレルが求心性動詞化する変化が生じているものがあります。その変化のプロセスには，次のような現象が見られます（日高 2007）。

(7) a. 提供文（聞き手に対する直接的な授与の意志表現）は叙述文（第3者に対する授与の叙述表現）よりもクレルの遠心的方向用法を残しやすい。〔現場性制約〕
b. 本動詞用法は補助動詞用法よりもクレルの遠心的方向用法を残しやすい。〔文法化制約〕

クレルが求心性動詞化するプロセスで(7a)の現象が生じるのは，提供文を発する場面では，授受の方向性が言語表現に依らなくてもわかるのに対し，叙述文ではそれが不明確になるからだと考えられます。話し手が目の前にいる聞き手に対して「これをおまえにクレル」と言えば，たとえクレルが求心性動詞化しつつあっても，発話現場の状況から話し手から聞き手への授与を表すものと解釈できますが，求心性動詞化しつつあるクレルを用いて「昨日太郎に本をクレタ」と言えば，授与の方向性を解釈する手がかりはクレルしかないため，話し手を与え手とする遠心性動詞としての解釈は難しくなります。

一方，(7b)の現象は，本動詞と補助動詞の機能の違いに基づくものと考えられます。補助動詞は本動詞の語彙的意味が薄まり，文法的機能を担う形式に変化（文法化）したものです。授受動詞の場合，「やる」は「距離を前提とした2者間での対象物の移動」を表す，といった語彙的意味が付随しますが，補助動詞ではこうした語彙的意味は捨象され，もっぱら恩恵的行為の方向性を表すことが機能の中心に置かれます。

ここで再び図19-4を見てみます。図19-4の〔クレル／クレル〕地域の中には，クレテヤルを遠心的方向の授与に用いる地点があります。クレテヤルは，本動詞クレルが人称的方向性の片寄りを持たない場合に，補助動詞テヤルによって遠心的方向性を明示するために生じたものと考えられます。つまり，クレテヤルを使用する方言では，本動詞用法では〔クレル／クレル〕を維持しつつ，補助動詞用法では〔ヤル／クレル〕対立を持つという(7b)の現象が生じていることになります。図19-4によれば，クレテヤルは西日本の〔クレル／クレル〕地域には見られず，東日本に散在する形で分布していますが，実際に(7b)は，東日本の〔クレル／クレル〕地域に顕著に見られる現象です。

クレルの求心性動詞化のプロセスに見られる(7a)と(7b)の制約は，いずれ

がより強く働くかに方言差があります。(7a)の制約が強く働く「提供文残存型」の方言は富山・岐阜など東日本の西寄り地域に見られ、(7b)の制約が強く働く「本動詞残存型」の方言は福島・茨城・新潟など東日本の東寄り地域に見られます。東日本の西寄り地域は〔ヤル／クレル〕対立を持つ中央部と接しており、その表現体系を直接的に受容する過程で(7a)の現象を生じたものと考えられます。一方、東日本の東寄り地域は中央部からの直接的な影響下にはなく、その表現体系の一部だけを取り入れるという(7b)の変化を生じています。

ここには、方言差が新たな方言差を生み出すという現象が観察されます。方言差は不変のものではなく、間断のない言語変化のプロセスとその進度の差によって、新たな方言差が生み出されていくのです。

練習問題

1. 「くる（くれる）」の用法は、平安期までと鎌倉期以降で、以下のように変化しています（古川 1995をもとに作成）。この変化を「くる（くれる）」の使用基準の変化という観点から説明してみましょう。

「くる（くれる）」の用法（使用可能な授与の方向）

	与え手	受け手	平安以前	鎌倉以降
(a)	話し手・社会的上位者	他者・社会的下位者	○	×
(b)	話し手・社会的下位者	他者・社会的上位者	×	×
(c)	他者・社会的上位者	話し手・社会的下位者	○	○
(d)	他者・社会的下位者	話し手・社会的上位者	×	○

話し手：話し手自身、あるいは話し手寄りの人物、○：「くる」使用可能、×：「くる」使用不可能

2. 授与動詞総合地図（図19-4）では、九州中央部に〔ヤル／ヤル〕が分布しています。この語彙体系はどのようにして生じたものでしょうか。方言形成における「伝播」と「接触」という観点から考えてみましょう。

3. 国立国語研究所編『方言文法全国地図』には、授受動詞に関する以下の分布図が収録されています［Webで公開］。これらの分布図からは、どのようなことが読み取れるでしょうか。

　　262図「友達から本をもらった」
　　263図「孫に本をやった」
　　264図「犬に餌をやったか」
　　266図「おれにタバコを1本くれ」
　　319図「これをあなたにあげましょう」

読書案内

① 日高水穂（2007）『授与動詞の対照方言学的研究』ひつじ書房。
　＊授与動詞の人称的方向性による語彙体系の全国分布を俯瞰した上で，要地方言の授与動詞体系の現在の動態を対照しています。言語変化のプロセスと進度の地域差が，新たな方言差を生み出すことを示しています。
② 山田敏弘（2004）『日本語のベネファクティブ──「てやる」「てくれる」「てもらう」の文法』明治書院。
　＊現代日本語における授受補助動詞構文を，ベネファクティブ（benefactive：受益者格）の構文ととらえ，その意味・用法を包括的・詳細に記述しています。
③ 『日本語学　特集：やりもらいの日本語学』30-11，明治書院，2011年。
　＊類型論，地理的分布，歴史，日本語・韓国語・中国の対照，日本語教育のそれぞれの分野から授受表現を考察する5編の論文が収録されています。

参考文献

荻野千砂子（2007）「授受動詞の視点の成立」『日本語の研究』3-3，1-16頁［Webで公開］。
古川俊雄（1995）「授受動詞「くれる」「やる」の史的変遷」『広島大学教育学部紀要』2-44，193-200頁。
徳川宗賢（1981）『日本語の世界8　言葉・西と東』中央公論社。
日高水穂（2002）「言語の体系性と方言地理学」馬瀬良雄監修／佐藤亮一・小林隆・大西拓一郎編『方言地理学の課題』明治書院，165-178頁。
日高水穂（2011）「やりもらい表現の発達段階と地理的分布」『日本語学』30-11，16-27頁。
日高水穂（2016）「述語制の表現体系から見る日本語諸方言」『季刊iichiko』129，27-44頁。
平井昌夫・徳川宗賢編（1969）「全国実例方言集──夏目漱石「坊つちゃん」冒頭部分の各地方言訳」『方言研究のすべて』至文堂，333-357頁。
宮地裕（1975）「受給表現補助動詞「やる・くれる・もらう」発達の意味について」『鈴木知太郎博士古稀記念　国文学論攷』桜楓社，803-817頁。
宮地裕（1981）「敬語史論」『講座日本語学9　敬語史』明治書院，1-25頁。
森勇太（2011）「やりもらい表現の歴史」『日本語学』30-11，28-37頁。
山田敏弘（2011）「類型論的に見た日本語の「やりもらい」表現」『日本語学』30-11，4-14頁。

第20章 方言の文末詞

井上 優

― この章で学ぶこと ―

発話の際の話者の気持ちを表す文末の語を「文末詞」と言います。共通語では，「おいしいか（疑問）？」，「おいしいよ（強調）」，「おいしいね（詠嘆）」，「そりゃそうさ（強調）」の「か」「よ」「ね」「さ」などが文末詞にあたります。

方言には共通語と異なる形式・意味の文末詞が数多くあり，方言の文末詞の意味分析は重要な研究テーマとなっています。この章では，文末詞の意味分析が，①文末詞が用いられるときの気持ちを具体的に書き，②それらの気持ちの背後にある「基本的な気持ち」を考える，という手順でなされることを述べ，筆者の母方言である富山県井波方言のいくつかの文末詞について分析例を示します。

方言の文末詞のニュアンスが分析的に説明できることを示し，読者が自分の方言の文末詞の意味について考えるためのヒントを提供することが，この章の目的です。

キーワード
　文末詞，意味分析，話者の気持ち，富山県井波方言

---

① 文末詞と方言

文末詞は日常のコミュニケーションにおいて欠かすことのできない表現です。学校で学ぶ国文法では「終助詞」「間投助詞」として扱われ，大まかに意味の説明がなされるだけですが，実際は実に多様な意味を表します。日本語教育でも「ね」「よ」などの文末詞の使い方を教えることが課題として重要です。中国語や韓国語にも文末詞と同じ働きをする表現があり，英語でも don't you? /isn't it? のような付加疑問文や you know のような表現が文末詞にあたる働きをします。

　文末詞は方言のバリエーションも豊富です。次に挙げるのは，国立国語研究

所編『全国方言談話データベース　日本のふるさとことば集成』に収録された談話の一部です。「よ」と訳される文末詞にさまざまな種類があることがわかります。

(1)　［青森県弘前市］
　　ン ンダヨ。（うん そうだよ。）
　　ウン ア キレーダ ワラスコデア。（うん，ああ，きれいな子供だよ。）
　　ソノ ホガネ マンダ アリサネ。（そのほかにまだありますよ。）
(2)　［千葉県長生村］
　　アンカラ ホーフン ネッタヨ。（何もかも豊富になかったよ。）
　　コンナ エケモンガ アッダエ。（こんな大きなものがあるんだよ。）
(3)　［愛知県常滑市］
　　ソレオ カンカチニ ホスダワ。（それをカチンカチンに干すのだよ。）
　　ヨル ノルダラーガ。（夜［に］乗るだろうよ。）
(4)　［岡山県矢掛町］
　　ドーショーモナェーワー。（どうしようもないよ。）
　　オルノワ オルデ。（いることは いるよ。）
　　ミズガ アルナー アッタガ。（水があることはあったよ。）
(5)　［福岡県北九州市］
　　ヨカッタバイ。（よかったよ。）
　　フツーノ イエノ コトタイ。（普通の民家のことだよ。）

　各地の方言にどのような文末詞があるかは興味深いテーマです。藤原(1982-86)は全国の文末詞を扱っています。しかし，さらに興味深いのは文末詞の意味です。共通語に訳しにくい意味の文末詞が方言には少なくないからです。私の母方言である富山県南砺市井波地区の方言（以下，井波方言）にも，そのような文末詞が数多くあります（井上 2006）。この章では，方言の文末詞の意味を分析的に説明することを試みます。ぜひ「自分の方言ではどうか？」と考えながら読んでみてください。

② 文末詞の意味分析の手順

　文末詞の意味分析は，①文末詞が用いられるときの気持ちを具体的に書き，②それらの気持ちの背後にある「基本的な気持ち」を考える，という手順を取

ります。共通語の「さ」を例にこの2つのことをやってみましょう。

まず①です。次の文で「さ」を用いる話者の気持ちは、それぞれ括弧内に書いたように表現できます。

(6) そりゃ，そうさ。(当然だ。)
(7) がんばれば，そのうちいいこともあるさ。(くよくよするのはやめよう。)
(8) どうせオレはダメな男さ。(あきらめるしかない。)

次に②です。「当然だ」「くよくよするのはやめよう」「あきらめるしかない」という気持ちの背後には、〈これ以上考える必要はない〉という気持ちがあります。「当然だ」は「あらためて考えるまでもない」、「くよくよするのはやめよう」は「これ以上考えてもしかたがない」ということです。「あきらめるしかない」も「これ以上考えてもムダだ」ということです。〈これ以上考える必要はない〉という意味を表す表現が、具体的な場面の中でさまざまなニュアンスを伴って用いられるわけです。

もう1つ例を挙げましょう。次の2つの文の意味について考えてみてください（以下の例文で「↑」は上昇音調を表します。「↑」がないものは「上昇なし」です）。

(9) (写真を撮ろうとして)
　　a. 動かないでよ↑。(動かないでね↑。)
　　b. 動かないでよ。

「よ↑」を用いた(9a)は、動かないよう相手に念を押す文です。一方、「よ（上昇なし）」を用いた(9b)は、話者の意向に反して動いた（動きそうになった）相手に苦情を言う文です。命令文・依頼文に「よ（上昇なし）」をつけると、「話者の意向に合うように現状を修正してほしい」という気持ちの文になるわけです。

同じ「よ（上昇なし）」でも、次の文は苦情ではありませんが、背後にある基本的な気持ちは同じです。

(10) a. 応援するから，やってみろよ。
　　 b. 悪いけど，もう一回やってみてよ。

(10a)は、動作に消極的な相手に対して動作をするよう説得する文です。ま

た，(10b)は，「相手にとって想定外のことを頼む」という軽い説得の気持ちを含みます。説得は相手の意向を変えようとする行為ですから，背景にあるのはやはり「話者の意向に合うように現状を修正してほしい」という気持ちです。「現状修正要請」を表す文が，具体的な場面の中で苦情や説得といったニュアンスを伴って用いられるわけです。

③ 事例１：命令文・依頼文＋ヤ／マ

上で述べた文末詞の意味分析の手順を念頭に置きながら，方言の文末詞の意味について考えてみましょう。

方言の文末詞の中には，共通語に対応する表現があるものがあります。先に共通語の命令文・依頼文に「よ↑」「よ（上昇なし）」がついた場合の意味の違いを見ましたが，井波方言では，それと同じ違いが「ヤ」「マ」という異なる文末詞で表されます。

(11) （写真を撮ろうとして）
　　　a. 動カントイテヤ。（動かないでよ↑。）［念押し］
　　　b. 動カントイテマ。（動かないでよ。）　［苦情］
(12)　a. 応援スッサカイ ヤッテミーマ。（応援するから，やってみろよ。）
　　　　　　　　　　　　　　　　　　　　　　　　　　　　［説得］
　　　b. 悪ケレド，モー 一回 ヤッテミテマ。（悪いけど，もう一回やってみてよ。）　　　　　　　　　　　　　　　　　［軽い説得］

井波方言では，「ヤ」「マ」の音調が違っても意味はあまり変わりません（「ヤ↑」「マ↑」のほうが相手に訴える気持ちが強いという程度）。上昇の有無に関係なく，(11a)は念押し的な命令・依頼，(11b)(12)は現状修正を求める命令・依頼を表します。

なお，共通語の「よ」は「これ，おいしいよ↑。」，「どこに行くんだよ？」のように平叙文や疑問文でも使えますが，井波方言の「ヤ」「マ」は命令文・依頼文専用です。概して，井波方言の文末詞は使える文のタイプが決まっているものが多いようです。

命令文・依頼文につく井波方言の文末詞には，もう１つ「カ」があります。共通語では「〜しな」がこれに近い意味で使えることがあります。

(13) a. 行キタケリャ 行ケ<u>カ</u>。(行きたければ行きな。〔行ってよい。〕)
　　 b. ソノヘンニ 置イトイテ<u>カ</u>。(そのへんに置いておいて。〔それでよい。〕)

　命令文・依頼文は，「～しなければならない」という強制を表す場合と，「～してよい」という許可を表す場合があります。「絶対に動くな」，「ほら，早く起きて」は強制，「行きたかったら行け」，「困ったことがあれば何でも相談して」は許可です。井波方言の「命令文・依頼文＋カ」はもっぱら許可を表します。(13)でも，話者は「そうしてよい（それでよい）」と言うだけで，「そうしなければならない」とは言っていません。共通語の命令文・依頼文も許可の意味で使えますが，井波方言には許可専用の命令・依頼の表現があるのです。

④　事例２：平叙文＋ゼ／ジャ

　共通語に翻訳しにくい方言の文末詞の中には，単に翻訳しにくいというだけで，意味の説明はさほど難しくないものもあります。井波方言の「ゼ」もその１つです。

(14) （さっきまでいた井上がいない）
　　　アレ，井上 オラン<u>ゼ</u>↑。サッキマデ ココニ オッタガイ<u>ゼ</u>↑。(あれ，井上がいない<u>ぞ</u>↑。さっきまでここにいたんだ<u>よ</u>↑。〔どういうこと？〕)
(15) （相手のことを心配して）
　　　アンタ，顔色 ヨーナイ<u>ゼ</u>↑？ (あなた，顔色がよくない<u>じゃない</u>。〔どうしたの？〕)
(16) （相手がスーツを来ているのを見て驚き，からかうように）
　　　アンタ，メズラシー<u>ゼ</u>↑。(あなた，めずらしい<u>じゃない</u>。〔どうしたの？〕)
(17) 最近 寝レンガイ<u>ゼ</u>。(最近寝られないん<u>だよ</u>。〔どうしたらよいものやら。〕)

　「ゼ」を共通語に翻訳するのは難しく，上の共通語訳も大まかなものですが，「ゼ」の基本的な意味自体は単純です。それは〈想定外の状況に遭遇して「どういうこと？」と感じている〉ということです。「ゼ」は「おかしい」「不思議

だ」「心配だ」「意外だ」「困った」などいろいろなニュアンスで使われますが，背後にあるのは「とまどい」の気持ちです。

次の「ジャ」も想定外の状況に接したときに使いますが，少し意味が違います。

(18) （「なんだ，誤解していた」という気持ちで）
　　　ア，ドモナイジャ。（〔だめだと思っていたが，意外に〕大丈夫だよ。）
(19) （「しまった（見通しが甘かった）」という気持ちで）
　　　アラ，雨　降ッテキタジャ。傘　持ッテクルガヤッタジャ。（あれ，雨が降ってきたよ。傘を持ってくるんだったよ。）
(20) （「わかってないなあ」という気持ちで相手をさとすように）
　　　ソンナコト　シタラ，壊レテシモジャ。（そんなことしたら壊れてしまうよ。）

「ジャ」は，〈判断が誤っていたことを知って「認識を改めないといけない」と感じている〉ことを表します。(18)(19)のように「よかった」「しまった」と思って言う場合もあれば，(20)のように相手に考えを改めるように言う場合もありますが，いずれの場合も背後には「判断是正」の気持ちがあります。

⑤　文末詞の意味分析のすすめ

筆者の経験では，共通語の文末詞よりも，方言の文末詞の方が話者の気持ちをきめ細かくかつ具体的に表現できます。例えば，上で見た「ジャ」，および次の例の「ワ」「チャ」の意味はかなり異なりますが，共通語ではいずれも「よ（上昇なし）」と訳すしかありません。

(21) a.　ドモナイワ。（〔私が見たかぎりでは〕大丈夫だよ。）
　　　b.　ウン，ソノ方ガ　イーワ。（うん，〔私の考えでは〕その方がいいよ。）
(22) a.　ドモナイチャ。（〔あれこれ心配しなくても結局は〕大丈夫だよ。）
　　　b.　マ，ソノ方ガ　イーチャ。（まあ，その方がいいよ。〔結局はそれしかない。〕）

「ワ」を用いた(21)は，話者の見方や考えを個人的見解として述べる文です。

井上（2006）では，「ワ」は〈自分の認識ではこうだ〉という気持ちを表すと説明しています。

一方，「チャ」を用いた(22)は，話者が「結局はこうだ（これ以外はない）」という気持ちでいることを述べる文です。井上（2006）では，「チャ」は〈これは既定事項だ〉という気持ちを表すと説明しています。

共通語の「よ」のように使用範囲が広く，いろいろなニュアンスで使える文末詞は，背後にある基本的意味を考えるのが難しいところがあります（共通語の文末詞については宮崎ほか 2002 参照）。これに比べると，方言の文末詞は意味が具体的で，共通語の文末詞よりも意味が分析しやすいところがあります。みなさんもぜひ自分の方言の文末詞の意味について考えてみてください。

練習問題

1．自分の方言の文末詞と考えられる形式を書き出し，本章の記述も参考にしながら，それぞれどのような意味を表すか考えてみてください。
2．疑問を表す井波方言の文末詞には「ケ」「カ」の2つがありますが，疑問詞疑問文では「ケ」しか使えません。「コレ ｛ケ/カ｝？」（これか？：真偽疑問文），「ドレ ｛ケ/×カ｝？」（どれ？：疑問詞疑問文）。自分の方言に類似の現象がないか考えてみてください。
3．共通語の「のだ」にあたる井波方言の表現には「ガイ」と「ガヤ」があります。次の例を見て，両者の意味の違いについて考えてみてください。また，自分の方言に類似の現象がないか考えてみてください。

「カゼ ヒーテシモタ ｛ガイ/×ガヤ｝。」（[実は] カゼをひいてしまったんだ。）
「ア，カゼ ヒータ ｛×ガイ/ガヤ｝。」（あ，カゼをひいたんだ。[なるほど。]）

読書案内

① 藤原与一（1982, 85, 86）『方言文末詞〈文末助詞〉の研究（上・中・下）』春陽堂書店（広島大学学術情報リポジトリで閲覧可）。
  ＊日本各地の方言の文末詞に関する情報を集約した1,800ページに及ぶ総覧。意味に関する記述は少ないですが，方言文末詞研究の基本文献です。
② 『阪大社会言語学研究ノート』大阪大学文学部日本語学講座社会言語学研究室，1999年～（大阪大学リポジトリで閲覧可）。
  ＊同研究室の教員と学生の研究成果をまとめた冊子。2025年2月現在，第19号まで刊行されています。方言文末詞の意味に関する論考を多数掲載しています。
③ 小林隆編（2006）『シリーズ方言学2 方言の文法』岩波書店。
  ＊方言文法研究の最新の成果がわかる書。第4章「モダリティ」（井上優執筆）では，

本章の内容を含め，富山県井波方言の文末詞の詳しい意味記述がなされています。

参考文献

井上優（2006）「モダリティ」『シリーズ方言学 2　方言の文法』岩波書店，137-178頁。
国立国語研究所編（2001-08）『全国方言談話データベース　日本のふるさとことば集成』国書刊行会。
宮崎和人・安達太郎・野田春美・高梨信乃（2002）『新日本語文法選書 4　モダリティ』くろしお出版。

第 V 部
日本語方言の語彙

JR車内の青森県ポスター(「あずましい」は共通語訳困難)

第21章 方言の語彙・意味

新井小枝子

この章で学ぶこと

　関東地方では蜥蜴(とかげ)のことをカマギッチョと呼びます。これは，その地域に特有のめずらしい語形です。また，北関東から東北地方にかけては，コワイを疲れたの意味で使います。こちらは，その地域に特有のめずらしい意味用法です。

　方言語彙は，語形と意味用法の面から考察が進められます。この章では，方言語彙の姿を読み解く方法を，いくつかの事例を紹介しながら説明し，具体的に学んでいきます。まず，方言語彙の体系をとらえる視点を挙げつつ，人々が身のまわりにあるものごとを，語によってまとめたり細かく切り分けたりしている様子を見ていきます。つぎに，語のつくりや，語の造語成分を読み解くことによって，方言語彙に見られる人々のものの見方や考え方にせまります。さらに，地域社会で日々行われている比喩表現を紹介します。極めて日常的な，方言語彙によって行われる比喩表現を取り上げます。まとめに，方言語彙と生活が密接不可分であるということを述べます。

キーワード

　地域ごとの語彙体系，上位語，下位語，包摂関係（上下関係），範疇化，個別化，語構造，造語発想，方言比喩

1　方言語彙の体系

　ことばの要素を，音韻，語彙，文法に分けたときに，要素数が多くて体系的なまとまりが少なく，言語外，外界の影響を受けやすいのが語彙です。人々が関心を持つ意味領域では多くの語が造語され，単語による意味の区別が細かくなる傾向があります。イヌイット（エスキモー）の言語では雪についての名前が細かくついており，アラビア語ではらくだについて細かく区別した名前があります。日本語では米に関して，多くの単語で細かく区別します。英語では動物の名前が詳しく，牛や馬などは，雄と雌と子でまったく別に呼ばれます。中

国語では料理関係の単語が発達していて,「やく」「いためる」にあたる語が細かく言い分けられます。

　この言語間の違いにあたる現象が,日本語の中の方言同士にもあります。雪に関する語の多さ（区別の細かさ）は積雪量に対応します。西日本では運ぶ動作について細かく言い分けます。もっとも,方言では論理的な表現が発達せず,改まった共通語での「または」「もしくは」の区別,「以上」「以下」「未満」「超」の使い分けなどは,見られません。

　方言の語彙はいうまでもなく体系的な存在です。語同士は,それぞれの意味領域をにない,関係し合いながらまとまりをなしています。方言語彙論の目的には,一地域の方言内部の体系を記述することがあります。さらに,対照方言学的な手法で,それぞれの体系を比較対照していくことも大切です。

　例えば,〈桑の実〉を表す語彙の体系を見ていきます。〈桑の実〉を表す語の多様性については,これまでも研究者や文学者の興味の対象となり,多くの調査や研究がなされてきました。代表的なものでは,柳田国男（民俗学）の「桑の実　音訛現象の考察四」（1932年）,伊藤信吉（詩人）の「桑の実・方言誌」（1979年）などがあります。図21-1に,全国の方言分布を示しました。この分布地図の調査の詳細は,小林隆・篠崎晃一（2003）に記されています。2001年に通信調査が行われました。話者は1932年以前生まれの男性です。

　ここでは,群馬県全域に分布する「どどめ」に注目します。この語は,群馬県ばかりではなく,関東地方と和歌山県にも分布しています。じつは,群馬県では「どどめ」をさらに細かく区別し分けて呼ぶ語彙を持ちます。表21-1に示したとおりです。群馬県内6地域の例を挙げました。これを見ると,図21-1にあるように,いずれの地域でも〈桑の実〉は「ドドメ」です。どのような〈桑の実〉もすべてまとめて言い表す上位語です。その下位語,すなわち,細かく区別して呼び分ける語には,複合語をつくっています。後部要素は,上位語である「―ドドメ」です。前部要素は地域ごとに異なり,「モチ―」「オコワ―」「スイショー―」や「イヌ―」「ウマ―」「クソ―」が見られます。下位語である複合語は,〈桑の実〉が「美味しい」か「不味い」かによって区別されています。「美味しい」ものは,「モチ：餅」「オコワ：餅米を蒸かしてつくった赤飯」「スイショー：水晶」を使って名づけます。「不味い」ものには,「イヌ：犬」「ウマ：馬」「クソ：糞」を造語の要素として選んでいます。このことから,〈桑の実〉にはたくさんの種類があったこと,さらにそれを盛んに食べていたことがわかります。これらの語が造語された当時,〈餅〉〈赤飯〉が美味

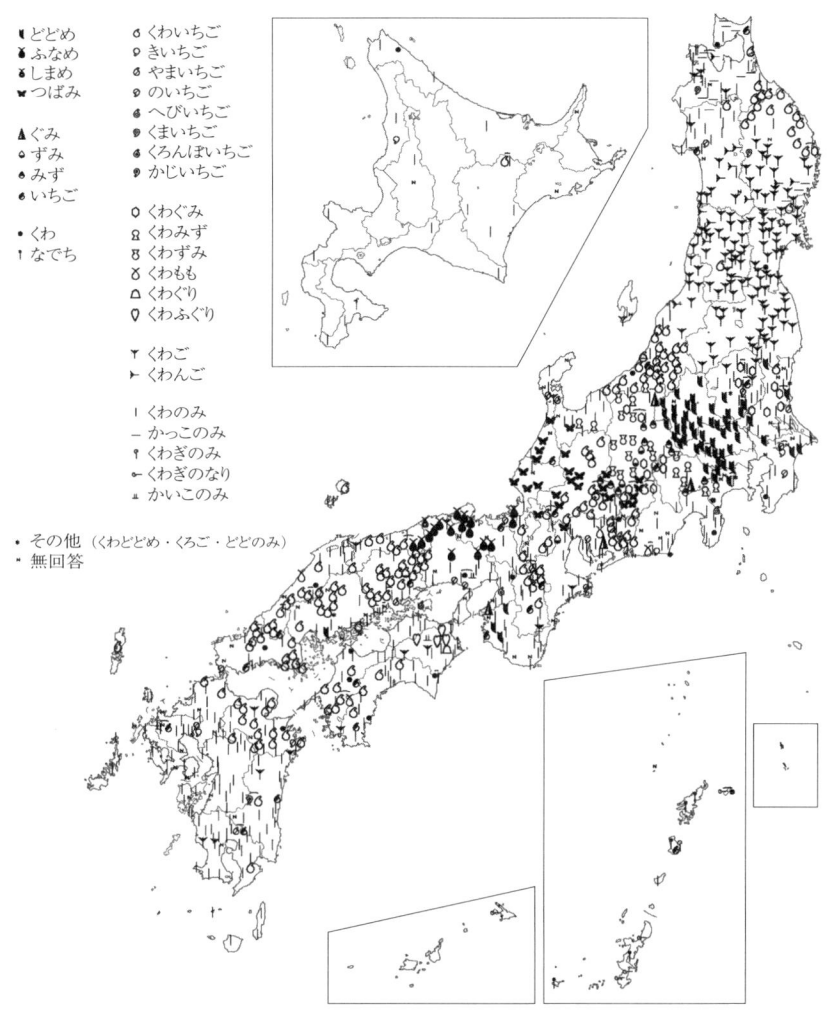

凡例:
- ど ど め
- ふ な め
- し ま め
- つ ば み
- ぐ み
- ず み
- み ず
- い ち ご
- く わ
- な で ち
- く わ い ち ご
- き い ち ご
- や ま い ち ご
- の い ち ご
- へ び い ち ご
- く ま い ち ご
- く ろ ん ぼ い ち ご
- か じ い ち ご
- く わ ぐ み
- く わ み ず
- く わ ず み
- く わ も も
- く わ ぐ り
- く わ ふ ぐ り
- く わ ご
- く わ ん ご
- く わ の み
- か っ こ の み
- く わ ぎ の み
- く わ ぎ の な り
- か い こ の み
- その他（くわどどめ・くろご・どどのみ）
- 無回答

図 21-1 〈桑の実〉の方言分布

出典：新井小枝子「〈桑の実〉を表す語彙」『国文学 言語と文芸』第127号, 10頁。
東北大学方言研究センター「消えゆく日本語方言の記録調査」資料（2001年度調査）より地図化したもの。

しいものの代表であったことも読み取れます。美味しいものは，〈水晶〉のようなきらめきを持っていたということ，逆に，不味いものにあたってしまったときには，〈犬〉〈馬〉といった自分たちにもっとも身近な動物だって食べないぞ，あるいは〈糞〉だ，というような悔しさのにじむ造語がみてとれます。

　<u>上位語</u>と<u>下位語</u>の関係を，語の包摂関係あるいは上下関係といいます。「モ

第21章 方言の語彙・意味　217

表21-1 〈桑の実〉を細分化する地域と語形

〈もの〉	上位語	下位語
群馬県方言	〈桑の実〉	〈美味しい桑の実〉
		〈不味い桑の実〉
藤岡市方言	ドドメ	モチ－ドドメ（餅どどめ）
		イヌ－ドドメ（犬どどめ）
沼田市方言	ドドメ	モチ－ドドメ（餅どどめ）
		ウマ－ドドメ（馬どどめ）
佐波郡境町島村方言	ドドメ	スイショー－ドドメ（水晶どどめ）
		クソ－ドドメ（糞どどめ）
安中市方言	ドドメ	モチ－ドドメ（餅どどめ）
		×
利根郡昭和村方言	ドドメ	モチ－ドドメ（餅どどめ）
		×
佐波郡玉村町方言	ドドメ	モチ－ドドメ（餅どどめ）
		オコワ－ドドメ（御強どどめ）
		×

チドドメはドドメの一種である」という関係が成り立ちます。上位語は，下位語で表されるものをひとまとめにし，範疇化（カテゴリー化）します。下位語は，上位語で表されるものを細分化し，個別化します。上位語に対応する下位語が多ければ多いほど，その意味世界は細かく分節されているということです。語による範疇化と個別化は，地域の生活に即し，それぞれの方言ごとに行われています。

ところで，〈桑の実〉は〈桑〉になる実です。〈桑〉といえば，それを飼料としてなされる養蚕業が関係します。養蚕業の盛んだった群馬県では，かつて，たくさんの種類の〈桑〉が植えられ，広い桑畑があちらこちらに見られました。当然，〈桑の実〉もたくさんあり，多くの人たちが幼いころにそれをほおばって遊んだ記憶を持ちます。それを背景にして，〈桑の実〉を表す上位語「ドドメ」が，「美味しい」か「不味い」かという視点で細分化され，それぞれに相当する下位語がつくりだされたのだと考えます。

図21-1には現れてこない語の包摂関係は，地域を限定して詳しく聞き取りを行う調査，すなわち記述調査をすることによって浮き彫りになってきます。分布調査と記述調査を組み合わせると，地域ごとに存在するさまざまな語の意

味関係，語彙の体系が見えてきます。

② 語構造と造語発想法

　さきに見た〈桑の実〉を表す語でも少し説明しましたが，方言語彙において，語のつくりや，その語を構成する造語成分を読み込んでいく作業は，地域の生活を把握するためにもとても大切です。ここでは，〈井戸〉を表す語を例に，語のつくりや造語成分に注目し，その語が造語されたときの発想法を考えます。
　『日本言語地図』に〈井戸〉の地図（197図）があります（Webで公開）。調査文は次の通りです。

　地面に深い穴を掘って，つるべやポンプで飲み水などを汲み出す所があります。それを何と言いますか。底に水が湧いてきます。

　図21-2に略図を引用しました。九州，沖縄に「カワ」「イガワ」，北陸に「イケ」が分布します。〈井戸〉を表す語に「カワ」「イケ」が用いられることに興味が湧きます。これらの地域では，〈井戸〉を「カワ」や「イケ」と呼ぶとすれば，共通語で言うところの〈川〉や〈池〉は何と呼ぶのでしょうか。「いど」という語は使わないのでしょうか。使うとすれば，何を表すのでしょうか。いくつもの興味が湧いて，地域ごとの語彙体系を知りたくなります。
　群馬県利根郡片品村には，日常の水を調達する場所を表す語に「イドガワ」「ツリイ」があります。「ツリイ」は共通語の「井戸」にあたる〈掘り井戸〉を指しますが，そのような〈井戸〉はほとんど存在しなかったといいます。生活用水を調達したのは，流水を引いた場所で，「イドガワ」と呼ばれました。〈山〉からしみ出たきれいな水が集まって流れ出しているところは，「サワ」と呼びます。そこから流れる水を〈生活用水として引いてきた筋〉があり，そこが「イドガワ」です。語構造は「イド（井戸）」と「カワ（川）」の複合語です。時代をさかのぼって，造語要素を分解してみると，「ゐ（井）」と「と（処）」と「かわ（川）」の複合語だと考えられます。「ゐ」は，本来「湧水や流水をせき止めたところ，地面を掘って水の出てきたところ」を指す語ですから，「ゐど」が造語された当時の発想は「水のあるところ」です。片品村の「イドガワ」には，この造語発想が生きています。「水のあるところではあるけれど，それは筋状になっている川ですよ」という造語発想です。
　ところで，図21-2では，片品村周辺地域に「ツリイド」「ツリ（一）, ツル

第21章　方言の語彙・意味　219

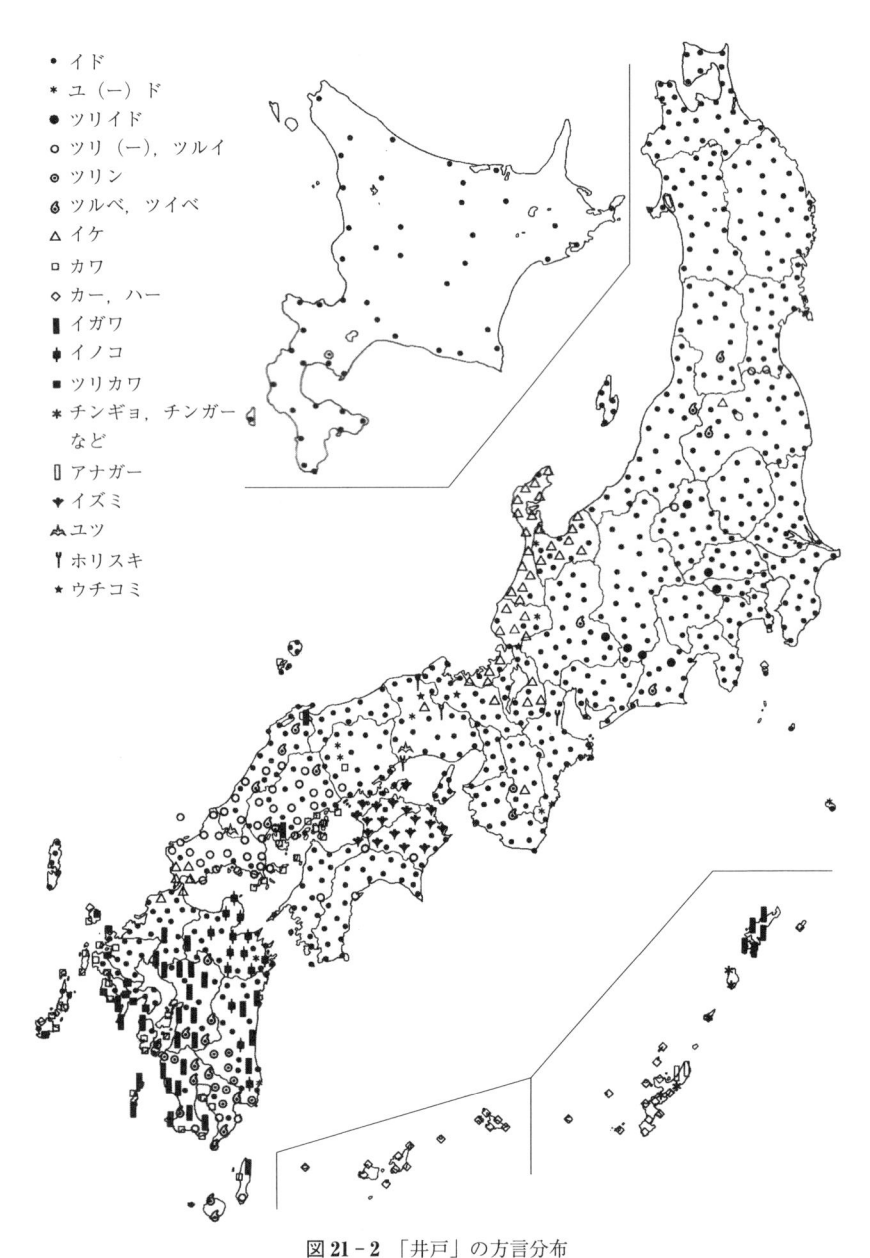

- イド
- ユ(ー)ド
- ツリイド
- ツリ(ー), ツルイ
- ツリン
- ツルベ, ツイベ
- イケ
- カワ
- カー, ハー
- イガワ
- イノコ
- ツリカワ
- チンギョ, チンガー など
- アナガー
- イズミ
- ユツ
- ホリスキ
- ウチコミ

図 21-2 「井戸」の方言分布

出典:『日本方言大辞典』上巻, 150頁.

イ」が分布します。「イドガワ」が存在する地域において，先に示した調査文でこの回答が得られたとすると，あらたな調査文を加えて記述的な調査をしてみたくなります。例えば，つぎのような質問文を考えてみました。

　水道が引かれる以前，この地域では，生活用水をどのようなところで調達しましたか。そして，それを（そこを）何と呼びましたか。

　このようにきいてみると，片品村の「イドガワ」も採録できるはずです。さらには，『日本言語地図』197図（図21-2）に「カワ」「イガワ」や「イケ」が分布するわけを解明する糸口を得られるのではないかと期待がふくらみます。

③　方言語彙に見る比喩表現

　地域社会では比喩表現がじつに盛んです。比喩表現は，文学の世界だけの芸術的なものだと考えている人にとっては意外なことかもしれません。しかし，地域社会における日々の音声言語表現では日常的なことなのです。
　群馬県の北部にある吾妻郡中之条町の六合地区（旧吾妻郡六合村）に，「シキリ」という語があります。本来は養蚕業で用いられる語ですが，日常的にも使われています。「シキリ」は「繭を作る直前にまで成長した蚕＝熟蚕」を表します。つまり，「これから糸を吐いて繭の中に引き入ってしまう蚕」ということです。〈蚕〉がそのような状態になることを「シキル」と言います。六合地区では，「ひ」と「し」の発音が混同して実現されますので，「シキル」は「引き入る」のことだと考えられます。〈蚕〉が〈繭〉の中に「引き入る」状態になるということです。したがって，「シキリ」は「引き入る」の連用形名詞だと考えます。このような専門的な養蚕世界の語が，日常的に使用されると「オイ，ナニ　モタモタ　シテンダ。ソンナ　トコデ　シキッテネーデ　ハヤク　シロ。（おい，何をのろまなことをしているのだ。そのような所で熟蚕のようにしていないで，早くしろ）」となります。「シキリ」すなわち〈熟蚕〉は足を動かさなくなり，首だけをただ左右に振って糸を吐きます。この状態を，「のろまな人」に重ね合わせて，見事な比喩表現を行っています。「のろまなこと」を指摘してとがめる，お叱りの表現なのですが，〈蚕〉を表す語を使うことによって，皮肉でありながらそれをどこかで許してしまうような愛情表現になっています。
　一方，群馬県の南部にある藤岡市でも同じ意味を表す語が，日常的に比喩表

現に用いられています。藤岡市ではその蚕を「ズー」と呼びます。方言語彙の活き活きとした実態を知るために，具体的な会話の例を挙げます。

　A：ハー　アシモ　ズーンナッチマッタカラ　ダメサー。セメテ　タレコン
　　ナンネーヨーニト　オモッテサ。
　（もう私も年をとった人になったからだめさ。せめて年を取って不自由な人
　　にならないようにと思ってね）
　B：ソンナコト　ユワネーデ　イー　マユー　ツクッテクンナイ。
　　（そんなことを言わないで，良い人生を全うしてください）

　調査当時の年令は，A：80歳代（女性），B：50歳代（男性）です。藤岡市では「年を重ねて老人になった自分」を「ズー」と言っています。この会話では「ズー」という比喩表現が用いられたとたんに，「タレコ：繭を作れず黒く膿んだ病気の蚕」や「マユ：繭」で人生が語られています。

　本来は養蚕という専門的な世界で用いられる語が，比喩表現として用いられるとき，人の性向を表す語に成りかわっています。方言語彙の中には，地域社会で盛んな生業が生み出したものがあるということを教えてくれます。

　近代の都会生活で芸能やスポーツによる比喩が使われるのと好一対で，それぞれの生活の中でよく使われる単語は，意味領域や用法を広げることがあるのです。人々の生活や関心のありどころが，語彙を研究することでわかります。

④　方言語彙と生活

　方言語彙は，地域の生活とともにあります。お互いが分かちがたく結びつき，合理的に機能しています。両者を結びつけているのが，地域で生活する人々にほかなりません。色の名前の分け方を考えればわかるように，人々は，方言語彙によって，連続した現実世界を細かく切り分け，さらに構造化してとらえているといえます。あるいは，方言語彙の上に，現実世界をどのように把握しているかを表明しているともいえます。したがって，方言語彙は，人間の生活そのものであると考えられます。地域ごとの方言語彙には，同じく地域ごとの環境のあり方が反映されていて当然なのだといえましょう。

練習問題

1. 〈米〉〈小麦〉などの穀類を使ってつくる料理を表す語彙をあつめて，包摂関係を記述してみましょう．さらに，語構造や造語発想法を考察してみましょう．
2. ある1つの地域内で，世代の異なる話者から〈身体〉を表す語彙の聞き取り調査を行い，世代間比較をしてみましょう．
3. 自分の育った地域の方言辞典や方言集の中に，比喩表現による語を見つけ出し，そのメカニズムを考えてみましょう．

読書案内

① 佐藤喜代治編（1982）『講座日本語の語彙 第8巻 方言の語彙』明治書院．
   ＊方言の語彙について，地理的分布や語史もふくめ，さまざまな観点からの考察がまとめられています．
② 柴田武（1988）『方言論』平凡社．
   ＊方言の語彙をふくむ，方言の全般について論じています．語彙の分野では，語源，民衆語源の考え方が参考になります．
③ 伊藤信吉（2000）『マックラサンベ 私の方言 村ことば』川島書店．
   ＊自身の言語形成地である群馬県前橋市の方言語彙を中心に，詩人の観点でとらえた方言を，詩人の説明の仕方で，科学的な記述をしています．

参考文献

新井小枝子（2010）『養蚕語彙の文化言語学的研究』ひつじ書房．
新井小枝子（2012）『絹のことば』上毛新聞社．
新井小枝子（2012）「〈桑の実〉を表す語彙——造語法と方言分布」『国文学言語と文芸』おうふう．
伊藤信吉（1992）「桑の実は赤い 詩人たちの方言誌」『上州おたくら 私の方言詩』詩潮社（初出は「桑の実・方言誌」『俳句とエッセイ』6，7，8月号，1979年）．
小林隆・篠崎晃一（2003）『消滅の危機に瀕する全国方言語彙資料』（「環太平洋の言語」成果報告書 A4-021）．
佐藤亮一監修（2004）『標準語引き日本方言辞典』小学館．
佐藤亮一編（2009）『都道府県別全国方言辞典』三省堂．
尚学図書（1989）『日本方言大辞典』小学館．
篠木れい子・新井小枝子（2010）『片品村のことばと生活——子どもたちの未来のために』片品村教育委員会．
室山敏昭（2012）『日本人の想像力 方言比喩の世界』和泉書院．
柳田国男（1932）「桑の実 音訛現象の考察 四」『方言』第2巻第1号，春陽堂．

第22章 方言の語種

澤村美幸

> **この章で学ぶこと**
>
> 　日本語の語彙を，「このことばはどこから来たのか」という観点から分類していくと，もともとの日本語である和語，古代中国語から来た漢語，多くは明治時代以降に外国から取り入れられた外来語という3つに分かれます。このように，ことばを出自によって分類した種類である「語種」については，国語の時間に勉強したことがある人が多いかもしれません。
>
> 　しかし，高校までの国語は共通語の勉強が中心ですので，「方言にも漢語や外来語はあるのか？」といった疑問を持ったことがある人は少ないのではないでしょうか。この章では，身近なようでいてよく知らない方言と語種の関係について紹介していきます。
>
> 　まず第1節では，専門的な話に入る前に，「そもそも語種とは何か？」という基本的なことをおさらいしておきます。
>
> 　続く第2節では，方言と漢語がそれぞれどのような特徴を持ったことばなのかを押さえた上で，方言の中に漢語がどのくらいの割合で存在しているのか，地域によって漢語の数に違いはあるのかといったことについて見ていきます。
>
> 　さらに第3節では，外来語の特徴について説明した上で，方言の中に入り込んだ外来語の特徴を，具体例を挙げながら紹介していきます。
>
> 　最後に第4節では，この分野の研究の今後の展開について述べます。
>
> **キーワード**
> 　語種，和語，漢語，外来語，固有語，借用語，話しことば，書きことば

1　語種とは

　この章では，「方言と語種」について学んでいきます。まず，「語種」とは何かということから始めましょう。

　例えば，「はやさ」「速度」「スピード」は，いずれも同じような意味・文脈

で使われることばです。しかし、この3つを語種によって分類すると、以下のようになります。

はやさ → 和語 ／ 速度 → 漢語 ／ スピード → 外来語

　和語というのは固有の日本語のことで、やまとことばともいいます。それに対して、漢語は主に古代中国語から日本に取り入れられたことばをいいます。外来語は主に16世紀以降、中国語以外の外国語から入ってきたことばのことで、洋語とも呼ばれます。つまり、ことばがどこから来たのかによって分類した種類が「語種」です。ちなみに、一語の中に和語・漢語・外来語が混在するものを混種語と呼ぶこともあります。なお、漢語と外来語は日本以外の国から取り入れられたので借用語と呼ばれ、和語は固有語と呼ばれます。次節からは、方言の中の漢語や外来語について、それぞれ見ていくことにしましょう。

　世界中の全言語に他の言語からの借用語があり、純粋な言語は存在しない、と言われます。英語も借用語が多く、もともとのゲルマン語に由来する単語以外に、ラテン語から入った単語やフランス語をはじめとしてヨーロッパの種々な言語から入った単語があります。しかし文字では普通区別しませんから、強く意識されません。日本語では中国語からの借用語は漢字で書かれることが多く、その他の言語からの借用語はカタカナで書かれることが多いので、和語、漢語、外来語として、意識にのぼることが多いのです。なお漢字の音読みは漢語、訓読みは和語にあたります。

② 方言の中の漢語

2.1 方言と漢語、それぞれの特徴

　まずは方言の中の漢語について見ていきましょう。その前に、方言と漢語、それぞれがどのような特徴を持っているのかを押さえておく必要があります。

　私たちが方言を用いるのはどんなときでしょう。方言を話す人なら、家族や地元の人々と話すときと答えるのではないでしょうか。また、方言は主に話すときに使われることば、つまり「話しことば」であり、文章などを書くときにはあまり用いられないのも特徴です（第2章参照）。

　それに対して漢語は、改まった場面に多く使われるように、どちらかといえば堅苦しい印象を持たれやすいことばです。これは、もともと漢語が文章を書くときに用いられることば、つまり「書きことば」の性格を強く持っているか

らといえます。

「話しことば」の方言と,「書きことば」の漢語。こうした点から見れば,方言と漢語の2つは,かなり対照的な性格を持ったことばであるということがわかるでしょう。

2.2 方言の中の漢語の割合

それでは,方言の中に漢語はどのくらい存在するのでしょうか。実際に話されている方言に漢語がどのくらい含まれているのかを数えることはかなり難しいので,ここでは澤村（2005）の調査結果を見てみましょう。この調査では,全国各地の方言辞典や方言集が収められている『日本方言大辞典』からすべての漢語（名詞のみ）を抜き出し,収録語数（全20万項目）に占める割合を算出してみました。そうすると,この辞典に収録された語のうち,漢語の占める割合は1.8％になります。

この数字だけでは方言の中の漢語の割合について,今ひとつわからない人も多いかもしれないので,他の辞書とも比較してみましょう。図22-1のグラフは,宮島（1982）に掲載されている,『言海』,『例解国語辞典』,『角川国語辞典』の3つの辞書における語種の割合と比較した結果と,さきほどの『日本方言大辞典』での漢語の割合を比較したものです。

このグラフを見れば一目瞭然だと思いますが,『日本方言大辞典』の中の漢語の割合は,圧倒的に低いことがわかります。『日本方言大辞典』以外の辞典

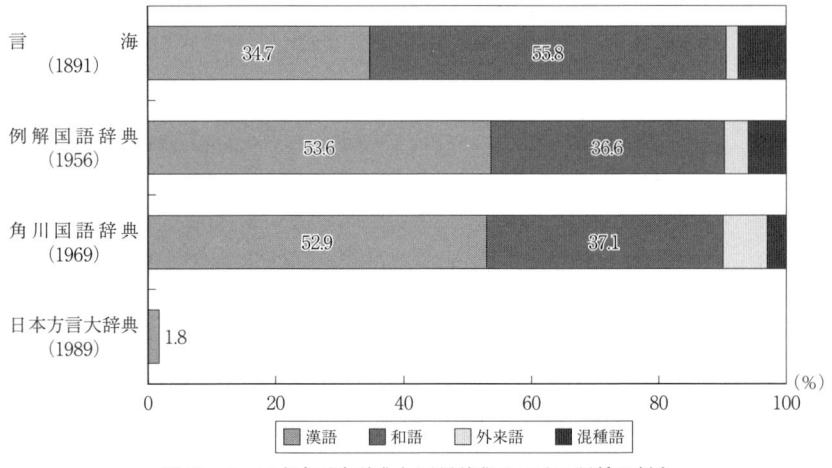

辞典	漢語	和語	外来語	混種語
言海 (1891)	34.7	55.8		
例解国語辞典 (1956)	53.6	36.6		
角川国語辞典 (1969)	52.9	37.1		
日本方言大辞典 (1989)	1.8			

図 22-1　日本方言大辞典と国語辞典における語種の割合

の収録語数は，『言海』が39,103語，『例解国語辞典』が40,393語，『角川国語辞典』が60,218語であり，いずれも『日本方言大辞典』の収録語数を大幅に下回っています。しかし，収録語数が多ければ和語の割合が増えるはずだとは言いきれません。また，方言辞典と国語辞典の違いも考える必要はありますが，この結果から，方言には漢語が圧倒的に少ないということは明らかです。

　しかし，このように少ないからといって，方言の中の漢語が研究の対象にならないというわけではありません。方言と漢語に共通する特徴はあるのか，どういった経緯を経て漢語が方言に入り込んでいくのかといったことなどは，日本語史や方言学の立場から見ると，なかなかに興味深い問題です。

2.3　方言の中の漢語の地域差

　前節では方言の中には漢語が少ないと述べました。しかし，このような傾向は日本全国どこでも同じなのでしょうか。地域によって漢語が多い，あるいは少ないといった差はないのでしょうか。

　図22-2を見てください。これは先ほどの『日本方言大辞典』に収められた漢語約350語の地域データをもとに，都道府県別の出現数を集計した結果を地図化したものです。

　この地図では，日本の2大中心地である近畿・関東には漢語が少ないのに対し，その周辺の地域の漢語の数が多いという差があることが読み取れます。なぜこのような地域差ができたのかについては，さまざまな理由が考えられますが，ことばは文化や政治の中心地であった地域から周囲に伝わっていくものなので，漢語もそのようにして広がっていったのではないかということが，現段階では言えそうです。日常使っていることばに漢語が入っていても，東京のことばと一致していれば，方言辞典には載りません。そのために文化的中心地である京都と東京の近くの数値が低くなった可能性があります。なお『東京ことば辞典』（金端 2012）には，漢語が多く収録されています。

　名字にも和語と漢語の違いがあります。佐藤，斎藤などトウと読むのは漢語ですが，東日本に多く見られます。

　漢語はさらに細分できて，漢字の読み方により呉音，漢音（唐宋音，明清音）などに分けることがあります。「山」をサンと読むのは漢音，センと読むのは呉音です。地名で見るとセンと読むのは近畿地方や中国地方に多く分布します。

第22章　方言の語種

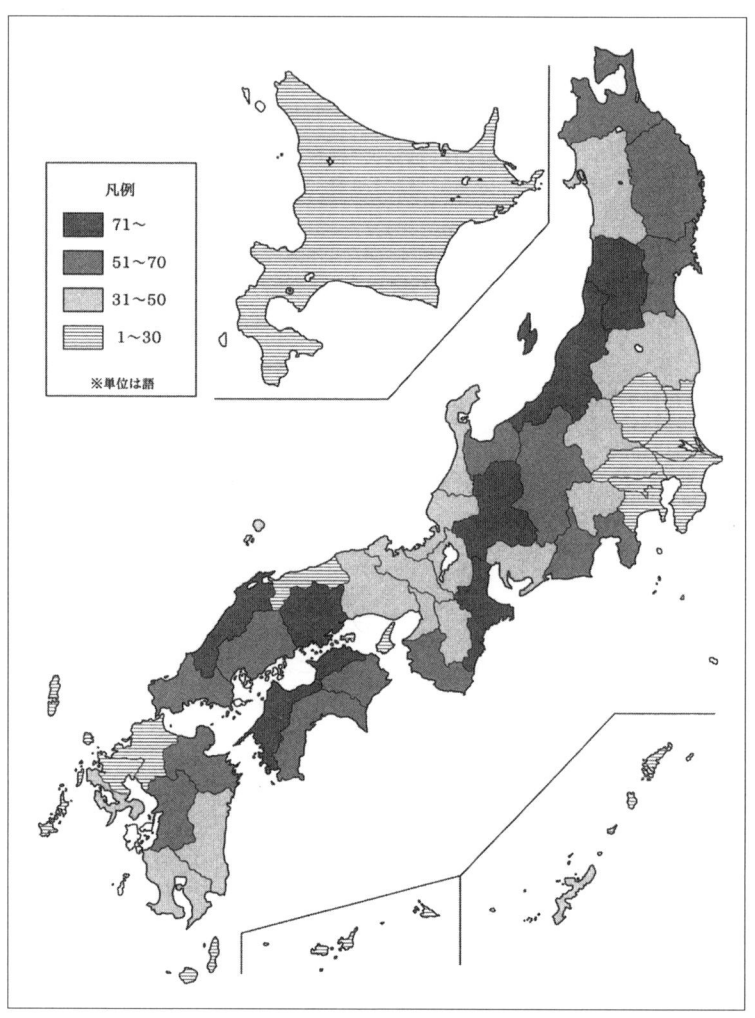

図 22-2　漢語の地域差
出典：真田信治・友定賢治編『地方別方言語源辞典』東京堂出版，2007年，232頁。

３　方言の中の外来語

3.1　外来語の特徴

　さて，次は外来語を取り上げましょう。外来語は日本語に入って来たのは室町時代以降で，漢語に比べると日本語としての歴史はかなり浅いといえます。

近年でもインターネット用語（例：ダウンロード）や医学関連用語（例：インフォームド・コンセント）など，新しい科学技術の発達に応じてどんどん外来語が入ってきています。また，「新しさ＝価値」とされる分野では，かなり積極的に新しい外来語を取り入れています。例えば，ファッション用語などがそうです。「袖なし」より「ノースリーブ」の方がおしゃれな感じがします。

さて，そのような特徴を持つ外来語は，あまり方言とは相容れない関係のように見えます。次の節で具体的に見ていきましょう。

3.2 〈カボチャ〉の方言分布

現段階では，方言の中に外来語が多いか少ないかといったことを明らかにした研究は残念ながらありません。しかし，方言の中にも外来語は入り込んでいること，また，それらの外来語はなかなかユニークな形で存在していることは今までの研究からも明らかになっています。図22-3を見てください。

これは〈カボチャ〉を各地で何と言うかを調べた結果を地図にしたものです。多くの地域では共通語と同じ「カボチャ」ですが，地域によってはトーナス［関東］，ナンキン［関西］，ボ（ー）ブラ・ボ（ー）ボラ［西日本］などが用いられていることがわかります。変わった形と思った方が多いと思いますが，なんとボーブラはポルトガル語の abóbora に由来する外来語です。また，共通語のカボチャも，実は Cambodia abóbora（カンボジア産の瓜の意味）から来ているとも言われています。カボチャそのものは16世紀に東南アジアから，ポルトガル船によって九州にもたらされたため，もとの形に近い言い方が西日本に残ったというわけです。

江戸時代に（スペイン語やオランダ語から）入った古い外来語は長崎付近，さらに西日本の方言で多く使われます。また近代以降中国語や韓国（朝鮮）語から入ったことばも西日本に多い傾向があります。一方，東京付近では外来語を使うにもかかわらず，他の地方では漢語や和語を使うこともあります。いずれも国内のどこを経てことばが入ったかに左右されたようです。

戦後，沖縄県の方言には英語からの外来語が入りました。小笠原方言では英語などからの外来語が使われています。第5章で見た海外の日本語と方言の関係を裏返した感じです。

方言と外来語というと，あまり関係がないもののようにも思われがちですが，このように，一見それとわからない形で方言の中に外来語がひそんでいるということも少なくありません。

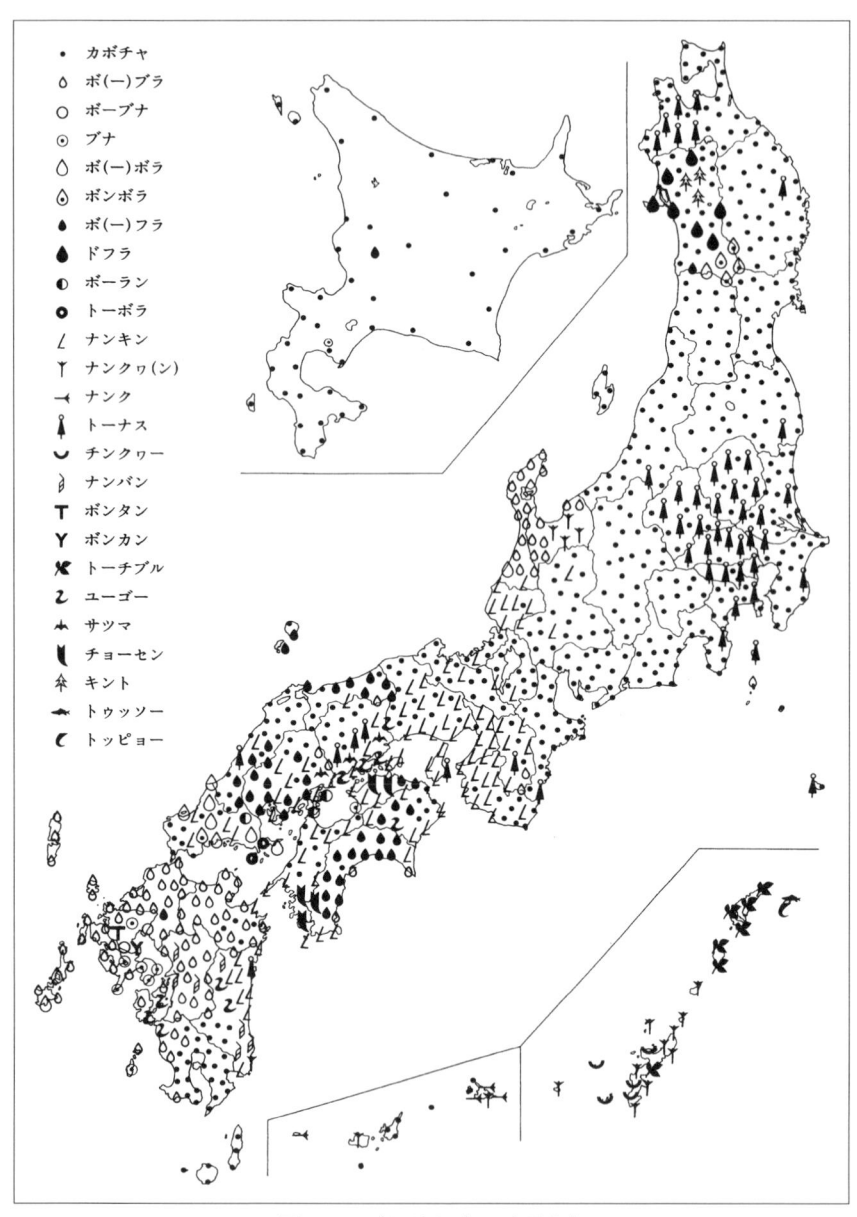

図 22-3 〈カボチャ〉の方言分布
出典：佐藤亮一監修『お国ことばを知る 方言の地図帳』小学館，2002年，169頁。

④ 今後の研究の展開

　ここまで，方言を語種という観点から見た場合の特徴について，ごく簡単ではありますが紹介してきました。

　スペイン語やオランダ語からの「南蛮語」が長崎をはじめとした西日本に多いことを確かめた研究はすでに戦前にありました（橘 1936）。しかし，方言研究の中でも，「語種による違い」に着目したものはそれほど多くないのです。例えば，方言間で和語・漢語・外来語の割合がどのように異なっているのか，などといった調査はあまり行われていません。しかし方言によって語種の割合が異なるとしたら，そうした違いは地理的近接効果によって，一部説明できそうです（井上 2007）。

　また，方言の中に入り込んだ借用語は，もとのことばと似ても似つかない形に変化していることも多く，一見するとそれとわからないものが多くあります。それらをどういう基準で語種別に分けていけばよいのかも，なかなか難しい作業です。

　いずれにしても，方言の語彙は語種によってどのような特徴が見いだせるのかということは，今後の研究にとっても大きな課題の1つと言えるでしょう。

練習問題

1. 本文中で挙げた，「はやさ（和語）」，「速度（漢語）」，「スピード（外来語）」のように，同様の意味で使われている和語，漢語，外来語を探してみましょう。
2. 地元の方言辞典を使って，その中に漢語由来の方言や外来語由来の方言がどの程度含まれているかを調べてみましょう。
3. 2．で調べた漢語・外来語由来の方言について，それぞれ形や意味がどのように変化しているのかを調べてみましょう。また，地域によって変化の傾向に共通性があるのかどうかについても考えてみましょう。

読書案内

① 真田信治・友定賢治編（2007）『地方別 方言語源辞典』東京堂出版。
　＊北海道から沖縄まで，代表的な方言約570語を取り上げ，地方別にその語源をわかりやすく解説した辞典。身近な方言が，実は漢語に由来したり，外来語の変化した形である例なども多数挙げられています。
② 佐藤雄一（2005）「方言にあらわれる漢語・外来語——東日本方言」（169-175頁），

田尻英三（2005）「方言にあらわれる漢語・外来語――西日本方言・琉球語」（176-181頁）『国文学解釈と鑑賞』第70巻1号，169-181頁。
  ＊方言の語種の地域的特徴について東西それぞれを対象に述べられた論文です。東日本方言の漢語には，感情や感覚を表す語や仏教関連の語が多いこと，また，西日本では，特に薩隅方言に漢語出自の語が多いことなどが指摘されています。
③ 野村剛史（2011）『話し言葉の日本史』（歴史文化ライブラリー311）吉川弘文館。
  ＊日本語史に関する本ですが，内容は「話しことば」の変遷が中心となっています。「中世話し言葉の世界」の中に，「方言の中の漢語」という一節があり，「ブエン（無塩）」や「トゼン（徒然）」という漢語と方言の関連が紹介されています。

参考文献

井上史雄（2007）『変わる方言 動く標準語』ちくま新書。
佐藤亮一監修（2002）『お国ことばを知る 方言の地図帳』小学館。
澤村美幸（2005）『漢語の方言国語史的研究』東北大学大学院文学研究科修士論文。
橘正一（1936）『方言学概論』育英書院。
福島邦道（1988）『語史と方言』笠間書院。
宮島達夫ほか編（1982）『図説日本語――グラフで見ることばの姿』（角川大辞典9）角川書店。

第 VI 部

日本語方言の談話・行動

京都方言を使ったお菓子（おこし）

第23章 方言の敬語

井上史雄

この章で学ぶこと

ことばが丁寧か乱暴かは，人によっても違いますが，地域によっても違います。敬語を使いこなせないと，社会に出てからコミュニケーションがうまくいかず，誤解されることがあります。従来の学校教育での敬語の扱いは，実際の用法を教えることがなく不十分でした。周囲の人の使い方を見習うことが主でした。この章では，敬語にも方言差があることを指摘し，長い歴史的背景があることを論じます。敬語は，しきたりと似て，成人後に経験を重ねて身につくものです。自分の出身地のことばを見極めて，社会人として使いこなす必要があります。

キーワード

敬語の西高東低，絶対敬語，相対敬語，無敬語，敬語の成人後採用

---

1 敬語とは

　敬語は，社会言語学の重要な研究テーマです。敬語というと，国語の教科書で習ったような，文法的敬語を思い浮かべます。尊敬語，謙譲語，丁寧語に3分類されていましたが，今は東京のことばを基準に尊敬語，謙譲語Ⅰ，謙譲語Ⅱ，丁寧語，美化語に5分類されます。敬語と同じく社会的地位や心理的距離によってことばが使い分けられる現象は，世界の多くの言語で観察されています。しかし日本語のように文法的に整った言語は，ほぼ東アジアに限られます。特に韓国語の敬語は日本語によく似ています。ヨーロッパの言語の多くでは2人称代名詞に2種類あって，敬語的な使い分けをします。中国語も同様です。ただ英語ではシェイクスピアの時代に区別のあった2人称代名詞2種類の片方を使わなくなって，複数形の you を単数の相手にも使うようになりました。

　日本語方言の敬語でも，外国語の敬語と似た現象が観察されます。諸言語間の敬語の違いと日本語内部の敬語の方言差は，似ています。日本語方言の敬語

の地理的分布は，1000年以上の日本語の歴史と対応します。また社会状況（身分の発達）とも関係します。

② 敬語の方言分布図

2.1 敬語の西高東低

方言には敬語がないと考える人もいますが，そうではありません。東京の共通語よりも敬語の発達した方言があります。また「待遇表現」「ポライトネス」などのもっと広い概念にまで広げると，どんな方言にも敬語に関わる現象が見つかります。ただ国語の授業で扱うような敬語が，十分発達していない方言を「無敬語」の方言と扱うことがあります（第3章参照）。地域差は尊敬語と謙譲語に大きく表れます。伝統的方言の敬語では，江戸時代に各地に独特の言い方が発達して，今でも観光の「誘い文句」などに活用されます（第27章参照）。敬語の視点から日本の方言全体を見回すと，「西高東低」と言えます（第3章参照）。西日本の方言では敬語が発達していて，東日本の方言では単純なことが多いのです。別の目でみると敬語にも「周圏論」があてはまると考えられます（第4章参照）。京都の発達した敬語が，西日本には早く広がったが，東日本には遅れたと考えるのです。文化庁の世論調査でも，尊敬語の地域差がわかります。図23-1では尊敬の「ご覧になります」の意味で「見られます」と言う人が多い県を，黒っぽく示しました。西日本に偏っています。「（ら）れる敬語」をよく使うのは西日本です。西日本では「（ら）れる」に加えて方言敬語「なさる，なはる，なす，なる」等を場面に応じて使い分けることが多く，使い分けが発達していて，西高東低と言えます。

2.2 方言敬語の3分類

方言の敬語について，以下のように大きく3地域に分ける考えがあります（吉岡 2011）。文化庁世論調査の敬語関係項目を大きくまとめた試みです。西高東低の傾向と首都圏方言を組み合わせたアイデアで，敬語の歴史的発展とも対応します（図23-2参照）。

(1)簡素地域（方言敬語簡素地域）は，主に東北・北関東で，従来の方言学でいう「辺境」にあたります。尊敬語を使わず，対人関係の敬語が未発達な古い段階にあたり，「東低」にあたります。

(2)複雑地域（方言敬語発達地域）は，主に西日本，特に近畿で，従来の方言

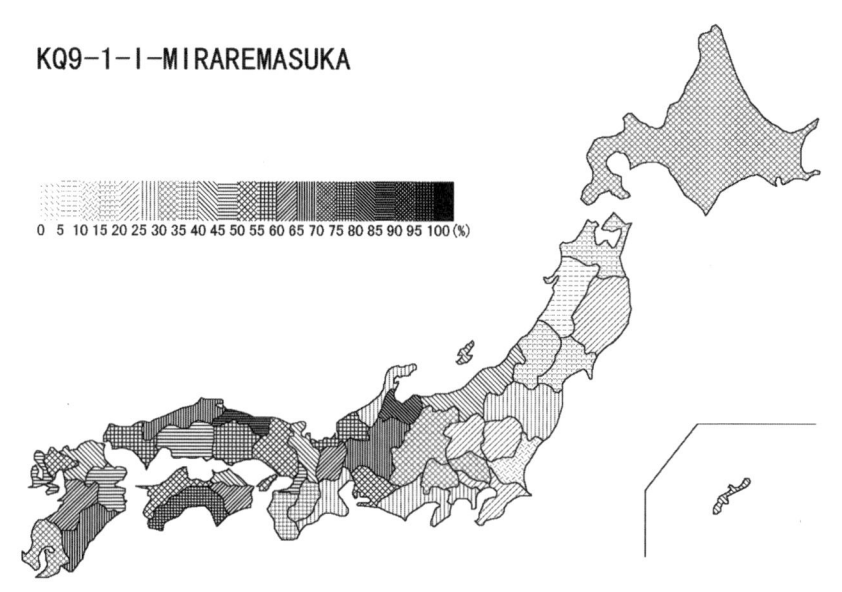

KQ9-1-I-MIRAREMASUKA

図23-1 られる敬語分布図（尊敬語）

学でいう「中央」にあたります。敬語の「西高」に相当します。尊敬語を使うし，（ら）れる敬語を使います。近畿は古くから敬語が発達していましたが，人間への敬語が固定的な中世敬語を残す地域といえます。ことに京都では天皇から下層とされる社会階層までが一地域社会に共存して，平安時代の古文に残るような，複雑な敬語が使われていました。

(3)首都圏（共通語敬語発達地域）は，急速に発達した近代的敬語の地域です。敬意レベルが高い，二重敬語が多いという傾向があり，（丁寧語化・美化語化の進んだ）近代的相対敬語の地域です。近代東京からの標準語の伝播の波に乗って広がったのでしょう。

③ 敬語の日本史と方言

3.1 敬語の日本史

敬語の方言分布は，敬語の歴史的分類とほぼ一致します。日本語の敬語は，歴史的に①タブー（禁忌）を出発点として，②絶対敬語から，③相対敬語へと変化した，とまとめられます（金田一 1959）。他に，上下敬語から左右敬語へ，身分敬語から親疎敬語へなど，さまざまな言い表し方がありますが，同じ傾向

を指しています。

①タブーは，自然物（太陽，月，雷）や神仏に敬語を使う現象です。人間に対しての敬語が未発達の古風な段階なので，無敬語と見なされることもあります。

②絶対敬語は，登場人物敬語（素材敬語）のみが使われる段階です。奈良時代，平安時代の敬語は，尊敬語と謙譲語だけで，話題になった人（主語）にだけ配慮するものでした。また身分や地位に応じて敬語の程度が固定されていました。

③相対敬語は，目の前の話し相手にも配慮して，話題の第三者への敬語の程度を相対的に調節するものです。また丁寧語つまり相手敬語（対者敬語）が発達して，話し相手への配慮が優勢になりました。

3.2 敬語の方言差

日本語の敬語の方言差を考えるのに，以下の日本地図が手がかりになります。現代の日本諸方言の敬語が歴史的に対応すると考えました。敬語も，古代敬語と中世的な敬語，それから現代の敬語，さらにポスト近代の敬語と段階的に考えてみました。

図23-2によってまとめましょう。この地図では，日本の方言を段階に分けました。古代の敬語は，日本の辺境に残って，中世的な用法は，近畿地方に残って，現代的な新しい敬語は，東京付近で使われています。

古代的自然物敬語　「古」の記号が九州と東北にあります。日本のはずれのほうには，古代の敬語が残っています。「お日さまがお昇りになった」とか「雷様が落ちられた」にあたる敬語表現をしていた地域です。人間ではないものに敬語を使う，「自然物敬語」が，一番古い敬語です。その後，天皇も神と同じように偉大な存在ということで天皇に使うようになり，それが貴族などにも広がりました。

中世的身内敬語　その貴族社会から広がった敬語は，近畿地方の「中」と書いてあるものです。よその人と話していて自分の身内を話題にするときに，「身内敬語」を使う（控えない）という，中世的な敬語です（第3章参照）。お嫁さんが，「おじいちゃん，おらはらしまへん」（おじいちゃんはいらっしゃいません）と言います。

近代的相対敬語　東京なら（祖父は今）「おりません」「いません」で，謙譲語を使うか，少なくとも中立的な言い方を使います。会社

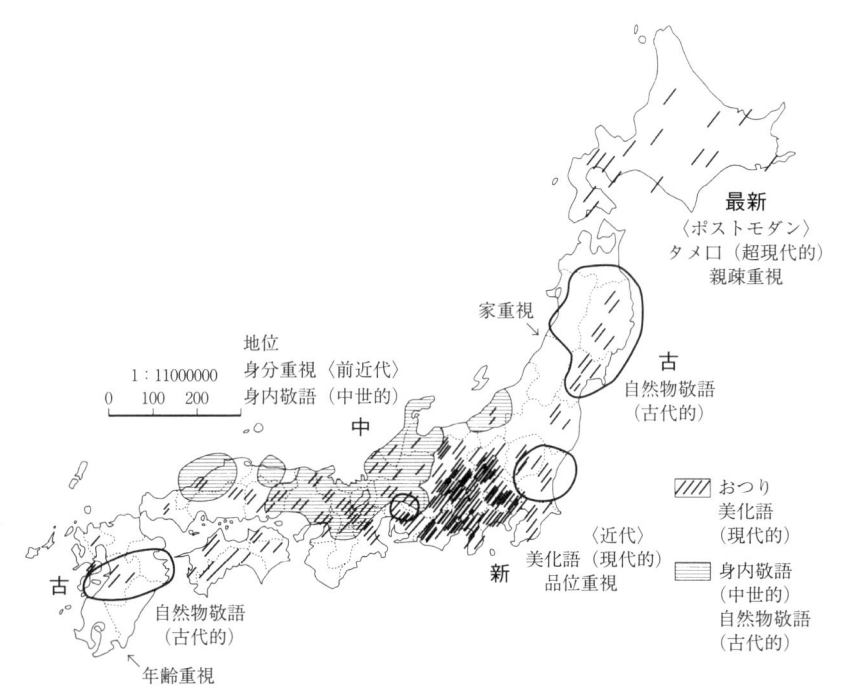

図23-2 方言敬語の時代性

で最初にサラリーマンが訓練を受けるのは、社外の人と話すときに、部長などの社内の目上についての敬語を使わないことです。つまり話題の人物と目の前の聞き手とを相対的に計量して、敬語を使い分けるのが、相対敬語の典型例です。

現代的美化語　一方、現代の敬語では、自分にとって親しいかどうかを重視する動きがあります。現代的敬語の手がかりは、美化語の「お」をつけるかどうかです。図23-2の首都圏付近の斜線は、現代的、東京的な敬語です。「つり」などに「お」をつけて自分のことばをきれいにするという使い方が広がっています。男女差が大きく、首都圏の女性が多く使います。相手によって使い分けるのでなく、自分のことばを丁寧にするためにいつも「お」をつけるのです。自分の子どもに「あげる」を使うのも新しい傾向で、美化語と言われます。

超現代的敬語　北海道にはポストモダンの敬語が成立しました。開拓地・植民地や海外で育った人に見られる無敬語、または未発達の敬

第23章　方言の敬語　239

語です（第5章参照）。タメ口と言い換えてもいいです。

3.3　城下町と農村の敬語――敬語の社会階層差

　敬語の方言差には，もっと小さいレベルの違いがあります。旧城下町と周辺との違いが際立ちます。封建社会の成立とともに，身分差，階級差の大きい城下町で，独自の敬語が発達しました。例えば山形県鶴岡市とその周辺の農村地域の敬語の違いを見ると，農村部では敬語をほとんど使いません。市内でも旧士族と町人は異なった敬語を使いました（井上 1989）。日本語の都会と田舎の違いは他の地域でも見られます。都市への飛び火の形で，「二重の周圏論」が形成されたと見ることができます。

④　新しい敬語

4.1　現代敬語変化の傾向

　従来の学校教育では敬語は尊敬語（いらっしゃる，お読みになる，読まれる），謙譲語（うかがう，お読みする），丁寧語（です，ます）に3分類しましたが，2007年に文化庁は「敬語の指針」で新たに5分類を提案しました。謙譲語をⅠとⅡに分け，美化語を加えたのです。現代の共通語の敬語を説明しようとしたものですが，方言敬語はその段階に達していません。敬語3分類で説明できる段階の方言が大部分です（井上 2017）。

　現代社会では，敬語が変化し，さらに発達しました。敬語は今でも変化を続けています。近代の敬語変化は次の4種類の原因で説明できます。

　1．敬意低減の法則（敬語のすり減り，二重敬語など）。使っているうちに効果が薄れる変化で，同じ語形の敬意の度合が，使われているうちに下がる現象をいいます。待遇価値の下落です。2人称代名詞「貴様」「御前」「手前」の価値の下落，（「やる」に代わる）「あげる」の多用などが例です。

　2．丁寧語化（対者敬語化）。尊敬語と謙譲語が丁寧語デスマスに連動して使われる現象です。デスマスを使わない学生どうしで「先生が来た」と言うなどです。

　3．民主化・平等化（左右敬語・親疎敬語）。敬語の使用基準が目上・年上への敬意から親しさ，つまり心理的距離へと変化した現象です。

　4．方言化（無敬語地域の影響）。タメ口として首都圏などの各地で観察されますが，敬語の発達していない北関東の方言の影響と考えられます。同様の

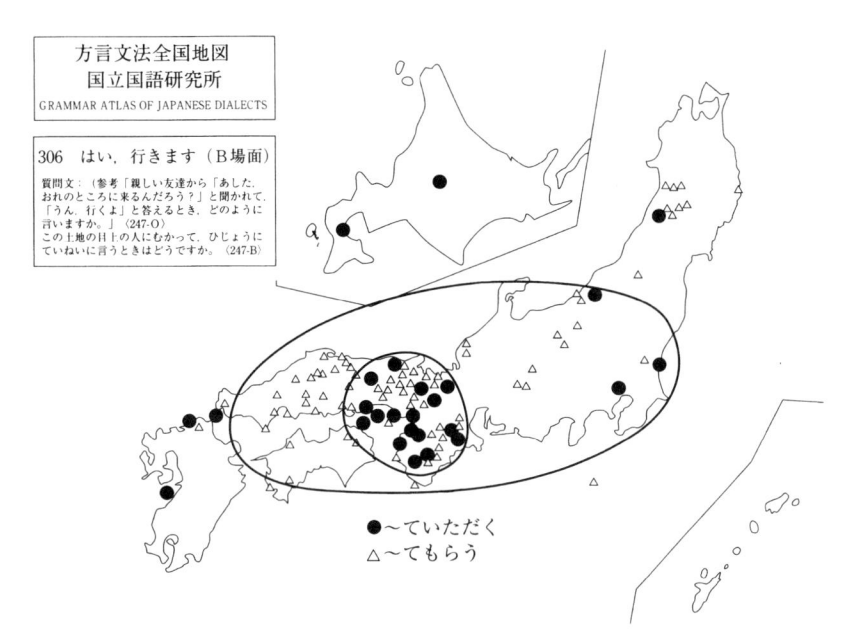

図23-3 受恵表現「ていただく」の分布図

出典:『方言文法全国地図』。

現象が開拓地・植民地での敬語の単純化で見られます（第5章参照）。

4.2 近畿地方の敬語発達

共通語の敬語には近畿地方から受け入れられた表現が見つかります（第9章参照）。近代の変化の中でも方言が関係する典型を図23-3で見ます。最近「～（さ）せていただく」という言い方が増えました。謙譲語の「お～する」に代わって進出したと見られます。20世紀はじめに生まれた人の地理的分布を見ると、近畿周辺に固まっています。その前段階として「～てもらう」という言い方が広がっていました。100年かけて東京に飛び火の形で伝播し、さらに全国に広がりつつあります。

4.3 方言の卑罵語

敬語と逆の働きをするのが卑罵語、ののしりことばです。「くたばる」（死ぬ）、「うせる」（行く）、「どぶせる」（寝る）などの言い換え；「～やがる、～くさる、～けつかる」などの付け足しの、言い方があります。用法を見ると、

「亡くなる」(死ぬ),「いらっしゃる」(行く),「お休みになる」(寝る);「～なさる」(～する) の尊敬語と対をなしています。この卑罵語にも方言差がありました。全国で使いますが，関西で発達したようです。敬語とセットで，要するにことばのレパートリー，レジスターが広いのです。相手と対立したときに，すぐに殴る蹴る，ものにあたるというわけではありません。その前にことばを活用し，ことばで処理するわけで，文化的中心地で発達した高等言語技術といえます（小林他 2014）。

4.4　広義の敬語──待遇表現・ポライトネスなど

　ことばを対人関係の調節に使うときには，狭い意味の敬語だけでなく，多様な現象を採用します。現代社会では狭義の敬語以外にさまざまなことばを使い分ける必要があります。言語能力 competence（ラング langue・体系）としての代名詞・敬語を身につけるだけでなく，言語運用 performance（パロール parole）としてのことばの使い分けをする必要があります。敬語は，もっと広く「敬意表現」「配慮表現」「待遇表現」「ポライトネス」などの概念の中に位置づけられます。考えた中身を敬語以外に次のどの表現で伝えるべきかが，具体例です。「行け」「行ってください」「行ってほしい」「行くのがよい」「行く？」「明日は晴れだって」（命令，要求，願望，叙述，疑問，暗示その他）など，またそもそもことばに出すかなども含め，敬語を越える問題なのです。このような表現にも地域差があることが，明らかになりました（第24章参照）。

　一方で若い人の間にマニュアル敬語（バイト敬語，コンビニ敬語）が広がっています。「クッションことば」と言われる表現が対人関係に有効だとも言われます。愛知県岡崎市での敬語調査では，「敬語の成人後採用」が確かめられました。大学生は社会人以前，敬語モラトリアムなのです。敬語は長い人生で少しずつ身につきます。今後も関心を抱きつづけることが重要です。

練習問題

1. 食べ物や台所にあるもので「お」がつくことばをメモしましょう。教室にあるもので「お」がつくことばをメモしましょう。どちらが思い浮かべやすいでしょう。男女差はありませんか？
2. 「せていただく」を使える表現を考えてください。同じ場面で謙譲語「お～する」に置き換えられますか？　例「飲む」「落ちる」

読書案内

文化審議会（2007）『敬語の指針（PDF）』www.bunka.go.jp/1kokugo/pdf/keigo_tousin.pdf
　＊文化庁の答申の全文。現代敬語の解説にあたるので，印刷して読むことがおすすめ。

参考文献

井上史雄（1999）『敬語はこわくない』講談社現代新書。
井上史雄（2011）『経済言語学論考——言語・方言・敬語の値打ち』明治書院。
井上史雄（2017）『新・敬語論——なぜ「乱れる」のか』NHK出版新書。
金田一京助（1959）『日本の敬語』角川新書（『金田一京助全集3』三省堂，1992年に再録）。
小林隆・澤村美幸（2014）『ものの言いかた西東』岩波新書。
吉岡泰夫（2011）『コミュニケーションの社会言語学』大修館書店。

第24章 方言と行動

篠崎晃一

この章で学ぶこと

　この章では，言語行動について地域差の観点から考察します。身近な行動にあいさつがあります。私たちは時間帯や相手との関係によって，ことばを使い分けています。お辞儀や手を振るだけということばを伴わないあいさつもあります。

　依頼したり謝罪したりするときの行動もさまざまです。どうしたら依頼内容が実現するのか，謝罪の気持ちが伝わるのかを考えながら行動しています。実際には「貸して」「ごめんなさい」という核になる部分の形式の違いだけでなく，いくつもの要素を組み合わせて働きかけているのです。

　1つひとつの単語のレベルではなく，大きな単位での地域差について考えていきます。

キーワード

　言語行動，非言語，あいさつ，依頼，働きかけ方

1　どこに着目するか

　言語行動とは，あいさつや，依頼，勧誘，断り，謝罪，感謝など，さまざまな場面で人がことばによって意図・意思・感情などを表したり受けとめたりするコミュニケーションのことをいいます。社会言語学の世界でこの方面の研究が盛んになりました。言語間にはさまざまな違いがあります。英語教育でも，本を読んで知識を取り入れるだけの時代と違って，人と会って交流する時代になり，言語行動が重視されるようになりました。日本人にくらべて，アメリカ人や中国人は，思ったことをはっきりことばに表す傾向があると言われます。そのような特徴を知らないでいると誤解につながります。

　日本国内にも差があります。実際の対人場面での働きかけ方の違いに興味が向けられるようになりました。この章では方言間の行動の違いを扱います。従

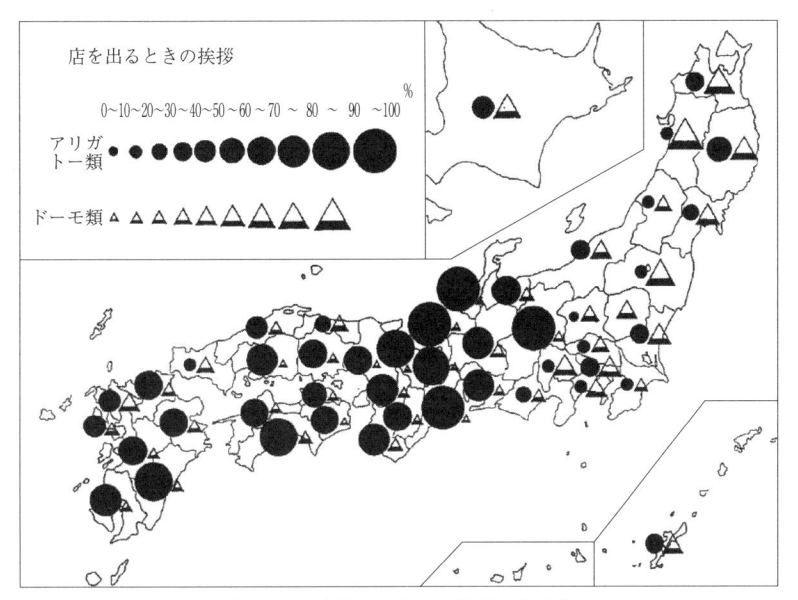

図24-1 店を出るときの挨拶の地域差

出典：篠崎・小林（1997）。

来は別の土地の人の行動の違いに気づいても、個人差だと解釈することがあったのですが、大勢の人のデータをとって比べると、個人差を越えた、地域社会全体に通じるような地域差があることがわかりました。一般的にいうと、近畿地方では人間関係に配慮して、ことばを十分に使いこなすという傾向が見られます。それに対して東北や九州は言語技術をあまり機能させていないように見受けられます。大きくいうと関西と関東の違いと見なすこともできそうです。これは敬語（第23章参照）とも並行的で、第19章の授受表現とも関連があります。

依頼の場面では依頼相手や相手にかける負担の軽重によって働きかけ方が異なります。謝罪の場面では謝罪のきっかけとなった要因の状況によって謝り方も違ってくるでしょう。依頼にも敬語を使うだけでは不十分で、もっと多様な表現を使いこなします。

その他に、言語形式だけでなく、言語形式に伴う要素としての声の大小、声の質、抑揚、さらには身振り、表情などの非言語の地域差も研究対象となります。例えば、食前のあいさつ「いただきます」を言う時に手を合わせるかどうかといった点にも地域差があります。こういった幅広い視野での現代の地域差

の解明が課題となっています。

　具体的な例を図24-1で見てみましょう。

　買い物を終えた客が店を出るときのあいさつ表現として，感謝を表す「アリガトー」類が中部以西に広く見られ，「ドーモ」類が東北で使われるといった東西差が大きいことがわかります。

　図には現れていませんが，「サヨーナラ」類が中国・四国，「オセワサマ」類が関東にまとまって分布しています。こうした一定の場面における言語行動にも地域差が存在していることがわかります。

　また，ちょっと離れたところにある本を取ってもらうという依頼をするとき，「その本を取ってくれませんか」「その本取ってくれない」のような否定形式を使うか，「その本を取ってくれますか」「その本取ってくれる」のような肯定形式を使うかという点でも地域差があります。肯定形式による表現が使われるのは，主として，関東，関西とその周辺で，日本列島の周辺地域ではあまり使われません。

　さらに，1つの話題について話す談話の流れを観察してみると，共感を共有する「ヤッパリ」や「ネ」などの主観的な語が談話に多く登場する東日本に対して，西日本では説明を累加する接続詞である「ホンデ」「ホシタラ」といった客観的な語が談話に用いられることが多いという違いも見られます。

　地域ごとに特徴のある俚言（方言形）に比べて，こうした地域差は目立たず，あまり気づきません。表現法（言いまわし）や談話論から見られる地域差はまだ十分に解明されているとはいえません。しかし，これらも方言的特徴の1つであるといえます。

② 働きかけ方

　何か依頼をするという行動として，お金を借りる場面を考えてみましょう。ちょっと小銭の持ち合わせが無くて，親しい友人にお金を借りる場合，10円借りるとしたら，「ちょっと10円貸して」と言うだけで借りられるかもしれませんが，5,000円を借りるような場合は，いくら親しい間柄であっても「ちょっと5,000円貸して」ではすみません。「貸して」の部分を「貸してください」「貸していただけないでしょうか」と丁寧な形に変えたとしても無理でしょう。例えば，「ごめん，大変申し訳ないんだけど，今持ち合わせがないから5,000円貸してくれない，明日返すから」といったように，「ごめん」「大変申し訳な

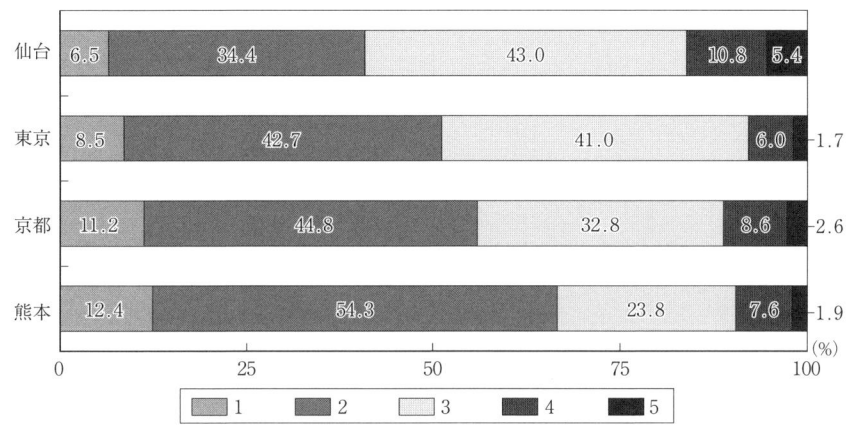

	1	2	3	4	5
仙台	6.5	34.4	43.0	10.8	5.4
東京	8.5	42.7	41.0	6.0	1.7
京都	11.2	44.8	32.8	8.6	2.6
熊本	12.4	54.3	23.8	7.6	1.9

図24-2 荷物預け場面における要素使用数の地域差

出典：熊谷・篠崎（2006）。

い」「今持ち合わせがない」「明日返す」のような要素を組み合わせることが考えられます。つまり，場面に応じて，どういう要素を選択するか，いくつ選択するか，どのような順序で組み合わせるかなど，さまざまなバリエーションがあるということです。こうした言語行動の実現の仕方にも地域差が見られるのです。

図24-2は，行きつけのお店に荷物を預けるという依頼場面において，仙台，東京，京都，熊本4地域で，要素の使用数の地域差を調べた結果です。凡例の1，2，3，4，5の数字は，要素使用数を示します。この荷物預けの場面では仙台＞東京＞京都＞熊本の順に，東ほど要素の使用数が多いという傾向が見られました。

要素の組み合わせ方においても，仙台，東京では，

アノー　チョット　ヨソエマワルノデ　自転車　アズカッテモラエマスカ？

のように，「アノー」，「スイマセン」などの〈注目喚起〉の表現のあとに，預かりの依頼を表明するパターンが多いのに対し，熊本では，

スマンバッテン，イットキ　オカセテクレンナ

のように〈恐縮の表明〉をしてから預かりの依頼を言うパターンが多いという傾向が見られます。

また，会話の展開に関する研究も進んでいます。例えば，「結婚が決まった

第24章　方言と行動　247

家の人に道であったときのお祝いの挨拶」の場面では，全国的に「おめでとうございます」「決まったそうでございまして」のような，〈祝い〉や〈確認〉，さらに「よかったですね」のような〈感想〉が加わる展開が一般的です。ところが，近畿圏では，「どこから嫁をもらうのか」「誰の紹介か」「年はいくつか」といった〈社交的尋ね〉を積極的に用いて話をつなげていくことが多いという特徴が見えます。また，東海地方のように，道端でこうした祝いの会話自体を避ける地域もあります。

③ 行動の有無

　買い物をするために店に入った時や買い物を終えて店から出るとき，一般的には店員が何か声をかけるのが普通の行動だと思いがちですが，地域によっては声をかける割合が相対的に低い地域があります。少額の買い物の支払いに1万円札を出すときに，「細かいのが無いのでこれでお願いします」「大きいのしかなくてすみません」のようなことばを発することが多い地域もあれば，黙って1万円札を出すことの多い地域もあります。こうした行動の有無はその地域の慣習などと密接な関わりがあると思われます。

　図24-3は，友人に100円を貸したけれども，その友人が借りたことを忘れているときに，どういう行動をとるか，首都圏と近畿圏の若年層の調査結果を比べたものです。

　少額なので特に返済の催促もせずに放っておくという割合は，首都圏では6割近くですが，近畿圏では半分以下と差が見られます。近畿圏では少額であっても返済を求める傾向が強いわけですが，その言い方も遠回しな表現ではなく，「こないだ貸した100円返して」のようにはっきり伝えるという特徴が現れています。

　働きかけを行う際の要素の出現の仕方にも地域差は現れます。例えば，物を借りる際に「悪いけど」「申し訳ないが」のような〈恐縮の表明〉に当たる要素を冒頭において組み立てる傾向は近畿圏が他の地域よりも多いとか，家人を送り出すときに「いってらっしゃい」のあとに，「気をつけて」「早くおかえり」のような気づかいのことばを関東ではあまり添えないと言ったこともあるようです。ただしこれらの地域差はまだあまりはっきりとわかってはいません。

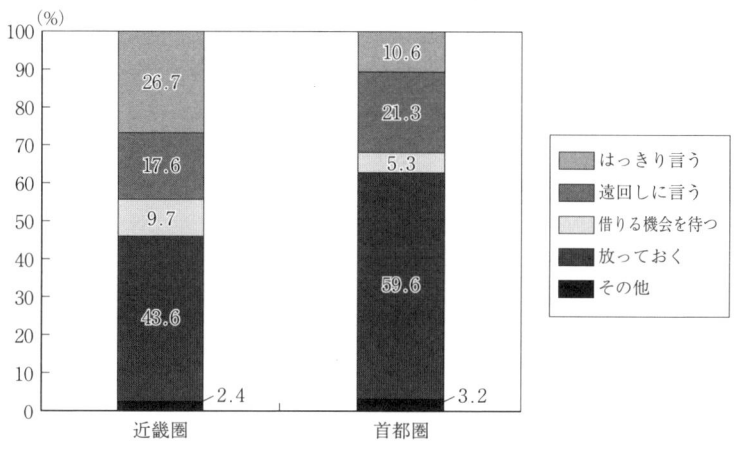

図24-3 貸した100円の返却を求める言い方（若年層）

凡例：はっきり言う／遠回しに言う／借りる機会を待つ／放っておく／その他

近畿圏：放っておく 43.6、借りる機会を待つ 9.7、遠回しに言う 17.6、はっきり言う 26.7、その他 2.4
首都圏：放っておく 59.6、借りる機会を待つ 5.3、遠回しに言う 21.3、はっきり言う 10.6、その他 3.2

④ 行動の受け止め方

　気になっている人物を初めて食事に誘った際に，「今日はちょっと用事があるから無理。また誘ってね」と言われたらどのように受け止めたらよいのでしょうか。首都圏と近畿圏における中高年層の調査結果は次の通りです。Aは「間接的な言い方で断られたと思い，繰り返し誘うことはしない」，Bは「ことば通りに受け取って，後日また誘う」という反応です。

	近畿圏	首都圏
A：断られたと思う	32.6%	45.5%
B：また誘う	67.4%	54.5%

　文字通りに受け止める割合は近畿圏の方が高いようです。
　さて，休日に街で親しい友人とバッタリ出会ったときにどういう行動をとるのでしょうか。香川県の出身者に調べたところ，「どこに行くの」「誰と行くの」「何しに行くの」など根堀り葉堀り尋ねる傾向が強いという結果が出ました。つまりそうすることが距離感の近さの証のようで，声をかけられる側もいろいろ聞かれないと疎外された感じがするという受け止め方が多く見られました。東京出身者に同じ調査をした結果は，プライベートなことを深く聞かないし，聞かれることは煩わしいとの回答が多く，大きな差が見られます。

気をつけないと出身地の違いがコミュニケーションギャップを生み出してしまうかもしれません。

⑤ 行動の発想と背景

県民性についてさまざまな本が出ていますが，その中には言語に言及したものもあります。また，NHKの全国県民意識調査でも言語に関係のある項目を調べています。図24-4は，初対面の人への感じ方です。「はじめての人に会うのは気が重い」が少ない県は，近畿，関東などの都会的な地域（戦前の工業発展期および経済成長期に他地域の人が入ったところ）と重なります。東北，四国，九州は，他地域に労働力を送りだしたところで，よその人と接する機会が少ないと考えられます。ある農村で「よその人と話す回数」を聞いたところ，中高生とお年寄りでは少なく，主婦と農業従事者では中間，都市部への通勤者では多い，という結果でした。対人接触頻度の違いは，言語行動の背景にも拡大適用できそうです。

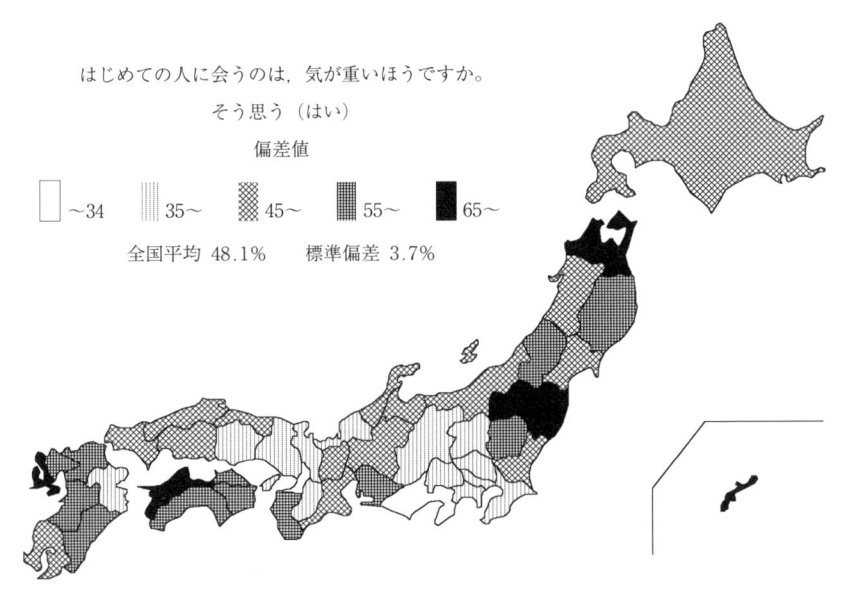

図24-4　はじめての人に会うのは，気が重いほうですか。

出典：杉戸（1986：188）をもとに作成。

また，小林・澤村（2009）は，言語行動に関わる地域差を以下のようにまとめて論じています。

- あいさつやお礼など，相手に伝えるメッセージを口に出して言うか否か。
- 朝のあいさつなら「オハヨー」，失敗したときには「シマッタ」など，場面に応じた定型的な言い方をするか否か。
- 朝のあいさつ，驚きの場面など，特定の時間帯や場面ごとに専用の形式が用意されているか否か。
- 物の言い方が直接的か，それともワンクッションおいた間接的な言い方か。
- 感情の赴くまま主観的に話をするか，気持ちを抑えて客観的に話をするか。
- 相手への気遣い，配慮をことばによって表現するか否か。
- 会話の進行に気を配ったり，話を盛り上げることに気を使うか否か。

方言の使い方，行動についても，深い地理的，歴史的，社会的背景が関わっているのでしょう。

練習問題

1. 待ち合わせの時間に遅れたとき，相手や遅れた時間によってどのように謝罪の仕方が異なるのか考えてみましょう。
2. 駅前で商品の試供品を渡されたとき，どのような行動をとるのか，自分の行動を内省するとともに，周囲のいろいろな地域の出身者の意見も聞いてみましょう。

読書案内

① 荻野綱男編（2003）『言語行動』（朝倉日本語講座9）朝倉書店。
  ＊言語行動研究の現状，調査法，研究史から将来的なテーマまで，日本語の言語行動に関わる話題を総合的に取り上げた本格的な概説書。
② 国立国語研究所（2006）『言語行動における「配慮」の諸相』くろしお出版。
  ＊国立国語研究所が行った言語行動調査の論文集。実際の調査票を収録しており，多様な調査法と分析手法，考察の仕方が参考になります。
③ 石黒圭（2013）『日本語は「空気」が決める』光文社新書。
  ＊場面に応じたことば選びという視点から社会言語学の基本的な考え方がわかりやすく説明されています。具体例も豊富に上げられており，理解しやすい内容になって

④　野田尚史・高山善行・小林隆編（2014）『日本語配慮表現の多様性』くろしお出版。
　＊配慮表現というテーマの下，歴史的変化と地理的・社会的変異を扱った研究書。今後の言語行動研究発展の方向性を示しています。
⑤　小林隆・澤村美幸（2014）『ものの言いかた西東』岩波新書。
　＊言語による表現方法，ふるまい，発想の仕方等について，各地の特徴がまとめられています。実証データを示しながら，具体的にわかりやすく書かれており，調査研究の際にも参考になります。

参考文献

沖裕子（1999）「気がつきにくい方言」『日本語学』第18巻13号。
沖裕子（2006）「談話構造の地理的変種」『日本語談話論』和泉書院。
熊谷智子・篠崎晃一（2006）「第3章 依頼場面での働きかけ方における世代差・地域差」国立国語研究所『言語行動における「配慮」の諸相』くろしお出版。
小林隆・澤村美幸（2009）「言語的発想法の地域差と社会背景」『東北大学文学研究科年報』第59号，東北大学大学院文学研究科。
真田信治（1983）『日本語のゆれ』南雲堂。
篠崎晃一・小林隆（1997）「買物における挨拶行動の地域差と世代差」『日本語科学』第2号，国立国語研究所。
篠崎晃一（2002）「言語行動の方言学」日本方言研究会編『21世紀の方言学』国書刊行会。
篠崎晃一（2010）「働きかけ方の地域差」小林隆・篠崎晃一編『方言の発見』ひつじ書房。
篠崎晃一・中西太郎（2017）「言語行動の東西差――準備調査から傾向を探る」『東京女子大学紀要論集』第67巻第2号。
篠崎晃一（2018）「言語行動の変異を捉える――多角的な観点からの検討」小林隆編『コミュニケーションの方言学』ひつじ書房。
篠崎晃一（2021）「買い物場面における言語行動の地域差――レジでの声かけ・少額の会計への高額紙幣支払い」小林隆編『全国調査による言語行動の方言学』ひつじ書房。
篠崎晃一（2023）「言語行動の地域差――山形県東田川郡三川町の事例」小林隆・大西拓一郎・篠崎晃一編『方言地理学の視界』勉誠社。
杉戸清樹（1986）「行動の中の方言」『講座方言学3　方言研究の問題』国書刊行会。
方言研究ゼミナール幹事会編（1991）『方言資料叢刊第1巻　祝言のあいさつ』広島大学教育学部国語教育学研究室方言研究ゼミナール。

第25章 方言とマスコミ

塩田雄大

―― この章で学ぶこと ――

　この章では，方言とマスコミとの関わりを取り上げます。
　第1節では，新聞に方言がどのように表れるのかについて，簡単に示します。
　第2節では，放送での方言の扱い方について，歴史的な移り変わりを見てみます。ラジオ放送が始まったときにはこれといった方針もなかったのですが，何年か経つと「放送はすべて標準語で」という決まりができました。1960年代の後半（昭和40年代）以降，放送で方言が活用される社会的雰囲気ができてきます。
　第3節では，方言を積極的に使った現代の番組について，いくつかの実例を紹介します。ローカル放送では，全編方言で放送されるものも出てきています。
　最後に第4節では，方言に対するテレビの影響は実はそれほど大きくはないのではないかという見方について，考えてみます。

キーワード

　アナウンサー，放送用語委員会，ラジオ，テレビ，大阪弁でしゃべるデー，今夜はなまらナイト，方言ニュース，共通語化，テレビの影響

1　新聞と方言

　方言というのは，書きことばにも出てきますが，それよりも話しことばに表れることのほうが多いものです。
　方言は私的な場面で使われることが多いものです。一方，放送は公的な場面と見なされ，多くの人は標準的な洗練されたことば（「正しい日本語」）が使われるものと期待します（第1章参照）。方言と放送は相いれない存在のように見えますが，実際には放送でも方言が使われます。
　英語にも方言差があり，放送でも使われることがあります。アメリカ英語では，アメリカ中西部から西海岸にかけての広い範囲で用いられている英語が

GA（General American〔＝標準米語〕）という名称で標準語のような扱いを受けており，これは放送で用いられるので Network English〔＝放送網英語〕とも呼ばれています。他地域の方言的発音も放送で聞かれますが，視聴者はそれほど意識しないようです。また，イギリス英語では地域や社会階層によって方言の違いが際だっていて，標準語にあたるものは Queen's（King's）Englishと言われます。公共放送 BBC で使われる発音は RP（Received Pronunciation〔＝容認発音〕）と呼ばれ，日本での「共通語」（塩田 2013）に相当します。方言が放送で使われるかどうかは，国によって状況がさまざまです。どの言語でも近代国家の標準語を定めるときに，まず基本として書きことばを制定しますが，次に必要なのが，公的な話しことばの典型としての放送用語なのです。

「マスコミ」の代表的なものとして，新聞と放送があります。新聞は書きことばを使ったもので，放送は話しことばによるものです。ここでは，最初に新聞について考えてみます。

新聞で方言が用いられることについて，「①意図的な使用」と「②非意図的な発露」に分けて考えてみると，①に関しては「記事の見出し」と，「記事本文中の引用談話」，そして「新聞漫画」が考えられます。見出しには，「おいでやす」だとか「めんそーれ」など，その地域を印象づける特徴的な（場合によってはステレオタイプ的な）語句が，記事の内容に合わせて使われることがあります（第27章参照）。それに対して引用談話については，発言者の発話を生き生きと伝えたい場合や，あるいは政治家が言ったことを正確に伝える必要のあるときに，その人が話したとおりの（実際には「役割語」などの「脚色」がなされることもあります）方言的なことばが，カギカッコつきで記されます。なお新聞の4コマ漫画では，特に沖縄・九州・高知の地方紙で方言がよく取り上げられています（田中 2011）。

一方，「②非意図的な発露」ということで考えると，記事の地の文や見出しに「気づかない方言」（第8章参照）が含まれている場合があります。大学の学年を指す「一回生」，通学地域を指す「校区」などが典型です。

以前に，マクドナルドを取り上げた記事について，各紙の大阪版・西日本版と東京版との見出しを見比べてみたことがあります。新聞では，同じ1つの記事に対して，それぞれの地域で別々の見出しをつけることがよくあります。そのときの大阪版では，ほとんど「マクド」になっていました。ある新聞（大阪版）では，見出しが「マクド」，本文中では「マック」になっているというような不統一も見られました。これは，大阪では「マクド」が一般的な表現であ

ることから，読者に配慮した大阪版担当者が「意図的に」見出しをつけた（あるいは「つけかえた」）ものです。ただし，「マクド」という語を使って「大阪らしさ」を積極的に表そうとしたものではないので，これは①と②の中間的な例だと言えます。

過去の研究成果では，新聞に見られる方言を調べてみたところ，全国的には関西・四国・九州の新聞には多く，関東・東北に少ないという結果が得られています（加藤 1962）。

② 放送と方言の歴史的な流れ

こうした新聞の例に比べて，話しことばに立脚した放送では，方言と関わる面が，さらに広く見られます。放送では，発音・アクセントなども問題になるからです。

日本でラジオ放送が始まった1925（大正14）年に，「アナウンサーの田舎っぺ言葉は困ったものだ」「放送担当者の多くが標準語で話していない」という趣旨の投書が，新聞に載せられています（塩田 2008, 2014）。当時のアナウンサーが話していたことばは，発音やアクセントの面で，人による違いがずいぶん大きかったものと思われます。

アナウンサーの採用については，最初のころは東京・大阪・名古屋・広島・熊本・仙台・札幌の各放送局でそれぞれ実施していたようです。しかし1934（昭和9）年からは原則として東京中央放送局でアナウンサーを一元的に募集して試験をした上で採用し，一定の期間の教育をしたのちに全国の放送局に配属するようになりました（市川 1984）。

放送開始から何年かたつと，放送で使うことばの「標準」を組織的に定めようという動きが出てきました。このために日本放送協会（「ＮＨＫ」と呼ぶようになったのは戦後のことです）では，『放送用語の調査に関する一般方針』という指針を作りました。この中では，日本語の語彙を豊かにするための源泉の１つとして，方言を活用することが挙げられています。またこの指針ができあがる途中段階の草稿（原案）では，ローカル放送ではその地域の方言で放送すること，および各方言のアクセントを調査することなども検討されていましたが，決定稿では採用されませんでした（塩田 2007, 2014）。この原案がもしそのまま通っていれば，例えば大阪地区の放送は，全国ニュースは標準語，地元ニュースは大阪方言，というようになっていたはずです。

この原案が修正されて,「全国放送もローカル放送も,標準語で」ということになりました。その理由は,①「方言」と言っても各放送局所在地の近辺のことばが対象になり,県内でその放送局から遠くに住んでいる人にとっては結局自分の方言は放送では扱われないことになってしまうので,そのような不公平を生むよりは日本全国で1つの標準語に限定したほうがよいと考えられたこと（菅野 1978）,②日本各地に放送局が置かれるようになり,各放送局所在地の近辺の方言を,ニュースなどでの使用にたえる洗練された「地域共通語」としてそれぞれ育て上げていくのは事実上困難であると考えられたこと,③戦前の社会情勢において,1つのことばで全国を統一すべきであるという考えがあったこと（菅野 1985）などが挙げられています。
　このころの指摘として,例えば「日本で若しＡＫは東京語を以て放送する,ＢＫは大阪語で放送すると云ふやうなことが起れば,之は国語統一の為のゆゝしき問題である」（東條 1933）（ＡＫは東京放送局,ＢＫは大阪放送局を指す）というものがあります。放送で積極的に方言を用いるという発想は,当時はなかなか成り立ちにくかったのです（ただし,ラジオドラマなどの娯楽放送では方言がしばしば用いられていました〔東條 1935〕）。
　終戦前の時期には,「代読放送」といって,講演者（特に農事関係者）が書いた原稿をアナウンサーが代わりに読み上げるという放送スタイルが,例えば東北地区などではよくあったそうです（湯本 1942）。本人自身が方言で話すと,ほかの地域の人には通じないというおそれがあったからです。
　また戦後のラジオ番組でも,アナウンサーと村の人,そしてその通訳役の計3人が話をする「鼎談」形式のものがあったといいます。そうしないと,その村の人の話をラジオ聴取者がうまく理解できないためです（米田 1976）。
　アナウンサーが意図的に方言を使うことに関連して,1959（昭和34）年に宮城県で,あるアナウンサーがラジオの音楽番組（NHKか民放かは未詳）の冒頭で「おばんです」とあいさつしていたところ,聴取者から苦情が多く寄せられたそうです（庄司 2003）。また1963（昭和38）年ごろについての回想としては,当時NHKでアナウンサーが方言を使うということはほとんどなかったし,そうしたことは論じられもしなかったとのことです（米田 1976）。ドラマなど以外の領域では,放送での方言の役割は,あまり積極的に評価されていなかったようです。
　1960年代の後半（昭和40年代）には,それまでのような状況が少しずつ変わり始めます。『国語年鑑』の「展望」欄には,この時期から,テレビドラマで

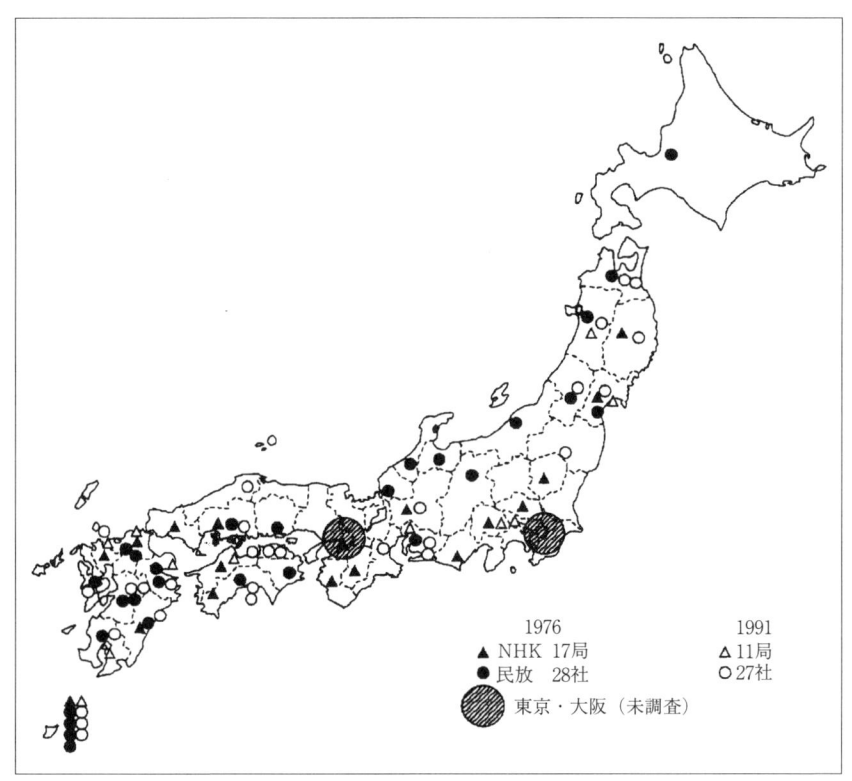

図 25-1　マスコミの方言地図（方言放送番組）
出典：福田（1994）の内容を地図化した井上（2007：55）を再掲。

の方言の流行について毎年のように報告が載せられています（石野 1986）。「おばんです」で有名な宮田輝アナウンサーが各地の方言をまじえて司会をする「ふるさとの歌まつり」が NHK 総合テレビで始まったのは，1966（昭和41）年です（『NHK 年鑑 '67』）。また NHK 放送文化研究所が発行してきた月刊誌の掲載論文を調べてみると，「方言」関連の検討・報告は1960年代と70年代に集中しており，この時期に集中的に議論がなされていたことがわかります（田中 2011）。

　このころから，放送で方言が活用される社会的雰囲気が，次第にできていきました。「おはなはん」は1966年に NHK で放送された連続ドラマですが，これは当地の方言を忠実に再現した「方言リアリズム」の始まりの例だと言われています。放送開始当初は違和感もあったでしょうが，こうした試みは現代で

はまったく普通のことになっています（井上 1985，塩田 2005）。

各地域で方言番組が行われているかどうかを調査した結果（1976年および1994年実施）を整理したところ，方言番組は西日本と東北地方に際立っていることがわかりました。民放では娯楽として扱うことが多く，NHK では教養番組として扱うことが多いという違いもありました（図25−1，井上 2007）。

③　現代における放送と方言

3.1　方言ニュース

ニュースは，放送の中でも「読みことば」の性格が極めて強く，方言からはもっとも遠いはずですが，それでも方言を活用した例はあります。ローカル放送（特にラジオ）では方言がよく用いられていて，中でもラジオ沖縄では1960（昭和35）年の開局以降，「方言ニュース」をほぼ継続的に放送しています。方言はニュースなどを伝えるのには語彙が不足していると言われることもあるのですが，この「方言ニュース」では共通語のむずかしい漢語を言い換えたりして，内容を損なわずに伝えています。例えば「漁獲高」は「イユヌ　アギダカ（＝魚の揚げ高）」，「収穫作業」は「トゥイイリサギョー（＝取り入れ作業）」，「販売競争」は「ウイスーブ（＝売り勝負）」，「浦添移転問題」は「ウラソエンカイ　ウツスル　クトゥ（＝浦添に移すこと）」などのようにしています（塩田 1999，柴田 2008）。この「方言ニュース」は，ポッドキャスティングとしてインターネットで聴取できます（http://pod.rokinawa.co.jp/wp/archives/category/h_news〔2017年1月現在〕）。

3.2　大阪弁でしゃべるデー

1992（平成4）年4月18日，朝9時から夕方6時の9時間にわたってほぼ大阪弁のみ，という「特集・大阪弁でしゃべるデー」（NHK 大阪放送局制作）が，NHKラジオ第一で放送されました。全国放送です。番組内では，青森・名古屋・福岡に置いた「方言ステーション」と結んで放送するコーナーも設けられていました（『NHK 年鑑'93』）。全国ニュースと天気予報は共通語でしたが，ローカルニュースはなるべく大阪弁を使うようにしたそうです。第2回が1993（平成5）年4月17日，第3回が1994（平成6）年4月16日に放送されました。第2回は，各地方局勤務の方言アナウンサーによる「ひるのいこい大会」や方言ニュースなどが試みられました。大阪弁の力でほかの地域の方言も活性化さ

せたいという趣旨のものでした（『NHK 年鑑'94』）。

3.3 今夜はなまらナイト

すべて山形方言で進行されるという，山形県域向けのローカル放送番組です。第1回は2007（平成19）年1月24日，ラジオ第一放送（20：05〜21：30）で放送されました。同年10月21日には，「テレビでなまらナイト」としてテレビでも放送されました（同時にラジオでも音声のみ放送）。2012（平成24）年10月までに，ラジオとテレビそれぞれで10回以上企画・放送されています。2009（平成21）年4月には，テレビのローカル番組として放送された回が深夜枠で全国向けに再放送されて，話題を呼びました。

④ 方言に対するテレビの影響

ここまでは「放送への方言の取り入れ方」について見てきましたが，この節では「方言に対する放送の影響」について考えてみます（第6章参照）。

テレビが方言を衰退させてしまった，とよく言われます。例えば方言アクセントの共通語化については，実証的な研究から，テレビが原因の1つになっていると推定されています（馬瀬 1999）。また一般の人たちを対象にした全国調査でも，テレビやラジオがことばづかいに与えた影響として「昔ながらの方言のよさが失われてきた」と答える人が，1979年には16％であったのに対して，1996年には21％と，年が経つのにつれて多くなっています（加治木 1996）。

一方で，「常識に反して，放送のことばが直接に共通語化を進め，方言の衰退を促したとは，考えられない」（井上 1985）という見解もあります。また，テレビの影響で方言の統一化が早まるかどうかということに関しても，社会言語学者のLabovおよびTrudgillや方言学者のMcDavidは，否定的な意見を示しているそうです（ロング 1991）。

現代日本人がテレビに接している時間は，決して短くはありません。それなのに言語変化に関して必ずしも絶対的・決定的な要因ではないと推定されるのは，テレビはあくまで「（標準的）言語の1つのモデル」を提供するだけで，自分自身がそれを採用（模倣）するかどうかは，最終的には個々の話者の選択にゆだねられているからです（塩田 1999, 2014）。日本人が視聴しているテレビのうち「全国放送」が占める割合はかなり大きいのにもかかわらず（例えば大阪の人でも全国放送の番組をよく見ているはずです），日本の中で方言の共通

語化が進んでいる地域とそうでない地域とが存在し続けているという「差」があるのは，テレビという要因よりも，地域に根差した個々人の言語意識・標準語意識や人間関係・学校教育などのほうが，言語使用全般に関して，強い影響力を持っているからだと考えられます。少なくとも，地域方言の「共通語化」がテレビの「共通語」の影響のみによってもたらされたと断言するのは，少々乱暴です。「共通語化」した地域方言が，大人の目には結果的にテレビの「共通語」に近づいたように見える・聞こえる（＝相関関係）のを，「これはすべてテレビの影響だ」（＝因果関係）と錯覚してしまうのでしょう。現実の地域方言は，テレビの影響を抜きにしても，人と人との直接接触などによって，少しずつ変化しているのです。

「ラジオ・映画・テレビが日常会話に与えた影響は，必ずしも大きいものではなかったが，他の諸々の力とあいまって標準語なるものの存在を人人に気づかせ，それに尊敬の念を抱かせるだけの役割は果たした」（ミルロイ＆ミルロイ 1988）といった解釈が，総論としては，説得力を持っているように思われます。

練習問題

1. ラジオ沖縄の「方言ニュース」をインターネットで聴いて，文字に起こしてみましょう。
2. ウェブサイト上やアプリで視聴できる方言関連番組を，ほかにも探してみましょう。
3. NHKのアナウンサーが放送で方言を使ったら，どういう感想を持つでしょうか。もしあなたが驚くとしたら，その原因はどこにあるのでしょうか。

読書案内

① NHK総合放送文化研究所編（1975）『放送用語論』日本放送出版協会。
  ＊放送用語全般に関して体系的に著された国内随一の本です。「放送用語と標準語」（石野博史）で，放送と方言との関わりについて言及しています。
② 大熊徹・荻野綱男・近藤泰弘・杉戸清樹編（1999）『日本語学（地域方言と社会方言）』18-13（臨時増刊号）。
  ＊本文でふれた「地域方言と社会方言」（馬瀬良雄）や，「東京発のテレビ番組の中の方言」（塩田雄大），「キレる・ムカつく考――大阪の芸人がテレビで広めた言葉」（松本修），「テレビの社会方言――単語使用の性差を見出す」（石井正彦）などが収められています。
③ 三宅和子・佐竹秀雄・竹野谷みゆき編（2009）『メディアとことば　4』ひつじ書房。

＊「TV ローカル情報番組にみる方言使用の地域差」(西尾純二)で，各地域で放送された番組の分析から，経済的基盤が強い地域の「放送エリアが広い」番組では方言が使われやすいなどといった傾向などが導き出されています。

参考文献

石野博史 (1986)「マスコミに扱われる方言の問題と展望」飯豊毅一・日野資純・佐藤亮一編『講座方言学 3　方言研究の問題』国書刊行会，307-330頁。
市川重一 (1984)「放送用語史論(その2)」『千葉経済短期大学初等教育科研究紀要』7，25-45頁。
井上史雄 (1985)『新しい日本語——〈新方言〉の分布と変化』明治書院。
井上史雄 (2007)『変わる方言　動く標準語』ちくま新書。
加治木美奈子 (1996)「"日本語の乱れ"意識は止まらない——第10回現代人の言語環境調査から②」『放送研究と調査』46-9，52-69頁。
加藤正信 (1962)「地方新聞と方言」『言語生活』10月号，25-31頁。
菅野謙 (1978)「天気はよろしゅうございますが——昭和初期の放送用語」『文研月報』28-2，1-20頁。
菅野謙 (1985)「放送と方言」加藤正信編『新しい方言研究　愛蔵版』至文堂，167-175頁。
塩田雄大 (1999)「放送と方言」真田信治編『展望　現代の方言』白帝社，151-175頁。
塩田雄大 (2005)「「書きことば」を話しても伝わらない　放送用語委員会(広島)」『放送研究と調査』55-4，72-73頁。
塩田雄大 (2007)「最初の放送用語基準——1935年『放送用語の調査に関する一般方針』作成の背景」『放送研究と調査』57-7，74-89頁。
塩田雄大 (2008)「アクセント辞典の誕生　放送用語のアクセントはどのように決められてきたのか」『NHK 放送文化研究所年報2008』52，173-200頁。
塩田雄大 (2013)「「標準語」は規定されているのか」『日本語学』32-6，4-24頁。
塩田雄大 (2014)『現代日本語史における放送用語の形成の研究』三省堂。
柴田真希 (2008)「ラジオ沖縄「方言ニュース」から見る沖縄方言」島村恭則・日高水穂編『沖縄フィールド・リサーチⅡ』秋田大学教育文化学部日本・アジア文化講座，121-135頁。
庄司みさ (2003)「放送のことば　アナウンサーの方言使用について」『日本文学ノート』38，宮城学院女子大学日本文学会，44-63頁。
田中ゆかり (2011)『『方言コスプレ』の時代——ニセ関西弁から龍馬語まで』岩波書店。
東條操 (1933)「放送用語論　特に標準語と方言の問題」『日本放送協会調査時報』3-7，5-7頁。
東條操 (1935)「放送用語の郷土性」『放送』5-11，26-30頁。
日本放送協会放送文化研究所放送史編修室編 (1967)『NHK 年鑑 '67』日本放送出版協

会。
日本放送協会放送文化研究所放送情報調査部編(1993)『NHK 年鑑 '93』日本放送出版協会。
日本放送協会放送文化研究所放送情報調査部編(1994)『NHK 年鑑 '94』日本放送出版協会。
福田滋美(1994)「お国ことば番組は今(1)(2)」『放送研究と調査』44-8, 9。
馬瀬良雄(1999)「地域方言と社会方言」大熊徹・荻野綱男・近藤泰弘・杉戸清樹編『日本語学(地域方言と社会方言)』18-13(臨時増刊号), 8-23頁。
ジェームズ・ミルロイ, レズリー・ミルロイ(1988)『ことばの権力』青木克憲訳, 南雲堂。
湯本修治(1942)「方言と放送」『放送研究』2-10, 49-53頁。
米田武(1976)「アナウンサーと方言」『アドバタイジング』21-8, 31-35頁。
ダニエル・ロング(1991)「各国の言語計画(アメリカ)」徳川宗賢・真田信治編『新・方言学を学ぶ人のために』世界思想社, 152-162頁。

第26章 方言と医療

今村かほる

> **この章で学ぶこと**
>
> 　医療や福祉の現場では，共通語化が進んだ現代でも，方言でしか表現できないことや方言の方が共通語よりも詳しく表現し分けていることがあります。例えば，症状や程度，身体部位，感覚や感情などです。地域による程度の差は大きいのですが，他地域出身か当該地域出身かの別を問わず，方言が理解できない医師や看護師・医療関係従事者，福祉従事者などと，特に高齢者との間で，事実理解やコミュニケーションに問題を生じています。
>
> 　そしてこの問題は，各地域方言を当該地域で理解できないという，地域を限定した問題であるだけにとどまらず，地域を越えた問題となっています。
>
> 　また，コミュニケーション上の機能に注目した吉岡他（2011）では，医療面接（問診）全般の医療者と患者の関係性について，ブラウン＆レビンソンのポライトネス理論を用いてとらえています。方言については，インターネット利用の医師対象調査で，診療時に方言を使うことで実感したことのある効果について，「親近感を持たれ，患者との心的距離が縮まる」ことや「患者をリラックスさせ，心を開かせる」などが挙げられています。
>
> **キーワード**
> 　医療，災害福祉，ウェルフェア，EPA，外国人看護師，介護福祉士，高齢化，世代差，コミュニケーション

1　共通語化と方言に対する意識

　日本語の共通語化は，1977（昭和52）年使用開始の国語教科書に「近ごろでは，共通語が日本じゅうに広まり，共通語が話せない人は，たいへん少なくなりました」のような記述があり，昭和50年代には普及したと考えられています（第6章参照）。また，戦後の国語教育における標準語・共通語教育は，時代に

よって変化してきましたが，大まかにいって，標準語や共通語は全国誰とでも理解しあうためのことばであり，そのために必要だとされてきました。同時に「よいことば」という表現がなされました。それに対して方言は，「直す」ものであり，時と場合によっては使ってもいいけれど，目指すべきものは標準語や共通語であるという位置づけが行われてきました。

　その結果，初対面の人や不特定多数の人を対象とし，また打ち解けた場面や家庭とは異なる場面である医療や福祉の現場でも「標準語」を使うことが当たり前だという了解がなされ，さらには患者や施設利用者（以下，利用者）を尊重することになるという踏み込んだ価値づけが行われてきました。共通語（標準語）を用いるのが当たり前と理解しているのは，患者や利用者の家族も同様です。そのため，方言を使用する医療関係者や福祉関係者に対して，その家族から苦情が寄せられることもあります。さらに，職場のきまりとして方言の禁止を設けているところさえあります。職員が方言を使うことで，その病院や施設そのものの家族評価を下げてしまう危険を含んでいるということになるのです。井上（2011：142）によれば医師は共通語の使用者で，方言使用を期待されていません。

② 医療や福祉現場で必要な方言

　方言を使う人へのコミュニケーション上の配慮は，多くの言語について必要です。外国人や少数言語の話し手への医療通訳は，世界中で問題になりつつあります。特に医師と患者の間のコミュニケーションは，力関係からいって差が大きく，一方で正確な情報伝達が必要なことから，大量の研究がなされています。日本でも「患者さま」と呼ぶかなどの議論が典型で，医療コミュニケーションについてさまざまな観点からの考察があります。「医療言語学」「福祉言語学」という研究分野の中に位置づけられます。

　では，実際に，医療・福祉の現場における方言の問題とは何でしょうか。医療現場で，方言がわからなくて人が死んだというような極端な例は聞いたことはありませんし，現場ではそうなる前に何らかの対処がなされます。

　しかし，これまで地域の医療分野においても，全国各地で医療に関する方言語彙が収集され，方言集や医学事典の他，方言研究者と医学・福祉関係者が協力して作った方言辞典が作成されてきました。こうした方言集や辞典作成の目的に共通する点として，患者に対して「話すこと・働きかけること」よりも，

患者の訴えを「聞くこと・理解すること」の大切さに重点がおかれています。また，共通して採録されている項目としては，大まかに次のようにまとめられます。

1．身体語彙　　2．動作語彙　　3．人間関係語彙　　4．病名語彙
5．症状語彙　　6．感情語彙

これらは，共通語化の世にあっても共通語に置き換えられずに方言が残存しているもので，とりもなおさずこれらが医療の現場で重要な方言であることを表しています。共通語は，多くの人々に用いられるがゆえに細かいニュアンスを欠き，遠回しな言い方しかできないという欠点が存在します。重要なことはいつから・どこが・どのようにという細かい情報ですが，患者の方言が理解できた方が確実に的確な医療となるのです。

実は，こういった分野に関しては，医療関係者だけでなく，これまで，方言研究によって日本全国のデータの蓄積があり，方言研究の社会貢献が可能です。日高（2007）にも紹介されていますが，医療用語（身体名，病名，痛みの表現，擬声擬態語）についての辞書は，各地で作られていて，Webでも公開されています。

現実にどんなことばが必要とされているのか検証するために，青森県弘前市でアンケート調査を行いました。2008年9月～2009年2月に実施した弘前市内の医療施設で働く看護師37名を対象とした調査によれば（今村 2010），69％が医療現場で方言を使用し，97％が「津軽では方言の理解が必要だ」という回答でした。また，青森県で医療・看護の仕事をするのに重要だと判断される方言に○をつけてもらうやり方で475項目についてたずねたところ，上位20語は，病名語彙，症状語彙，感覚・感情語彙，身体語彙，応答語彙の他，多義語でした。これらは，前述の医療者が集めた方言語彙とも重なります。

③　医療現場で方言の果たす役割

実際に，患者がおかれている状況を考えてみると，患者の生活は医療機関を受診する外来の場面から，入院や通院を経て，家庭に戻っていく場合，支援を必要としたり，施設入所をする場合まで，段階を持っています。必要とされている方言もそうした場面に応じて広がり方が異なっています。日常の生活に近くなっていくに従って，ことばも生活そのものを支える大きなものへと広がっ

ていきます。

具体的に医療面接・医療コミュニケーションで方言が果たす役割を考えてみると，次のように整理できます。

① 医療者側が患者の症状や状態について認識する「いつから・どこが・どのように」というような「事実認識」に関わるもの。
② 医療者から患者への「情報伝達」に関わるもの。
③ 医療者が患者との関係性を構築するための「コミュニケーション手段」として方言を用いるもの。

全国的に看護師は地元出身者が多く，方言がわからない医師と患者との間でいわば「通訳」の役割を果たすことが重要な仕事の1つです。しかし，今，その「通訳」ができなくなりつつあります。

①の例：ある津軽の病院で実習中の学生が，患者に「今日の具合はどうですか？」と聞いたところ，「今日サ　何ダガイパタダ」という答えが返ってきました。この学生は「イパタダ」を〈一般的だ〉と解釈し，「問題ない」としましたが，実は「イパタダ（エパタダとも）」は，〈普通でない，変わっている・変だ〉という意味で，問題がないどころか「問題がある」のです。また，「ボンノゴガラ　ヘナガ　イデ（ぼんのくぼから背中にかけて痛い）」という患者の訴えを，他地域出身の医師が，「お盆のころから，背中が痛い」のように聞いてしまい，看護師が訂正した例もあります。このように人間は知らず知らずのうちに自分の知っているものに近づけて聞こうとしたり，理解しようとしたりします。そのため，実は違った単語でも自分の知ったことばに置き換えてしまうことがあり，それが重要な事実の誤認を招き，医療現場では医療ミスにつながる危険があるのです。

②の例：富山では，頓服薬を処方された患者に，一般の薬と区別するために，薬剤師が薬袋に「ウイトキ（苦しいとき）ノム」と書き込んで渡す例があります。患者がより理解しやすいことばとして方言が機能しています。

③の例：かかりつけ医では特に，患者の症状に関する訴えを詳しく引き出すために，「どうなさいましたか？」というような共通語で敬語を使った質問をするのではなく，わざわざ「ドシタ？」という方言による質問で始めることがあります。その他，相槌や，「だから，だめだっていったじゃない」のような批判的な表現による声かけにあたる方言を用いることで，患者との親近感が生

まれます。

　逆に方言を使うことで，コミュニケーションがうまくいかない場合もあります。「ここに腹ばいになって下さい」という意味で「ココサ　ヌダバレ（ノダバレとも）」というべきところを，「クタバレ」と間違って言ってしまったために，患者がいたく悲しんだという例は，津軽の都市伝説ともいうべき有名な話です。筆者の調査によれば，何パターンか観察されますが，基は実話です。同様の例を山形県鶴岡市で「現場で目撃した」という報告もあり，これは津軽だけに限ったことではないようです。

　患者にとってみれば，ことばが通じないということは，間違った理解・判断をされ，適切な治療がされていないのではないかという不安や怖れにつながり，大きなストレスの原因となるとともに，医療者との信頼関係の基盤そのものを揺るがすものになりかねません。そのまま患者満足度にも直結するので，医療コミュニケーションでは，重要な要素です。

④　方言が通じなくなったのはなぜか

　これまで見てきたように，医療現場では方言が少なくとも理解できた方がいいことは，明らかです。しかし，なぜ方言は理解されなくなったのでしょうか。その原因の1つは，社会変化にあります。

　日本は，世界に例を見ない長寿・超高齢社会です。人口全体に占める65歳以上の割合を高齢化率として計算した場合，高齢化率が7〜14％を「高齢化社会」，14〜21％を「高齢社会」，21％以上を「超高齢社会」と定義されています。総理府統計局のデータで日本の現状を位置づけてみましょう（図26-1参照）。

　内閣府『平成27年版高齢社会白書』によれば，日本の平成26（2014）年10月1日現在の総人口は，1億2,708万人で，65歳以上の高齢者人口は，過去最高の3,300万人（前年3,190万人）です。高齢化率は26.0％で，4人に1人以上が高齢者です。昭和25（1950）年には高齢化率は4.9％でしたが，昭和45（1970）年に7％を超え高齢化社会に突入し，平成6（1994）年に14％を超え，わずか24年で高齢社会になったのです。他の先進各国と比較しても，1980年代までは下位，90年代にはほぼ中位でしたが，平成17（2005）年には最も高い水準になり，あらゆる面で世界に例を見ない早さで超高齢社会化が進み，そのために，患者の高齢化も進んだのです。

　その他に少子化・核家族化・国際化・価値の多様化などといった社会変化も

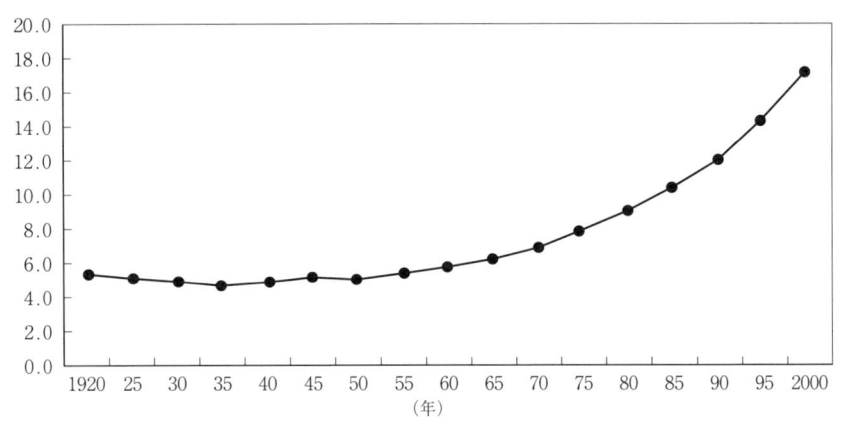

図 26-1　高齢人口推計（大正 9〔1920〕年〜平成12〔2000〕年）

進み，地域生活においても人間関係の希薄化やさまざまなコミュニケーション機会の減少を生みました。また，学校教育の力もあって，地域で用いられることば・方言においても大きな世代差を生むきっかけとなったと考えられます。

　文化審議会国語分科会は「これからの時代に求められる国語力について」（2003年）の「社会変化への対応と国語」の中で，以下のように述べています。

> 都市化や少子高齢化などが同時に進展する中で家庭や地域の教育力の低下や世代間の人間関係の希薄化等が進行しつつある。異なる世代間における円滑な意思疎通は，今後ますます困難になってくると考えられる。この危険を回避するには上述の国語の運用能力に加えて，高齢者と若者との間で一定の国語的素養を共有しておくことが不可欠である。（中略）
> また，地域での意思疎通の円滑化と地域文化の特色の維持のためには，方言についても一定の対応が必要ではないかと考えられる。

　このように，「全国的なコミュニケーションの基本は共通語」ですが，「異なる世代間における円滑な意思疎通」は今後，困難になり，「地域での意思疎通の円滑化と地域文化の特色の維持のため」に方言についても「対応が必要」という難しい局面を迎えているのです。

　それが医療や福祉の現場では，医師や看護師，介護士が患者・施設利用者である高齢者の方言がわからない・ことばが通じないという問題となりました。医師の場合，他地域出身者が多く，地元の方言が理解できないという問題が生じやすいのです。多くの場合は，地元出身の看護師が「通訳」として助けてい

ますが，最近では共通語化の影響で，その地域で生まれ育った若者であっても高齢者の使う方言は難解なことばとなりつつあります。単にコミュニケーションが苦手という若者の特性によるものだけでなく，方言が理解できないことを原因とする世代間のコミュニケーションギャップや方言摩擦の問題が生じています。もともと，共通語と音声・音韻，語彙，文法などの差が大きい方言では，言語内的要因により起こるべくして起こっている問題です。これとは別に，社会的変化という要因に加え，いつでもどこでも誰とでも通じるために行われてきた共通語教育により，共通語化が進んだことで，皮肉なことに逆に当該地域の出身者であっても，地域のことばである方言が理解できないという状況を生んだのです。

⑤ 時間や空間を超えた問題

　これまで地域で起こっている問題を中心に述べてきましたが，実は，方言の問題はその方言地域で起こるだけではないのです。深刻な問題は，逆に当該地域外でこそ起こっているという事例が認められます。

　例えば津軽出身の高齢の女性が，家族の暮らす首都圏に転居し，そこで病院に通おうとした際に，病院スタッフが，この女性の話す津軽弁がわからなかったため，この女性はいったんは，医療そのものを断念しようと考えましたが，在京の津軽出身の看護師を探して解決したというような事例です。津軽ならば津軽弁のわかる看護師が，まだ容易に得られますが，遠隔地の場合は難しいのです。首都圏のある大学病院の看護師募集のお知らせにも，方言が話せる看護師を歓迎する旨の文言が掲載されていました。方言がある特定の地域内の問題であるという考えはあたっていないことがわかります。

　また，認知症の患者の場合，その特性として「自分の戻りたいとき，多くは自分の人生でもっとも輝いていた時間に戻る」ということがあります。それが自分の子どもの時なのか，子育てをしていた時期なのか，決めるのは患者で，その分，今現在使われていることばよりも遡って古い方言が必要になるのです。

　さらには，外国人労働者の問題があります。EPA（経済連携協定）によって，これまで認めてこなかった分野の外国人労働者の受け入れが始まりました。2008年度からインドネシア，2009年度からフィリピン，2014年度からベトナムの看護師，介護福祉士候補者たちを受け入れ，2014年6月までにインドネシア

人1,235名,フィリピン人967名,ベトナム人138名,総計2,340名が来日し,研修・就労しています。彼らの学習した「日本語」と,働く地域ごとに「習得」していく方言との間にも,問題が生じていますが,国家試験に合格することが大きな目標となっており,現段階では方言の問題にはほとんど手がつけられていません。EPA以外にも,「日本再興戦略」改訂2014により,介護分野では,日本で学ぶ外国人留学生が,日本の高等教育機関を卒業して介護福祉士等の特定の国家資格等を取得した場合には,在留資格の拡充や就労を認めること等が検討されています。また,外国人技能実習制度の拡充なども含め,外国人の人材活用の方針が打ち出されており,今後の問題となることが予想されます。

このように方言の問題は,すでに地域だけでなく,日本という国のレベルを越えて考えなければならない問題になっています。それだからこそ,それぞれの地域の方言の特徴を活かした取り組みや教材開発が必要なのです(詳しくは今村 2012, 2015b 参照)。

6 災害医療と方言

東日本大震災の災害派遣現場では,共通語化した世の中にあって,共通語が通じないとか,方言しか話せない人がいるということの想像がつかなかったというような,事例が見られます。日本語の共通語が通じない点では,外国人の問題もあります。阪神淡路大震災以来,多言語で情報を伝えるのでなく「やさしい日本語」で多くの人に一度に伝えようという試みがあります。東日本大震災でもマスコミで活用しました。正確な情報,適切な意思疎通を図る点では共通です。

今村他(2013)では,災害派遣に応じた医師(回答者124名)・医師以外の医療関係者(184名)を対象としたWeb調査で,被災地の方言がわからないことがあったという回答が,医師26.6%,医師以外42.9%からあったことを明らかにしています。また,災害現場で必要な方言の語彙は身体語彙,病名語彙,症状語彙,感覚語彙,感情語彙,動作語彙,程度・頻度語彙や地域独特の表現の一覧であることが明らかになっています。そして,怪我など緊急を要するものではなく,心療内科や精神的な面での問題が増えてくる時期に方言はさらに必要とされるというように,災害発生からの時期的経過で必要な方言語彙は違ってくるという結果でした。

このほか,災害派遣の記録では,災害派遣チームが方言がわからなかった際

に，地元の薬剤師が通訳にあたった事例が各地で報告されています。

　Web調査で，災害現場で方言が理解できた方が有益かどうかという質問に対して，「有益である」または「まあ有益である」と答えた医師は81.4%，医師以外の医療関係者は77.7%でした。

　このように，災害時の医療関係者の活動において，方言の問題を感じなかったという人がいる一方で，被災地の方言の聞き取りや理解に問題を感じ，方言の理解に有益性を認めている人も多くいることがわかりました。また，災害発生からの時間経過に応じて必要なコミュニケーションや方言語彙が変化することが明らかになりました（第27章，方言エールについても参照）。

7　これからの医療と方言

　今後，災害現場という特殊な状況を視野に入れて，医療現場で必要な方言語彙とはどんなものなのか，日常と災害時でどのように異なるのか，共通するのかを明らかにする必要があります。また，岩城他（2013）にもあるように，それを踏まえて，時をおかず，研究成果の社会還元が望まれています。地域社会の安心で安全な生活のために，また災害現場の医療者や外国人看護師・介護士など，必要とする人に必要とする支援ができるように工夫した方言支援ツールの開発が望まれます。現在，誰もがいつでも手に入れることができて，改変の自由度の高いウェブ上に公開された支援ツールなどの充実が期待され，開発が進んでいます（章末参考URL参照）。

練習問題

1．あなたの周りの方言で，共通語では表現しにくい症状や感覚・感情を表すことばを集めてみましょう。
2．高齢者と接する機会の多い外国人看護師・介護福祉士などが，覚えておいた方がいい地域の食べ物や伝統行事に関する方言には，どんなものがありますか。

読書案内

① 日高貢一郎（2002）「医療・福祉と方言学」『21世紀の方言学』国書刊行会，324-336頁。
　＊方言研究者に求められる「重要な意味を持つ仕事」としての医療や福祉における方言の問題について，指摘しています。また，各地の医療や福祉などの現場で作られ

ている方言辞典についても紹介しています。
② 日高貢一郎（2007）「福祉社会と方言の役割」『シリーズ方言学3　方言の機能』岩波書店，105-125頁．
　＊医療コミュニケーションや医療面接といった医学分野での変化に対し，日本語学・方言学の関わりに注目しています。また今後，必要とされる全国規模での Web 方言辞典の他，カウンセリングと方言や，外国人看護師・介護福祉士と方言の問題にも言及しています。
③ 今村かほる（2010）「医療・福祉と方言」『地域学』第8巻，北方新社，1-19頁．
　＊青森県津軽地方を中心に，医療・福祉の現場における高齢者と他地域出身者，高齢者と若年者などとの間における方言が通じない，意思の疎通が難しいといった問題について論じています。その背景にある高齢化・過疎化・少子化・国際化といった社会問題を指摘しています。
④ 今村かほる（2011）「医療と方言」『日本語学』第30巻第2号，30-40頁．
　＊医療現場において方言が果たす役割や，医療現場で必要とされる方言語彙はどんなものかについて，実例を基にまとめています。方言と共通語の対応やコミュニケーションなどのギャップに触れ，表現の適正さにおける地域差について指摘しています。
⑤ 今村かほる・友定賢治・日高貢一郎・岩城裕之・武田拓（2015）「災害時の医療・福祉現場における方言の問題と支援」『社会言語科学』第17巻第2号，107-116頁．
　＊東日本大震災という災害現場で，医療・福祉の支援者と被災者との間で，方言を中心としたコミュニケーションに関してどんな問題があったのか，方言が果たした役割とは何だったのかについてまとめています。また社会インフラとしての方言支援ツールについて提案しています。

参考文献

井上史雄（2011）『経済言語学論考──言語・方言・敬語の値打ち』明治書院．
今村かほる（2009）「『方言』がもつ医療コミュニケーションの可能性」『看護学雑誌』第73巻第6号．
今村かほる（2012）「看護・福祉の現場と方言の今後」『弘学大語文』第38号．
今村かほる他（2013）「東日本大震災災害派遣医療関係者を中心とした方言コミュニケーションの問題と効用」『日本方言研究会第97回研究発表会発表原稿集』．
今村かほる他（2015a）『災害対応のための方言活用システムと方言ツールの開発』科学研究費報告書．
今村かほる（2015b）「医療・福祉と方言──応用方言学として」『方言の研究』1，日本方言研究会，ひつじ書房．
岩城裕之・今村かほる・工藤千賀子（2012）『医療・看護・福祉と方言』科学研究費報告書．

岩城裕之他（2013）「災害時・減災のための方言支援ツールの開発」『日本方言研究会第97回研究発表会発表原稿集』。
厚生労働省「インドネシア，フィリピン，ベトナムからの外国人看護師・介護福祉士候補者の受入れについて」（http://www.mhlw.go.jp/stf/seisakunitsuite/bunya/koyou_roudou/koyou/gaikokujin/other22/index.html）
厚生労働省「外国人介護人材の受け入れの在り方に関する検討会」（http://www.mhlw.go.jp/stf/shingi/other-syakai.html?tid=225506）
真田信治・友定賢治編（2015）『県別方言感情表現辞典』東京堂出版。
内閣府『平成27年版高齢社会白書』（http://www8.cao.go.jp/kourei/whitepaper/index-w.html）
横浜礼子（1991）『病む人のつがることば』青森文芸協会。
吉岡泰男（2011）『コミュニケーションの社会言語学』大修館書店。
方言支援ツール　今村かほる（http://hougen-i.com/）
　　　　　　　　岩城裕之（http://ww4.tiki.ne.jp/~rockcat/hoken/index.html）
　　　　　　　　国立国語研究所・竹田晃子
　　　　　　　　　　（http://www.ninjal.ac.jp/pages/onomatopoeia.html）
　　　　　　　　東北大学方言研究センター
　　　　　　　　　　（https://www.sal.tohoku.ac.jp/hougen/pdf/%8ex%89%87%8e%d2%82%cc%82%bd%82%df%8bC%90%e5%8f%c0%95%fb%8c%be%93%fc%96%e5_%8d%c5%8fI%94%c5.pdf）

第27章 方言の拡張活用と方言景観

田中宣廣

― この章で学ぶこと ―

「方言の拡張活用」とは，方言を文字で示した商品や方言による誘いことばの掲示など「見せる」そして「見る」言語の用法です。家の中や街の景観の一部になっているので，見たことがある人も多いと思います。このように景観の構成要素となる言語を研究する分野を景観言語学と呼び，方言の拡張活用の研究もその一部です。

方言の拡張活用は，家の中や街の景観以外にもあります。例えばテレビ CM です。1970年代の山口県の観光メッセージ「おいでませ，山口へ。」です。「おいでませ山口」はそれ以来，観光をはじめ山口県の"大見出し"となりました。2011（平成23）年の秋季国民体育大会は「おいでませ！　山口国体」と銘打たれました。

これらの例は，言語自体に経済価値を認める用法です。方言が書かれた商品は販売が目的ですし，「おいでませ」の例など方言による誘いのことばを使用するのは，方言は共通語よりもお客を呼ぶ効果が高いからです。

言語の機能では，方言の用法を，本来の日常の話しことばから書きことばに拡張したものです。

ここでは，日本の方言の拡張活用を，種類と用例から整理します。

キーワード

方言の拡張活用，方言景観，方言みやげ・グッズ，方言ネーミング，方言メッセージ，方言パフォーマンス，方言キャラクター，方言看板・ポスター類，方言エール

① 言語の拡張活用と経済価値

1.1　言語経済学

景観言語学の中でも，方言（言語）の拡張活用を研究する分野を「言語経済

学」と呼びます。主に地域言語（方言）に含まれる格差に応じて値段がつく現象を分析して，言語の社会的地位の変動を読み取り，言語の社会的地位を，経済学の原理を使って説明する，従来とは異なった視点からの社会言語学的考察です。

　方言学の面では，新しい方言研究資料の収集・提供です。以前は研究対象にされていなかった民間方言資料の収集と整理分析を研究課題として進めます。そこに理論的な考究を加える新鮮かつ重要なものです。

　方言は本来話しことばとして使われるもので，近代国家で標準語・共通語が定められると，方言が書きことばに登場することは少なくなります（第1章参照）。しかし現代は方言の社会的地位が上昇して，公的な書きことばとしても使われるようになりました。世界各地で少数言語が保護されて，書きことばとして使われはじめたのと並行的な現象で，ことばの多様性を許し，共存を目指す動きの中に位置づけられます。

1.2　先行研究

　方言の経済価値の議論の始まりは20世紀の終盤でした。初期は，研究者間の連携も希薄で，一部の例を取り上げて限定的でした。成果に対しては，言語資料としての価値など未検証のまま否定されることもありました。

　この状態の改善の必要を感じた井上史雄と日高貢一郎は，精力的に論著を発表しました。この章のおしまいの「読書案内」や，そのあとに整理した研究文献により，考え方の基本ができてきました。

　そのなか，2007（平成19）年に，井上史雄の呼びかけで「言語経済学研究会」（井上，大橋敦夫，田中宣廣，日高貢一郎，山下暁美〔五十音順〕）が協働を開始し，実態の調査と理論の構築を進めています。2008（平成20）年から2016（平成28）年まで言語経済学研究会『地域語の経済と社会──方言みやげ・グッズとその周辺』（三省堂 Word-Wise Web 連載）で逐次報告しました。日本学術振興会科学研究費補助金研究「地域語の経済と拡張活用に関する基礎的研究」（代表は田中。前記5名と桜井隆による）で資料や考察の成果を整理しました。

1.3　言語の拡張活用法の種類

　言語の拡張活用は，図27-1の7種類です。①〜④が基本用法で，⑤〜⑦は派生用法です。①〜⑤は商業的利用で，⑥と⑦は非営利的用法です。7用法は

```
            ┌─①方言みやげ・グッズ（商）
            ├─②方言ネーミング（商）          《注》
 言          │      └─⑤方言キャラクター（商）  （商）：商業的利用
 語          ├─③方言メッセージ（商）           （非営）：非営利的応用
 の          │      ├─⑦方言エール（非営）
 拡          │      └─⑥方言看板・ポスター類（非営）
 張          └─④方言パフォーマンス（商）
 活
 用
 法
```

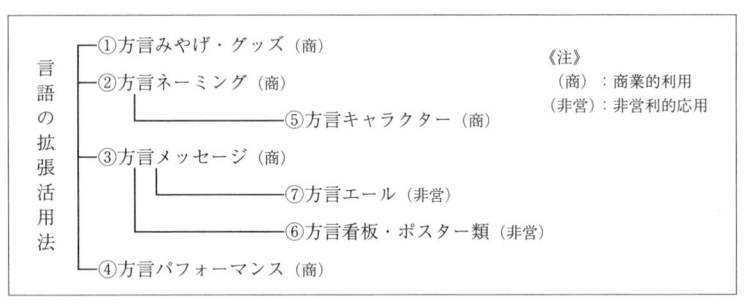

図 27-1　言語の拡張活用の種類

軌を一にし，互いに連関していますので，非営利的用法も含めた7種すべてが言語経済学の研究対象です。①は個人が店頭で買えるものが多いので「買える方言」といえます。そのほかは「買えない方言」で，頼んでも「売り物ではありません」と断られます。

　ここで示すような理論的分類と実例は，韓国でもなされましたが，他の国では未見です。ただヨーロッパやアメリカの方言グッズや方言メッセージは，さまざまな例が集められています。方言の扱い方は，少数言語の扱い方とも関わって，国内の言語状況に左右されるようです。日本は方言の社会的地位が上昇したために方言の拡張活用も増えたと考えられます。

② 言語の拡張活用の各種類

2.1 方言みやげ・グッズ

　方言を羅列した，はがき，のれん，湯飲み，提灯，衣類，手ぬぐい，菓子などの食品，日本酒や焼酎，ティッシュペーパーなどの日用品，その他で，主に観光地で販売されるみやげやグッズ類です。例（図 27-2 左から）：のれん（部分；熊本県），鏡（大阪府），方言かるた（青森県）。

　これらの実物や写真を集成して県別にしたグラフによると，日本の周辺部と近畿地方に目立ちます。方言イメージから言って「情的方言イメージ」がプラスになる地域に一致します（井上 2011：149）。

2.2 方言ネーミング

　方言を意識的に，固有名詞（商品名，店名，公共施設名，社名，行事名など）の「名づけ」の全部または一部に利用するものです。方言と，共通語や外

図 27-2 方言みやげ・グッズ

来語との組み合わせもあります。例（図27-3上から）：公共施設名（岩手県），飲食店名（大阪府），交通機関名（沖縄県）。

2.3 方言メッセージ

駅や街頭・道路に，通常は文字で掲げられた，方言の観光客歓迎のことばや，現地の人を対象に，より親しみを持ってもらうための"誘い文句"などです。あえて短くした例もありますが，多くは長めの（数語の連続による）語句や表現です。先の「おいでませ山口」は，この用法の1つです。例（図27-4左の上から）：観光パンフレット（山口県），駅の歓迎（岩手県），みやげ物店（京都府），観光ポスター（富山県）。

2.4 方言パフォーマンス

方言を，時間をかけて語り聴かせる恒常的な営業演出や放送番組，および，

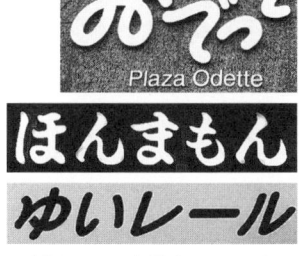

図 27-3 方言ネーミング

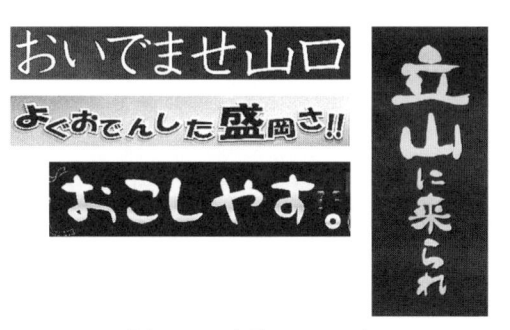

図 27-4 方言メッセージ

第27章　方言の拡張活用と方言景観

| 図27-5 方言パフォーマンス | 図27-6 方言キャラクター |

x方言だからこそ成立する芸能の，落語や世話物歌舞伎を指します（ただし昔から舞台で演じられる田舎ことばや，テレビ番組の昔話で使われることばは，各地の方言のごたまぜです。「舞台方言」「普遍的方言」などと呼ばれますが，現代の「方言リアリズム」に基づく「方言」とは区別されます）。よって，方言パフォーマンスが，方言の拡張活用7種の中で最初の用法だと言えます。例（図27-5）：遠野昔話のパフォーマンスの情景（岩手県）。

2.5 方言キャラクター

各地"ご当地キャラクター"のうち，方言ネーミングによるものです。「岩鉄拳チャグマオー」（岩手県），「跳神ラッセイバー」（青森県），「超神ネイガー」（秋田県），「怪人エラシグネ」（同），「琉神マブヤー」（沖縄県）などです。これらによる方言パフォーマンスの営業実演やテレビ番組もあるほか，これらが描かれた方言グッズも販売されていて，他の種類との関連や広がりの大きな用法となっています。例（図27-6）：超神ネイガー（秋田県）。

2.6 方言看板・ポスター類

方言メッセージを，非営利的な道徳啓発に応用したものです。商業的利用と軌を一にし，隠れた経済価値があります。共通語による交通安全や公衆道徳の標語など，以前から確立していた掲示方式でした。それを，方言の拡張活用により発展させたものです。例（図27-7）：自殺防止（岩手県）。

2.7 方言エール

方言メッセージから，非常時などの精神鼓舞の「掛け声」に派生した用法です。具体的内容はない《非実質性》，独自の類型や特別な使用の状況などから，

図 27-7　方言看板・ポスター類　　　　図 27-8　方言エール

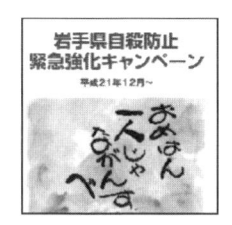

方言メッセージとは分けて整理されます。

　方言エールは，2011（平成23）年3月の東日本大震災の後から特に注目されました。被災者たちは，方言をまず生存，次に長期避難生活に耐える掛け声として避難所などに掲げました。例（図27-8）：避難所の方言エール（2例とも岩手県）。

3　方言エールが示した方言の底力

3.1　方言の拡張活用の価値の高さを示した方言エール

　方言の拡張活用は初期に，「1.2」のように，各用例が余興的利用とされて言語研究の対象に認められないこともありました。そういうところへの，震災後の方言エール例の多数の出現は，以前から言われていた，方言が地域の人々の精神の大きな支えとなっていたことを，私たちに再確認させたのです。

　震災では，津波に街ごと流されてしまったふるさとでしたが，2～3日経ち，被災者たちは，「自分たちが『ふるさと』を持って避難してきた」「方言は残っている」「ふるさとはなくなってしまったのではない」ということに気づきました。「方言は地域の文化」と言われますが，このとき方言は「ふるさとそのもの」の，とても重みのある存在でした。「方言」こそ「残った唯一のふるさと」だったのです。その中で掲げられた方言エールは，「ふるさとのことば」であること自体が大切でした。

3.2　続く方言エール

　震災から数日ののち，「みんなでがんばっぺす」などが大小の商店に掲げられ，その後日月を経てステッカーも配られ，救助に派遣された自衛隊では，すぐに「けっぱれ！　岩手」や「まげねど！　女川・石巻」などを避難者たちに示しました。このように，被災地内外で使用されました。例（図27-9上か

第27章　方言の拡張活用と方言景観　　279

図27-9　続く方言エール　　　　図27-10　方言エールの特徴

ら）：スーパーマーケットの外窓（岩手県），陸上自衛隊（岩手県に北海道から派遣）。

3.3　方言エールの特徴
　方言エールは，「2.7」や「3.2」の災害時が初の使用例ではありません。昭和30年代からスポーツの応援や受験の激励などの例が見られます。「ケッパレ弘高」（青森県：弘前高校）などです。地域ブランドの名称や振興の標語も方言エールです。「やらまいか浜松」（静岡県：浜松市，浜松商工会議所），「きばっど宮崎」（宮崎県）などです。例（図27-10）：地域ブランド（静岡県；農産物）。
　震災後の例が特に注目されたのは，被災地の東北地方から関東地方にわたる広域で同時多発的に出現したからです。

3.4　方言エールの種類と例
　東日本大震災のときの方言エールは，震災直後は手作りでしたが，のちには，業者製品も出ました。Tシャツの図柄やバスの車体塗装にもなりました。出現や提示方法により3種類あります。
　(1)　被災者など個人の手作り：当初多くは手書き，避難先の学校にあったマジックや模造紙または段ボールを使用，のち，パソコン作成や業者製品も出ました。「2.7」の例などです。
　(2)　企業やマスコミ，行政など：被災地内の大型商業施設は，翌日から青空営業を始め，方言エールを掲示しました。「3.2」の上の例などです。
　(3)　外部からの救援／支援／激励：自衛隊の災害派遣隊では，ヘルメットや車輌に方言エールを提示しました。「3.2」の下の例などです。警察や一般のボランティア，激励に訪れた職業芸能人なども，現地の方言で方言エールを提示しました。

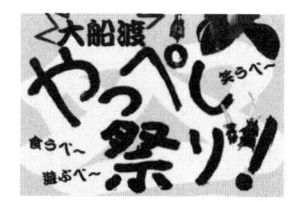

図 27 - 11　方言エールの応用

3.5　方言エールの類型と使用方言

　これまでの諸例より理解できますが，方言エールは，表現が，他の用法に比して顕著に類型化されています。構成は「エール部＋地名」が基本です。多くの例に感嘆符「！」が用いられているのも目立ちます。地名の使用は，この用法が特に地域と一体化している証しです。

　また，エール部の使用方言は，発信者が他地方の人でも，受け手の方言を使うのが基本です。発信者側の方言を使用した例（「チバリヨー」沖縄県那覇市，「がんばってや」大阪府四條畷市）もあります。

　この，類型などの特殊性は，方言景観について継続的に記録しているからこそ，全用法の中で位置づけることができました。

3.6　方言エールの応用

　震災から数カ月あとから応用的利用も出ました。被災地住民の精神を広く外部に伝えています。2種類あり，方言エールが他の拡張活用法との関連が密であることを示す用例となっています。

　第1応用：方言エールを商品に示したり，方言みやげ・グッズとしたりして，商業的利用にした応用方式です。価格を決めて販売します。例（図27 - 11左）：Tシャツ（福島県）。

　ただし，仲間内で思いを共有するために注文製作して販売しない揃いの衣服などは，方言エールの提示方法の1つです。応用ではありません。

　第2応用：震災後の復興を願う行事などの方言ネーミングに，方言エールを利用した応用方式です。例（図27 - 11右）：イベント名（岩手県）。

3.7　方言エールの発展

　震災から年月が経ち，「3.6」の応用のほか，基本用法も震災直後とは趣が異なっています。生存や避難生活に耐えるためのものから，地区の復興を誓う意味を込めたエールになってきています。例（図27 - 12）：ステッカー（岩手

図 27-12 方言エールの発展

県）。

④ 拡張活用からわかる方言の力

　21世紀また平成となって，現実の言語生活は共通語化により，方言と地域の人々とのつながりの弱まった感もありました。ところが，潜在的には強まっていた部分があり，方言の拡張活用もその例です。「方言エール」は，これが一気に顕在化した用法です。他の用法も，地域の人々と方言とのつながりを示していましたが，余興的に感じた研究者もありました。そのなかで方言エールは，「今日を生き抜く」→「明日も家族とともに生きる」→「ふるさとはなくなっていない」という気持ちを維持させた重要な役割を果たし，それを私たちに示しました。次に何をしていいのかわからない，「（家族の行方も知れず，家も家財もなくなってしまったけれども）気持ち【だけ】は確かに持って」という互いの「掛け声」しか言えない厳しい状況で，方言こそ生き抜く力の源だったのです。

　方言の拡張活用は，言語として本来と異なる用法なのに，方言の本当の底力を示したのです。方言の拡張活用が，決して余興的なものでなく，地域の人々の潜在的な方言への強い思いの現れであることが理解できます。

練習問題

1．「方言みやげ・グッズ」を今住んでいる土地や旅行先で入手してみましょう。それらについて，商品名，名称構成，商品の種類，外形寸法（cm），地の色，製造者，方言の示し方，商品のねらい，最初の語，所載語数を整理してみましょう。さらに，多く使われる方言を数え出してみましょう。

2．「方言ネーミング」を記録してみましょう。どういうところに方言の名づけがされているかやその提示の方式，また，多く使われている方言を整理してみましょう。「方言メッセージ」についても，同じように記録して整理してみましょう。
3．「方言エール」が伝えたふるさとの大切さや方言の重みについて，あなた自身が感じたことを書き出してみましょう。可能な人は，実例（インターネットでも収集可能）を示して，年配の方々にも教えていただきましょう。

読書案内

① 言語経済学研究会『地域語の経済と社会——方言みやげ・グッズとその周辺』。
　＊三省堂の「辞書」のウェブサイト「Word-Wise Web」の連載です。2008年から2016年まで続いていました。
② 井上史雄（2011）『経済言語学論考——言語・方言・敬語の値打ち』明治書院。
　＊総体的研究書で，研究の全体像を知ることができます。
③ 日高貢一郎（1996）「方言の有効活用」『方言の現在』明治書院。
　＊方言の拡張活用法のほぼ全種類について，そのとらえ方や早期の用例について理解できます。

参考文献

ウルリヒ・アモン（1992）『言語とその地位——ドイツ語の内と外』桧枝陽一郎・山下仁訳，三元社。
井上史雄（2000）『日本語の値段』大修館書店。
井上史雄（2001）『日本語は生き残れるか——経済言語学の視点から』PHP新書。
井上史雄（2007）「方言の経済価値」『岩波シリーズ方言学　第3巻　方言の機能』岩波書店。
井上史雄・大橋敦夫・田中宣廣・日高貢一郎・山下暁美（2013）『魅せる方言　地域語の底力』三省堂。
フロリアン・クルマス（1994）『ことばの経済学』諏訪功・大谷弘道・菊池雅子訳，大修館書店。
日高貢一郎（1986）「マスコミにおける方言の実態」『講座方言学1　方言概説』国書刊行会。
日高貢一郎（2005）「方言によるネーミング」『日本語学』24-12。

索　引

あ 行

あいさつ／挨拶　116, 244-246, 248, 251, 256
相手敬語　238
アイヌ　5-7, 11-13
あいまい文　146
秋山郷　5
秋山方言　127
アクセント　3, 6, 20, 21, 28, 32, 33, 72, 85, 93, 97, 106, 132-145, 150, 255, 259
アクセントとイントネーションの違い　144
アクセントの型　32, 134, 139
アクセント類別語彙表　133, 139, 140, 142
アスペクト形式　54, 179
東歌　5
アナウンサー　253, 255-258, 260
新たな地域差の形成　96
アルク　117, 180
アンバランスな周圏分布　19, 22
意志　15, 21, 51, 89, 162, 169, 185, 186, 192, 193, 202
意識される方言　81
出雲方言　124, 126, 129, 159
位相　15, 19, 24
一音節語の長音化　112
一型アクセント　139
一本調子　150
糸魚川・浜名湖線　28, 30
井波方言　205, 208, 209, 211
意味のまとまり　146, 148, 149
移民　50, 51, 53, 55, 56
依頼　193, 207-209, 244-247
依頼の場面　245
依頼文　207-209
医療コミュニケーション　264, 266, 267
医療ミス　266
医療面接　263, 266
因子分析　38
イントネーション　3, 38, 97, 135, 136, 144-146, 148-151, 163
イントネーション句　148
上からの変化　78
ヴォイス　195, 196
ウチナーヤマトゥグチ　72, 85, 109-119
ウミニガイク　119
海の道　160
宇和島方言　174-178, 182, 183
英語　1, 12, 14, 42, 54, 57, 61-63, 67, 71, 82, 87, 100, 117, 124, 126, 133, 144, 145, 165, 168, 174-176, 183, 186, 191-193, 205, 215, 225, 229, 235, 244, 253, 254
エール部＋地名　281
円唇　124
遠心性動詞　195-197, 202
大阪弁のイメージ　101-103
沖縄方言　7, 12, 13, 30, 109-118, 162, 163
お国ことば　3, 230
音韻　2, 3, 5, 20, 28, 30, 32, 55, 109, 123, 124, 126, 127, 131, 215, 269
恩恵性　198
音声分析ソフトウェア　147
音調句　148
音便　155, 159

か 行

カ　148, 208, 209, 211

285

開音　123, 127
開音節　123
海外の日本語方言　50, 51, 53, 56, 57
下位語　215-218
外国人労働者　269
外部からの救援　280
下位変種　11, 14, 16, 17
外来語　42, 224-226, 228, 229, 231, 277
買えない方言　276
買える方言　276
係り結び　21, 155, 162, 163
書きことば　24, 25, 224-226, 253, 254, 274, 275
格　165, 166, 168, 170-172
格助詞　22, 29, 113, 165-172, 192
蝸牛考　44
活格型　165, 169
学区　48, 82
活用　16, 21, 47, 75, 77, 112, 155-163, 178, 186, 187
活用形　33, 155-157, 159, 162, 163
活用語尾　156, 157
活用の種類　155-157, 161
活用の類　158
カテゴリー化　218
可能形式　185-188, 190, 191, 193
可能動詞　186, 187, 191
可能の構文　191, 193
可能表現　53, 115, 185-187, 189-191, 193, 194
可能文　185-187, 191-193
ガハ　113
カラ　113, 119, 166
からいも普通語　72, 85, 118
漢語　25, 130, 224-229, 231, 258
感謝　244, 246
干渉　53, 54, 72, 109, 110, 112-114, 118, 119
簡素地域　236

間投助詞　146, 205
関東の伝統方言由来のことば　94
カンナズ・カンナジ　118
漢文　1, 15, 24, 186
企業　280
魏志倭人伝　5
擬声語　45
擬態語　45, 265
気づかない共通語　80, 85
気づかない方言　4, 18, 80-83, 85-87, 110, 254
気づかれにくい方言　81, 82, 183
既定事項　211
疑問型上昇調　144, 146, 148-150
疑問詞疑問文　149, 150, 211
疑問文　144-146, 149, 150
求心性動詞　195-197, 201, 202
狭（高）母音化　128
共感　246
恐縮の表明　247, 248
行政　15, 89, 90, 280
強調型上昇調　144, 146
共通語　1-5, 7, 11, 14-16, 28, 30, 34-36, 38, 39, 50, 56, 61-68, 70-73, 75, 78, 80-86, 88, 89, 91, 93-97, 100, 103-106, 109-119, 124, 130, 134, 144-146, 148-150, 155-157, 159-163, 165-172, 175, 177, 179, 181, 183, 185-188, 190, 192, 205-211, 216, 219, 224, 229, 236, 237, 240, 241, 253, 254, 256, 258-260, 263-266, 268-271, 274, 276, 278, 282
共通語化　16, 38, 61, 64-66, 70, 72, 73, 89, 93, 110, 260, 269
共通語自認意識　88, 93, 95
共通語中心社会　100, 104
共通語と方言の切り換え意識　104
共通語の俗語　95-97
京へ筑紫に坂東さ　166
キリシタン資料　127, 129, 130

キレル・キレナイ　115
禁忌　237
禁止　185,192,193,264
グーグルエヌグラムビューア　87
グーグルトレンド　86,87
グーグルマップ　86,87
具格　166,168
クッションことば　242
クラスター分析　28,33-35,37
グロットグラム　70,73,76
敬意低減の法則　240
敬意表現　242
景観言語学　274
経験者　168,170,172
敬語　4,28,35,36,53,64,89,170,196,198,
　　235-243,245,266
敬語動詞　196,198
敬語の成人後採用　235,242
敬語モラトリアム　242
京阪式アクセント　106
激励　280
結果相　175-179,181,182
結果態　54
言語　5,6,11-15,17,28,42-45,47,50,56,57,
　　61-64,66,70,71,87,90,94,100,103,109,
　　110,134,145,155,166,169-171,174,186,
　　215,216,225,235,244,250,254,264,274-
　　276,282
言語意識　89,90,260
言語運用　242
言語記号の恣意性　45
言語経済学　274-276
言語経済学研究会　275
言語圏としての首都圏　89
言語行動　28,38,244,246,247,250,251
言語史　41,43
言語接触　55,90,110

言語体系　2,3,66,72
言語地図　11,34,35,38,39,43,86,93,195,
　　200,201,219
言語地理学　6,41-44
言語地理学の方法　43,44
言語的発想法　38
言語能力　242
言語の拡張活用の種類　276
言語の島　89
言語変化　41,43,44,46,47,50,70,72,78,
　　183,195,203,259
蜆縮涼鼓集　129
謙譲語　197,235,236,238,240-242
謙譲語Ⅰ　235
謙譲語Ⅱ　235
現場性　195,202
県民性　18,250
語彙体系　195-198,200,201,203,215,219
語彙の体系　215,216,219
行為　74,112,114,185,186,192,193,195-
　　198,202,208
広域方言　3,88
合音　127
合成語　111,116,117
行動の有無　248
高度経済成長期　88-90,93
後部要素　131,216
合拗音　123
公用語　2,55,62
交流範囲　48
呼応　163
コード　50,55,57,61,67
コード切り替え　50,55
コーホート　65,72
コーホート（同時出生集団）語　72
ゴーヤー（苦瓜）　116
語幹　156,157,159,162

国際音声記号　124
国立国語研究所　13, 33, 34, 63, 64, 94, 189, 200, 203, 205
語構造　215, 219, 223
語種　224-226, 231
個人的見解　210
個人の手作り　280
ことばの使い分け　103, 105, 242
断り　244
個別化　215, 218
固有語　224, 225
孤立変遷論　19-21, 41, 46
混交　41, 46, 67, 95, 106
混交形　67, 106
痕跡相　176, 179, 181
コンビニ敬語　242

さ　行

さ　207
防人歌　5
下げ核　133, 135, 136, 138, 139, 141
誘い　236, 274, 277
サッタ　116
左右敬語　237
3母音化現象　111
子音　5, 6, 31, 32, 123, 125, 128-131, 156, 160
支援　265, 271, 280
歯音　160
事実の誤認　266
システム　61, 66, 134, 138, 139
自然・文化の影響　25
自然発生　193
自然物敬語　238, 239
下からの変化　78
下町ことば　89
実時間調査　71
視点制約　195, 197

視点の移動　109, 113
ジャ　209, 210
社会貢献　265
社会的地域差　88, 96
社会的背景　25, 251
斜格経験者　170
斜格主語　165, 170, 172
借用　6, 42, 55, 116, 224, 225, 231
借用語　42, 224, 225, 231
社交的尋ね　248
謝罪の場面　245
周圏分布　20, 22, 195, 200, 201
周圏論　236, 240
終助詞　148, 149, 205
終助詞類　149
周辺分布の原則　41, 44, 45, 47
主格　165-171, 196, 197
主語　165, 166, 168-171, 196, 197, 238
授受動詞　195-198, 200, 202, 203
首都圏　37, 67, 68, 73, 88-91, 93-98, 167, 171, 236, 237, 239, 240, 248, 249, 269
首都圏の範囲　89
首都圏方言　89, 236
受納動詞　195-197
授与動詞　195-197, 200, 201, 203
上位語　215-218
上位変種　11, 14, 17
状況可能　185, 188-190
上下関係　104, 197, 215, 217
上下敬語　237
上昇下降調　144, 146, 149
上昇式　135, 136, 139
将然相　176, 179
上層階層　24, 25
状態化　178
上代特殊仮名づかい　128
情的価値　2

消滅危機言語　6, 109
消滅の危機に瀕した言語　11
ショーネ,シマショーネ　114
植民　50, 51, 53, 55, 239, 241
庶民階層　24, 26
所有格　166-168, 170-172
尻上がりイントネーション　146
進行相　175-179, 181, 182
進行態　54, 180
親疎敬語　237, 240
新聞　51, 84, 131, 189, 253-255
新方言　4, 7, 47, 64, 70, 78, 88, 96, 107, 112, 183
新方言の条件　70, 75, 78
信頼関係　267
遂行　193
ズーズー弁　85, 123, 124
スタイル　61, 66-68, 85, 86, 256
ステレオタイプ　100, 103, 254
スペイン語　24, 54, 229, 231
ゼ　209
生活圏　48
生活語　2, 11, 16, 17
整合化　155, 162
西高東低　36, 235, 236
世代差　183, 263, 268
絶対敬語　235, 237
全国共通語　61, 62, 81
前部要素　216
造語　115, 215-217, 219, 223
造語発想　215, 219, 223
造語要素　219
相対敬語　235, 237, 239
祖　4-6, 12, 24
素材敬語　238
尊敬語　170, 196, 235-238, 240

た　行

対応置換　100, 106
対格型　165, 168-170
待遇表現　236, 242
第三者　238
対者敬語　238
対者敬語化　240
対人接触頻度　250
ダ行五段活用　157
ダ行とラ行の混同　111
濁音化　32, 123, 130
タ形　116, 117, 175, 178, 187, 188, 190, 229
多元的発生仮説　41, 46
タブー　237, 238
タメ口　239, 240
談話の流れ　246
地域共通語　80, 83, 85, 110
地域語　2, 16, 275
地域語の経済と社会　275
地域差　17, 19, 25, 35, 38, 67, 80-83, 85-87, 93, 96, 149, 185, 195, 198, 200, 227, 228, 236, 242, 244-248, 251
地域差意識　80, 86, 87
地方共通語　80
チムイ　117
チャ　210, 211
中央語　7, 11, 14-16, 19-22, 24, 25, 127, 129, 160, 183, 195, 197, 198, 201
中央語の再生　19, 22
中央語の伝播　20, 22, 24, 25
中間言語　80, 85
中間的言語変種　109, 110
中間方言　67
中国語　1, 5, 6, 15, 56, 63, 71, 87, 100, 133, 178, 186, 205, 224, 225, 229, 235
中舌母音　32, 123-126, 128

超高齢社会　267
地理言語学　42
通訳　256, 264, 266, 268, 271
ツケル　117
鶴岡市　65, 240, 267
鶴岡調査　64, 65
ていただく　198, 241, 242
丁寧語　235, 237, 238, 240
丁寧語化　237, 240
伝統方言　61, 64, 67, 93, 94, 96, 100, 105-107, 165, 171, 172
同音衝突　41, 46
東京から首都圏へ　88
東京式アクセント　33
東京新方言　47, 78
東京の拡大　89
東京方言　33, 36, 67, 93, 94, 124, 126, 130, 131, 141, 145, 156, 174, 177-179, 181, 183
統合　6, 7, 33, 61, 64, 66, 70, 126, 127, 131, 158, 159, 161
東国方言　29
等語線　28-30
東西対立　34
東西方言境界線　28, 30, 34, 35, 38
登場人物敬語　238
東條操　28, 30, 46, 64
同心円　20, 32, 46
東北方言　6, 22, 39, 70, 73, 75, 124, 126, 129-131
遠回しな表現　248
トーン　22, 25, 26, 42, 50, 54-56, 63, 65, 72, 73, 81, 86, 91, 95, 96, 102, 105, 110, 112, 219, 240, 254, 256, 270
都市のことば　90
とまどい　210
富山県南砺市　206
ドラマ　107, 256, 257

な　行

内的再構　6, 41
なまり　3
南方説　5
二型アクセント　138, 139
二重の周圏論　240
ニセ方言　67
二段活用の一段化　160, 161
二段動詞　31, 161
日常のことば　88, 90, 91
日本言語地図　34, 64, 219, 221
日本語系統論　5
日本人の英語発音　145
日本方言大辞典　26, 220, 226, 227
ニュース　177, 178, 253, 255, 256, 258, 260
ニュータウン　56
人称制限　197
人称代名詞　50, 53-55, 235, 240
人称的方向性　195-198, 200-202
ネオ方言　61, 67, 70, 72, 73, 100, 106, 107
年速　5
年齢差　70, 71, 73
能力可能　115, 185, 188-191
昇り核　133, 136-139, 141

は　行

バイト敬語　242
配慮表現　242
ハ行子音　129
破擦音　129, 130
ハズ　114, 115, 119
働きかけ方　244-246
八丈島　5, 13, 31, 181
発想法　219
話しことば　2, 15, 24, 25, 62, 88, 95, 187, 192, 224-226, 253-255, 274, 275

場面意識　81
場面差　70, 73, 78
波紋　20, 46
半疑問　144, 146
判断是正　210
範疇化　215, 218
反復相　178
半母音　123
鼻音化　130
比較言語学　5, 12, 24, 41
美化語　235, 237, 239, 240
美化語化　237
東日本大震災　270, 279, 280
非言語　244, 245
ヒザマズキ（正座）　116
鼻濁音　106, 123, 130
ヒトとシの混同　93, 221
人の移動　51
非拍方言　123, 131
卑罵語　241, 242
比喩表現　215, 221-223
評価語　37, 100-102
標準語　2, 7, 11, 14-18, 61-64, 72, 80, 88, 90, 93-95, 100, 101, 103, 106, 107, 195, 196, 198, 237, 253-256, 260, 263, 264, 275
標準語の基盤　90
比例式　47, 187
ヒンギル（逃げる）　116
フォーカス　144, 148, 149
複雑地域　236
普通語　63, 118
ふるさとのことば　279
ふるさとはなくなっていない　282
文化と方言　25
分岐　6, 7, 20
文体　11, 16, 17, 24, 61, 66, 67, 80, 83, 86, 95
文体意識　80

文の内部のイントネーション　145, 146
文法化　165, 167, 195, 202
文法関係　168
文末詞　149, 205, 206, 208-211
文末や文節末のイントネーション　146, 148
平唇　124
平進式　135, 136, 139
ベキ　119
変種　11, 14-17, 61, 67, 104, 106
母音　5, 21, 75, 96, 111, 123-128, 131, 132, 146, 156, 159
方言　1-7, 11-14, 16-26, 28-33, 35-39, 41-44, 46-51, 53-57, 61-64, 66-68, 70-78, 80-91, 93-96, 98, 100-107, 109-112, 114-119, 123-131, 133, 137-142, 144, 145, 148-150, 155-163, 165-172, 174, 175, 177-183, 185-193, 195, 198-200, 202, 203, 205, 206, 208-211, 215-231, 235-242, 244, 251, 253-260, 263-271, 274-283
方言イメージ　37, 100-102, 276
方言エール　271, 274, 276, 278-283
方言エールの応用　281
方言エールの発展　281, 282
方言エールの類型　281
方言化　240
方言形の伝播　76
方言看板・ポスター類　274, 276, 278, 279
方言キャラクター　274, 276, 278
方言区画論　28-30, 41
方言形　3, 19, 38, 48, 70, 71, 74-78, 81, 106, 107, 195, 203, 246
方言景観　274, 281
方言敬語　236, 240
方言形成論　19
方言語彙　64, 66, 215, 216, 219, 221, 222, 264, 265, 270, 271
方言こそ生き抜く力の源　282

索引　291

方言孤立変遷論　19-21
方言コンプレックス　4, 37
方言支援ツール　271
方言周圏論　6, 19-21, 34, 41, 44-47
方言主流社会　100, 104
方言中心社会　100, 103, 105
方言地理学　41-43, 46, 49
方言と共通語の使い分け　104
方言ネーミング　274, 276-278, 281, 283
方言のアクセサリー化　61, 67
方言のイメージ　100, 101
方言のおもちゃ化　61, 68
方言の拡張活用　274, 276, 278, 279, 282
方言の経済価値　275
方言の底力　279
方言はふるさとそのもの　279
方言は残っている　279
方言パフォーマンス　274, 276-278
方言札　110
方言文法全国地図　23, 33, 34, 48, 203, 241
方言への強い思い　282
方言翻訳語　100, 106, 107
方言みやげ・グッズ　274-276, 281, 282
方言メッセージ　274, 276-279, 283
包摂関係　215, 217, 218, 223
放送の影響　259
放送用語委員会　253
母語　2, 16, 66, 110
北海道　6, 31, 39, 51, 56, 78, 83, 101, 200, 201, 239, 280
北方説　5
ポライトネス　236, 242, 263
ポルトガル語　24, 54, 57, 229

ま行

マ　208
前鼻音　129, 130
摩擦音　119, 129, 130
マスコミ　4, 253, 254, 257, 270, 280
マニュアル敬語　242
身内敬語　238
身内尊敬表現　36
見かけ時間調査　71
3つの層　88, 90
南関東1都3県　90
身分敬語　237
みやげ　3, 4, 150, 274-277, 281, 282
宮古方言　7, 12, 109, 110, 118, 119
ミレ（見ろ）シレ（しろ）　112
民間方言資料　275
民主化・平等化　240
無アクセント　33, 133, 139, 141
ムード　174, 176, 179, 182
無音調　144, 146
無活用化　162
無敬語　36, 235, 236, 238, 239
命令文　193, 207-209
目的語　165, 166, 168-172, 191

や行

ヤ　208
役割語　107, 254
柳田国男　44, 216
山の手ことば　89
有声化　65, 130
有名な方言　3, 76, 80, 81
ゆすり音調　144, 149, 150
よ（上昇なし）　207, 208, 210
拗音と直音の混同　111
要素使用数　247
与格　166-168, 170-172
ヨッタ　112
四つ仮名　32, 123, 129
よ↑　207-209

ら行

ラ行五段化　47, 155, 161, 162
ラ行動詞　157
ラ抜きことば　187, 193, 194
俚言　64, 65, 93, 246
琉球王国　7, 110
琉球方言　5, 6, 21, 30, 31, 39, 109-112, 118, 119, 123, 125, 127-130
流行語　70-72, 98
リンガフランカ　15, 56, 62
隣接分布の原則　41, 44
類音牽引　41, 46
累加　246
類聚名義抄　32
類推　47, 115, 118

レジスター　242
レ足すことば　187, 193, 194
レパートリー　242
連体修飾構造　171
連母音の融合　123

わ行

ワ　210, 211
和語　130, 224-227, 229, 231
ワン，ワー（私）　115

欧文

Praat　147, 148
p音　32, 123, 129
RP　254

執筆者紹介（執筆順）

井上　史雄（いのうえ・ふみお）はじめに，序章，第23章
編著者紹介参照

木部　暢子（きべ・のぶこ）はじめに，第13章
編著者紹介参照

日高　水穂（ひだか・みずほ）第1章，第19章
1968年　生まれ
1997年　大阪大学大学院文学研究科日本学専攻博士後期課程修了。博士（文学）
現　在　関西大学文学部教授
主　著　『秋田のことば』（共著）無明舎出版，2000年
　　　　『授与動詞の対照方言学的研究』ひつじ書房，2007年
　　　　『方言学入門』（共編著）三省堂，2013年
読者へのメッセージ　「日本語」はさまざまな歴史的変異と地理的変異の複合体です。方言の観察を通じて，日本語の多様性と日本社会の多様性に気づいてもらえればと思います。
HP URL　http://hougen.sakura.ne.jp/hidaka/
メールアドレス　hidaka@kansai-u.ac.jp

小林　隆（こばやし・たかし）第2章
1957年　生まれ
1983年　東北大学大学院文学研究科国語学国文学日本思想史学専攻博士課程退学。博士（文学）
現　在　東北大学アドミッション機構特定教授
主　著　『方言学的日本語史の方法』ひつじ書房，2004年
　　　　『シリーズ方言学　1〜4』（編著）岩波書店，2006〜08年
　　　　『ものの言いかた西東』（共著）岩波書店，2014年
読者へのメッセージ　私の所属する東北大学方言研究センターでは，現在，東日本大震災の被災地を支援する活動を行っています。実践的な方言研究の取り組みです。ホームページ「東日本大震災と方言ネット」http://www.sinsaihougen.jp/ をぜひご覧になってみてください。
HP URL　http://www.sal.tohoku.ac.jp/hougen/
メールアドレス　takashi.kobayashi.b4@tohoku.ac.jp

鑓水　兼貴（やりみず・かねたか）第3章
1971年　生まれ
2005年　東京外国語大学大学院地域文化研究科地域文化専攻博士後期課程単位取得満期退学。博士（学術）
現　在　国立国語研究所時空間変異研究系プロジェクト非常勤研究員
主　著　『辞典〈新しい日本語〉』（共著）東洋書林，2002年
　　　　「「首都圏の言語」をめぐる概念と用語に関して」『国立国語研究所論集』第8号，国立国語研究所，2014年
読者へのメッセージ　　方言は誰もが日常で使うことばです。首都圏でも同じです。たしかに首都圏のことばは全国で通じますが，首都圏以外では日常は使われないのですから，方言といえます。旅行などで他の地域に行くときは，人々の日常のことばに耳を傾けてみましょう。

大西拓一郎（おおにし・たくいちろう）第4章
1963年　生まれ
1989年　東北大学大学院文学研究科国文学国語学日本思想史学専攻単位取得退学
現　在　国立国語研究所言語変化研究領域教授
主　著　『方言文法全国地図』6集（共著）国立印刷局，2006年
　　　　『方言の技法』（共著）岩波書店，2007年
　　　　『現代方言の世界』朝倉書店，2008年
読者へのメッセージ　　方言地理学は，ことばを地図の上で扱う異色の研究分野です。ことばの研究の中でも生身の人間にもっとも近い方言学，その中にあって，さらに生活に接近します。ちょっとほっとできます。
HP URL　http://www2.ninjal.ac.jp/takoni/
メールアドレス　takonish@ninjal.ac.jp

朝日　祥之（あさひ・よしゆき）第5章
1973年　生まれ
2004年　大阪大学大学院文学研究科文化表現論専攻博士後期課程修了。博士（文学）
現　在　国立国語研究所時空間変異研究系教授
主　著　『ニュータウン言葉の形成過程に関する社会言語学的研究』ひつじ書房，2008年
　　　　『サハリンに残された日本語樺太方言』明治書院，2012年
　　　　『アメリカ・ハワイ日系社会の歴史と言語文化』（共編著）東京堂出版，2015年
読者へのメッセージ　　日本語は日本国内で話されているだけではありません。海外で生活する日本人，日系人の人たちの日本語には日本国内の日本語方言には見られない特徴がたくさんあります。その一部を紹介します。
メールアドレス　yasahi@ninjal.ac.jp

村上　敬一（むらかみ・けいいち）第6章
1968年　生まれ
1998年　大阪大学大学院文学研究科博士後期課程単位取得
現　在　徳島大学総合科学部教授
主　著　「公共交通機関の方言」『日本語学』18-13，明治書院，1999年
　　　　『社会言語学の展望』（共著）くろしお出版，2006年
　　　　『地方別方言語源辞典』（共著）東京堂出版，2007年
読者へのメッセージ　　方言を勉強していて面白いと思うのは，方言を通して，その土地の文化や習俗，歴史や地理が見えてくるときです。中でも，方言によってその人となりが表現されたとき，方言あっての人間なんだ，と思ってしまいます。
メールアドレス　murakami.kei@tokushima-u.ac.jp

半沢　　康（はんざわ・やすし）第7章
1966年　生まれ
1993年　東北大学大学院文学研究科国文学国語学日本思想史学専攻博士課程退学
現　在　福島大学人間発達文化学類教授
主　著　『どうなる日本のことば――方言と共通語のゆくえ』（共著）大修館書店，1999年
　　　　『ガイドブック方言研究』（共著）ひつじ書房，2003年
　　　　『ガイドブック方言調査』（共著）ひつじ書房，2007年
読者へのメッセージ　　新方言は今も全国各地で生まれている可能性があります。地元の新方言をぜひ探してみてください。
HP URL　http://www2.educ.fukushima-u.ac.jp/~yhanzawa/
メールアドレス　yhanzawa@educ.fukushima-u.ac.jp

早野　慎吾（はやの・しんご）第8章
1965年　生まれ
1992年　上智大学大学院文学研究科修了
現　在　都留文科大学文学部教授，立川日本語・日本語教育研究所所長
主　著　『首都圏の言語生態』おうふう，1996年
　　　　「首都近郊都市における方言形」『地域語研究論集』港の人，2004年
　　　　「方言コンプレックスのメカニズム」『Ars Linguistica』Vol.12, 中部言語学会，2005年
読者へのメッセージ　　地域方言のイメージが，以前のマイナスからプラスに変わりつつあります。近年，方言を話す若手俳優や女性タレントのバラエティ番組も多数制作されており，方言に新たな価値が見いだされているのです。
メールアドレス　hayanosty@emobile.ne.jp

三井はるみ（みつい・はるみ）第9章
1961年　生まれ
1989年　東北大学大学院文学研究科博士後期課程単位取得満期退学
現　在　國學院大學文学部教授
主　著　「条件表現の地理的変異――方言文法の体系と多様性をめぐって」『日本語科学』25，国書刊行会，2009年
　　　　『方言学入門』（共著）三省堂，2013年
　　　　『首都圏の言語の実態と動向に関する研究成果報告書 首都圏言語研究の視野』（編著）国立国語研究所共同研究報告 13-02，2014年
読者へのメッセージ　方言なのか方言でないのか，共通語なのか共通語でないのか……。首都圏のことばを地域差の観点からとらえようとすると，つかみどころのない逃げ水を追うような世界に迷い込んでしまいます。本書の第9章が考える手がかりになるといいのですが。
HP URL　http://pj.ninjal.ac.jp/shutoken/

高木　千恵（たかぎ・ちえ）第10章
1974年　生まれ
2005年　大阪大学大学院文学研究科文化表現論専攻博士後期課程修了。博士（文学）
現　在　大阪大学大学院文学研究科教授
主　著　「関西若年層の用いる同意要求の文末形式クナイについて」『日本語の研究』5-4，日本語学会，2009年
　　　　「関西の接客場面における形式名詞ブンの拡張用法」『阪大日本語研究』27，大阪大学大学院文学研究科日本語学講座，2015年
読者へのメッセージ　現在進行中の言語変化，とりわけ標準語との接触に起因する地域方言の変容に関心を持っています。ふだん使っていることばが研究対象となることのおもしろさに触れていただけたら嬉しいです。

中本　謙（なかもと・けん）第11章
1970年　生まれ
2002年　千葉大学大学院社会文化科学研究科博士課程修了。博士（学術）
現　在　琉球大学教育学部教授
主　著　「p音再考――琉球方言ハ行子音p音の素性」『日本語の研究』第7巻4号，日本語学会，2011年
　　　　「世代間にみる琉球方言の今」『知の源泉　やわらかい南の学と思想・5』沖縄タイムス社，2013年
　　　　『高校生のための「郷土のことば」――沖縄県（琉球）の方言』（共著）沖縄県教育委員会，2014年
読者へのメッセージ　元の琉球方言が失われていく状況にある中で，広い世代でウチナーヤマトゥグチ（共通語と琉球方言の中間的言語変種）が話されています。そこには，元の琉球方言の根の部分である表現形式などは残されています。

大野　眞男（おおの・まきお）第12章
1954年　生まれ
1983年　国学院大学大学院文学研究科博士課程単位取得退学
現　在　岩手大学教育学部教授
主　著　「一つ仮名弁ではない奄美北部方言の歴史的性格」『音声研究』8(1)，日本音声学会，2004年
　　　　「東日本方言における中舌母音の起源に関する一つの仮説——琉球方言の音変化に照らして」『音声研究』15(3)，日本音声学会，2011年
　　　　『方言を伝える　3・11東日本大震災被災地における取り組み』（共編著）ひつじ書房，2015年
読者へのメッセージ　　日本語の諸方言は，国語の豊かな多様性を構成する大切な文化要素です。共通語だけに頼ることなく，たとえグローバル化の嵐の中でも，地域のことばとして守り育てなければなりません。

郡　史郎（こおり・しろう）第14章
1954年　生まれ
1981年　東京外国語大学大学院外国語学研究科修了
現　在　大阪大学大学院言語文化研究科言語文化専攻教授
主　著　「イントネーション」『朝倉日本語講座3　音声音韻』（共著）朝倉書店，2003年
　　　　「東京っぽい発音と大阪っぽい発音の音声的特徴」『音声研究』8(3)，2004年
　　　　「物語の朗読におけるイントネーションとポーズ——『ごん狐』の6種の朗読における実態」『言語文化研究』40，大阪大学大学院言語文化研究科，2014年
読者へのメッセージ　　イントネーションはその方言の「らしさ」を決める重要な特徴のひとつです。特に文末や文節末のイントネーションにはさまざまな地域差があります。自分がふだん使っているイントネーションの方言らしさに気づいていただければ幸いです。
HP URL　http://www.lang.osaka-u.ac.jp/~caris/

有元　光彦（ありもと・みつひこ）第15章
1961年　生まれ
1990年　九州大学大学院文学研究科言語学専攻博士後期課程中途退学。博士（学術）
現　在　山口大学国際総合科学部教授
主　著　『九州西部方言動詞テ形における形態音韻現象の研究』ひつじ書房，2007年
　　　　「感動詞類調査のための「ビデオ質問調査票」の開発について」『感動詞の言語学』（共著）ひつじ書房，2015年
　　　　「共生タイプについて——九州西部方言の動詞におけるテ形音韻現象を対象として」『方言の研究』第1号，日本方言研究会編，ひつじ書房，2015年
読者へのメッセージ　　文法は嫌いですか。嫌いなら，それは活用のせいかもしれません。「未然形」といったネーミングが悪いのでしょうか。止めます。今後は「モモ形」と呼びます。では，問題です。「泳ぐ」のモモ形は？
メールアドレス　arimoto@yamaguchi-u.ac.jp

佐々木　冠（ささき・かん）**第16章**

1966年　生まれ
1996年　筑波大学大学院文芸・言語研究科単位取得退学。博士（言語学）
現　在　立命館大学大学院言語教育情報研究科教授
主　著　『水海道方言における格と文法関係』くろしお出版，2004年
　　　　『シリーズ方言学2　方言の文法』（共著）岩波書店，2006年
　　　　『認知類型論』（共著）くろしお出版，2015年
読者へのメッセージ　　自分が住んでいる地域や旅先で方言で書かれた昔話集を集めてみましょう。意外な発見があるかもしれません。
HP URL　http://ext-web.edu.sgu.ac.jp/ksasaki/
メールアドレス　ksasaki@sgu.ac.jp

沖　裕子（おき・ひろこ）**第17章**

1955年　生まれ
1986年　東京都立大学大学院人文科学研究科国語国文学専攻博士課程単位取得満期退学。博士（文学）
現　在　信州大学名誉教授
主　著　『朝倉日本語講座4　言語行動』（共著）朝倉書店，2003年
　　　　『日本語談話論』和泉書院，2006年
　　　　『柳田方言学の現代的意義――あいさつ表現と方言形成論』（共著）ひつじ書房，2014年
読者へのメッセージ　　地域によることばの差異は，なくなるものではありません。装いを変えて，受け継がれ，生まれています。知識と観察眼をそなえることで，理解が深まります。
HP URL　http://soar-rd.shinshu-u.ac.jp/profile/ja.ZacFPUkF.html

渋谷　勝己（しぶや・かつみ）**第18章**

1959年　生まれ
1987年　大阪大学大学院文学研究科日本学専攻博士後期課程中退。学術博士
現　在　大阪大学大学院文学研究科教授
主　著　『シリーズ方言学3　方言文法』（共著）岩波書店，2006年
　　　　『シリーズ日本語史4　日本語史のインタフェース』（共著）岩波書店，2008年
　　　　『歴史社会言語学入門――社会から読み解くことばの移り変わり』（共編著）大修館書店，2015年
読者へのメッセージ　　文法といえば不動の規則のようなイメージがありますが，実はつねに動いており，その結果は時代ごとのことばの違いや方言となって現れます。文法はどのように動くのか，いっしょに考えてみませんか。
HP URL　http://www.let.osaka-u.ac.jp/~sbj/index.htm
メールアドレス　sbj@let.osaka-u.ac.jp

井上　　優（いのうえ・まさる）第20章

1962年　生まれ
1988年　東京都立大学大学院人文科学研究科博士課程中退
現　在　日本大学文理学部教授
主　著　『日本語文法のしくみ』研究社，2002年
　　　　『相席で黙っていられるか――日中言語行動比較論』岩波書店，2013年
読者へのメッセージ　　「文法＝ことばのしくみ」に興味のある人は，ぜひ自分の方言の文法について考えてみてください。共通語と少し比べるだけでも，いろいろな発見があるはずです。
HP URL　http://researchmap.jp/INOUE_Masaru/

新井小枝子（あらい・さえこ）第21章

1969年　生まれ
2008年　東北大学大学院文学研究科言語科学専攻博士課程後期修了。博士（文学）
現　在　群馬県立女子大学文学部国文学科教授
主　著　『養蚕語彙の文化言語学的研究』ひつじ書房，2010年
　　　　『シルクカントリー双書9　絹のことば』上毛新聞社，2012年
　　　　「群馬県方言における粉食に関する語彙」『方言の研究』1，ひつじ書房，2015年
読者へのメッセージ　　方言の語彙は，地域ごとの生活をみごとにうつしだす鏡です。みなさんの地域の鏡にはどんな生活がうつしだされているでしょうか。方言の語彙を読みとくことによって，新たな出会いがもたらされるはずです。
HP URL　https://researchmap.jp/arai328

澤村　美幸（さわむら・みゆき）第22章

1980年　生まれ
2010年　東北大学大学院文学研究科博士課程修了。博士（文学）
現　在　和歌山大学教育学部准教授
主　著　『日本語方言形成論の視点』岩波書店，2011年
　　　　『とうほく方言の泉』（共著）河北新報出版センター，2013年
　　　　『ものの言いかた西東』（共著）岩波書店，2014年
読者へのメッセージ　　ことばのルーツには常にドラマがありますが，方言の場合もそれは同じです。もとは外国語の漢語や外来語が，どういう経緯を経て現在の方言に変化したのか，その歴史を紐解いていけば，きっと新しい発見があるはずです。

篠崎　晃一（しのざき・こういち）第24章

1957年　生まれ
1988年　東京都立大学大学院人文科学研究科国文学専攻博士課程中退
現　在　東京女子大学現代教養学部教授
主　著　『ガイドブック方言調査』（共編著）ひつじ書房，2007年
　　　　『方言の発見——知られざる地域差を知る』（共編著）ひつじ書房，2010年
　　　　『出身地（イナカ）がわかる方言』（共著）幻冬舎文庫，2011年
読者へのメッセージ　　依頼や謝罪などの場面における周りの人たちの言語行動を観察し，自分自身の行動と比べてみてください。

塩田　雄大（しおだ・たけひろ）第25章

1969年　生まれ
2009年　学習院大学大学院人文科学研究科日本語日本文学専攻博士後期課程単位取得。博士（日本語日本文学）
現　在　NHK放送文化研究所主任研究員
主　著　「放送の外来語——傾向と対策」『外来語研究の新展開』おうふう，2012年
　　　　「NHKアナウンサーのアクセントの現在——複合動詞を中心に」『現代日本語の動態研究』おうふう，2013年
　　　　『現代日本語史における放送用語の形成の研究』三省堂，2014年
読者へのメッセージ　　「地域差そのものがなくならない限り方言は存在する」（柴田式『方言論』）という指摘があります。生活圏・情報交換圏が拡張した現代でも，未発掘の地域差・方言差はあるはず。みなさん，どんどん見つけてください。

今村かほる（いまむら・かほる）第26章

1964年　生まれ
1992年　昭和女子大学大学院文学研究科博士後期課程単位取得
現　在　弘前学院大学文学部教授
主　著　『方言を伝える　3.11東日本大震災被災地における取り組み』（共著）ひつじ書房，2015年
　　　　「医療・福祉と方言——応用方言学として」『方言の研究』1，ひつじ書房，2015年
　　　　『県別方言感情表現辞典』（共著）東京堂出版，2015年
読者へのメッセージ　　具合が悪いときや災害時など差し迫った状況にあるとき，自分が最も表現しやすいことばを使って話すことができる，それは一見あたりまえのことのように思えます。しかし，それは方言であっても同じでしょうか？　これは方言のみならず世界中の言語権の問題につながっています。社会とことばのつながりに興味のある方に読んでいただきたいと願っています。
HP URL　http://www.hougen-i.com/

田中　宣廣（たなか・のぶひろ）**第27章**
1961年　生まれ
2003年　東北大学大学院文学研究科言語科学専攻博士課程修了。博士（文学）
現　在　岩手県立大学宮古短期大学部教授
主　著　『付属語アクセントからみた日本語アクセントの構造』おうふう，2005年
　　　　『近代日本語方言資料集［郡誌編］』全8巻，港の人，2005～09年
　　　　『魅せる方言　地域語の底力』（共著）三省堂，2013年
読者へのメッセージ　　2011年の東日本大震災での「方言エール」多用など，「方言の拡張活用」は私たちに方言の意義の重大さを教えています。私は津波被災地に住む研究者として方言研究に携わっている運命と使命を重く受け止めています。
HP URL　http://p-www.iwate-pu.ac.jp/~nobu-nt/

《編著者紹介》

井上　史雄（いのうえ・ふみお）
1942年　生まれ
1971年　東京大学大学院人文科学研究科言語学専門課程博士課程修了。博士（文学）
現　在　東京外国語大学名誉教授，明海大学名誉教授
主　著　『日本語ウォッチング』岩波新書，1998年
　　　　『計量的方言区画』明治書院，2001年
　　　　『社会方言学論考』明治書院，2008年
読者へのメッセージ
　現在の方言について，新鮮な情報を届けようと考えました。世界の諸言語の中に位置づけ，社会全体の中に位置づけることを目指しました。
HP URL 　http://innowayf.net/
メールアドレス　innowayf@nifty.com

木部　暢子（きべ・のぶこ）
1955年　生まれ
1980年　九州大学大学院文学研究科修了。博士（文学）
現　在　国立国語研究所教授
主　著　『西南部九州二型アクセントの研究』勉誠出版，2000年
　　　　『そうだったんだ日本語　じゃっで方言なおもしとか』岩波書店，2013年
　　　　『方言学入門』（共著）三省堂，2013年
読者へのメッセージ
　方言は標準語のくずれたものではありません。方言には方言のルールがあります。標準語の枠をはずしてみてください。そのときっと，新しいことばの世界が見えてくると思います。
メールアドレス　nkibe@ninjal.ac.jp

　　　　はじめて学ぶ方言学
　　──ことばの多様性をとらえる28章──

2016年3月31日　初版第1刷発行　　〈検印省略〉
2025年3月30日　初版第3刷発行

定価はカバーに
表示しています

編著者	井上　史雄
	木部　暢子
発行者	杉田　啓三
印刷者	坂本　喜杏

発行所　株式会社　ミネルヴァ書房
607-8494　京都市山科区日ノ岡堤谷町1
電話代表　(075)581-5191
振替口座　01020-0-8076

©井上・木部, 2016　　冨山房インターナショナル・吉田三誠堂製本

ISBN 978-4-623-07520-1
Printed in Japan

はじめて学ぶ言語学
―――――――――――――――――大津由紀雄 編著
A5判美装カバー　352頁　本体2800円

●ことばの世界をさぐる17章
言語学の全体マップを知るのに最適な入門書。学ぶための工夫も充実。

はじめて学ぶ日本語学
―――――――――――――――――益岡隆志 編著
A5判美装カバー　280頁　本体2800円

●ことばの奥深さを知る15章
私たちにとって身近な日本語を，様々な角度から明快に解説した入門テキスト。

はじめて学ぶ社会言語学
―――――――――――――――――日比谷潤子 編著
A5判美装カバー　288頁　本体2800円

●ことばのバリエーションを考える14章
様々なフィールド，コーパスを題材に，ことばの多様性を読みとく面白さを解説。

はじめて学ぶ認知言語学
―――――――――――――児玉一宏／谷口一美／深田　智 編著
A5判美装カバー　280頁　本体2800円

●ことばの世界をイメージする14章
ことばを人間の「心の働き」との関係からアプローチし，読み解く入門書。

よくわかる言語学
―――――――――――――――――窪薗晴夫 編著
B5判美装カバー　232頁　本体2600円

第一線の執筆陣が日本語や英語の具体的な例をあげながら言語学・言語研究のおもしろさ，ことばの不思議さを伝える入門書。

よくわかる日本語学
―――――――――――――――――金水　敏 編著
B5判美装カバー　202頁　本体2500円

日本語の定義から，音声，形態，語彙，統語・意味，表現，言語行動，日本語史まで，第一線で活躍する執筆陣がやさしく解説する。

よくわかる社会言語学
―――――――――――――田中春美／田中幸子 編著
B5判美装カバー　176頁　本体2400円

最新の研究成果を盛り込みながら，社会言語学の全体像が把握できる入門書。大学生をはじめ一般の読者にとって有益な１冊。

――― ミネルヴァ書房 ―――
http://www.minervashobo.co.jp/